中国政法大学
CHINA UNIVERSITY OF POLITICAL SCIENCE AND LAW

法大法考

2022年国家法律职业资格考试

金题解析

民法

（第二册）

法律职业资格考试培训中心（学院）◎编著

周洪江◎编写

中国政法大学出版社

2022·北京

图书在版编目（CIP）数据

2022 年国家法律职业资格考试金题解析/法律职业资格考试培训中心（学院）编著. —北京：中国政法大学出版社，2022.5
　　ISBN 978-7-5764-0438-8

　Ⅰ.①2… Ⅱ.①法… Ⅲ.①法律工作者－资格考试－中国－题解 Ⅳ.①D92-44

中国版本图书馆 CIP 数据核字(2022)第 082728 号

出 版 者　　中国政法大学出版社

地　　址　　北京市海淀区西土城路 25 号

邮寄地址　　北京 100088 信箱 8034 分箱　邮编 100088

网　　址　　http://www.cuplpress.com（网络实名：中国政法大学出版社）

电　　话　　010-58908285(总编室) 58908433（编辑部） 58908334(邮购部)

承　　印　　保定市中画美凯印刷有限公司

开　　本　　787mm×1092mm　1/16

印　　张　　116.25

字　　数　　2700 千字

版　　次　　2022 年 5 月第 1 版

印　　次　　2022 年 5 月第 1 次印刷

定　　价　　380.00元（全 8 册）

目　录

第七编　2008—2021年民法案例分析题

第一编 民法总则

考点一 民法的调整对象

1. 某大师带着自己的三层镂空作品，参加电视台节目，说没人能做出更高的。主持人问如果有人做出来了呢？大师说做出来就把自己之前的作品赠送给他，大师与主持人击掌为誓，并邀请观众做见证。节目播出后，有人做出了五层镂空作品。关于某大师的行为应如何定性？(2018 年回忆版)〔1〕

A. 显失公平的合同　　　　　　B. 戏谑行为

C. 赠与合同，大师可随时撤销　　D. 悬赏广告，大师应交付作品

【答案解析】本题综合考查民事法律关系和非民事法律关系的区分。

意思表示由两部分三要素组成，两部分即意思（内部/主观）和表示（外部/客观）。其中，意思包括目的意思和效果意思两个要素；而表示即表示行为一个要素。

戏谑行为，又称单独虚伪表示或真意保留，是指行为人故意隐瞒其真意，而表示出其他意思的意思表示。戏谑行为人通常没有成立民事法律关系的意思，属于典型的意思缺乏，即不存在目的意思和效果意思。因此，戏谑行为因意思缺乏而不能成立民事法律关系。本题中，某大师的行为属于典型的戏谑行为，其内心并不存在将自己作品赠与他人的目的意思，亦不存在与他人形成赠与合同的效果意思。因此，因意思的缺乏而不能成立民事法律关系，故 B 项正确，当选。

因不存在意思表示，所以显失公平的合同、赠与合同、悬赏广告等以意思表示为基础的民事法律关系则无从谈起。因此 ACD 错误，不当选。

综上所述，本题的正确答案是 B。

2. 甲、乙二人同村，宅基地毗邻。甲的宅基地倚山、地势较低，乙的宅基地在上，将其环绕。乙因琐事与甲多次争吵而郁闷难解，便沿二人宅基地的边界线靠己方一侧，建起高 5 米围墙，使甲在自家院内却有身处监牢之感。乙的行为违背民法的下列哪一基本原则？(2017/3/1)〔2〕

A. 自愿原则　　　B. 公平原则　　　C. 平等原则　　　D. 诚信原则

【考点】民法的基本原则

【答案解析】本题考查民法基本原则。《民法典》第 5 条规定："民事主体从事民事活动，应当遵循自愿原则，按照自己的意思设立、变更、终止民事法律关系。"本题乙并没有强迫甲实施违反其内心意愿的行为，故没有违反自愿原则，A 错误。

《民法典》第 6 条规定："民事主体从事民事活动，应当遵循公平原则，合理确定各方的权利和义务。"本题中，并没有因乙的行为而导致双方的权利义务失衡，故 B 错误。

《民法典》第 4 条规定："民事主体在民事活动中的法律地位一律平等。"本题中，乙所实施的行为也没有导致出现双方当事人法律地位不平等的结果，故 C 也是错误的。

《民法典》第7条规定："民事主体从事民事活动，应当遵循诚信原则，秉持诚实，恪守承诺。"甲、乙在交往过程中，应秉持诚信原则，不应因为自己的行为而给对方造成不利后果，故D正确。

3. 根据法律规定，下列哪一种社会关系应由民法调整？（2016/3/1）[1]

A. 甲请求税务机关退还其多缴的个人所得税

B. 乙手机丢失后发布寻物启事称："拾得者送还手机，本人当面酬谢"

C. 丙对女友书面承诺："如我在上海找到工作，则陪你去欧洲旅游"

D. 丁作为青年志愿者，定期去福利院做帮工

【考点】民事法律关系的判断

【答案解析】根据《民法典》第2条规定："民法调整平等主体的自然人、法人和非法人组织之间的人身关系和财产关系。"甲请求税务机关退还其多缴的个人所得税，甲和税务机关之间的关系并不是平等主体之间的法律关系，不由民法调整，故A选项错误。

悬赏人以公开方式声明对完成一定行为的人支付报酬，完成特定行为的人请求悬赏人支付报酬的，人民法院依法予以支持。悬赏广告属于单方允诺之债，由民法调整，故B选项正确，当选。

情谊行为（又称为好意施惠）指当事人之间无意设定法律上的权利义务关系，而由当事人一方基于良好的道德风尚实施的使另一方受恩惠的关系，其旨在增进情谊。情谊行为不属于民事法律事实，不能引起民事法律关系的产生、变更和消灭，民法不予调整，故C选项错误。

根据《中华人民共和国慈善法》第2条，自然人、法人和其他组织开展慈善活动以及与慈善有关的活动，适用本法。其他法律有特别规定的，依照其规定。第3条，本法所称慈善活动，是指自然人、法人和其他组织以捐赠财产或者提供服务等方式，自愿开展的下列公益活动：（一）扶贫、济困；（二）扶老、救孤、恤病、助残、优抚；（三）救助自然灾害、事故灾难和公共卫生事件等突发事件造成的损害；（四）促进教育、科学、文化、卫生、体育等事业的发展；（五）防治污染和其他公害，保护和改善生态环境；（六）符合本法规定的其他公益活动。丁作为青年志愿者，没有法律上的义务去福利院服务，不能引起民事法律关系的产生、变更和消灭，由《慈善法》调整，不由民法调整。《慈善法》在法的分类中，属于社会法的范畴，故D选项错误。

4. 薛某驾车撞死一行人，交警大队确定薛某负全责。鉴于找不到死者亲属，交警大队调处后代权利人向薛某预收了6万元赔偿费，商定待找到权利人后再行转交。因一直未找到权利人，薛某诉请交警大队返还6万元。根据社会主义法治理念公平正义要求和相关法律规定，下列哪一表述是正确的？（2014/3/1）[2]

A. 薛某是义务人，但无对应权利人，让薛某承担赔偿义务，违反了权利义务相一致的原则

B. 交警大队未受损失而保有6万元，形成不当得利，应予退还

C. 交警大队代收6万元，依法行使行政职权，与薛某形成合法有效的行政法律关系，无须退还

D. 如确实未找到权利人，交警大队代收的6万元为无主财产，应收归国库

【考点】权利义务相一致原则；不当得利的成立要件；行政法律关系；无主财产的归属

【答案解析】A选项错误。首先，薛某的行为构成侵权，应当对受害人承担损害赔偿责任，

本题中的（受害人）赔偿权利人是死者的继承人，未找到权利人并不意味着没有权利人；其次，权利义务相一致原则指的是权利人在享有权利的同时应承担相应的义务，而非本题所述情况。

B选项错误。不当得利的构成须具备四个要件：①一方受有财产利益；②他方受有损失；③一方受益与他方受损之间存在因果关系；④无法律上的根据。本题中，交警仅是"代"权利人预收6万元赔偿费，并未实际取得财产利益，而且薛某作为赔偿责任人，本来就应履行给付义务，其也没有受到损失。故交警不构成不当得利。

C选项错误。行政法律关系是行政主体依据职权实施行政行为而在其与行政相对人之间产生的一种"不平等"法律关系。本题中，交警大队代权利人向薛某预收赔偿费并"商定"转交的行为，在性质上属于平等主体之间的"协商"行为，显然不属于行政行为，没有引起行政法律关系的产生。

D选项正确。交警大队代收的6万元在找不到权利人的情况下，应比照《民法典》第1160条的规定处理，即无人继承又无人受遗赠的遗产，归国家所有。

5. 兹有四个事例：①张某驾车违章发生交通事故致搭车的李某残疾；②唐某参加王某组织的自助登山活动因雪崩死亡；③吴某与人打赌举重物因用力过猛致残；④何某心情不好邀好友郑某喝酒，郑某畅饮后驾车撞树致死。根据公平正义的法治理念和民法有关规定，下列哪一观点可以成立？（2013/3/1）[1]

A. 张某与李某未形成民事法律关系合意，如让张某承担赔偿责任，是惩善扬恶，显属不当

B. 唐某应自担风险，如让王某承担赔偿责任，有违公平

C. 吴某有完整意思能力，其自担损失，是非清楚

D. 何某虽有召集但未劝酒，无需承担责任，方能兼顾法理与情理

【考点】好意施惠；安全保障义务；侵权责任构成

【答案解析】A选项错误。免费搭乘关系中，搭乘服务提供者的行为属于好意施惠，在其与搭乘人之间并不产生民事法律关系，但若搭乘提供者有过错，并造成搭乘人人身伤害，就构成侵权，应当对搭乘人承担损害赔偿责任。也就是说，不论是有偿旅客运输还是免费搭乘，运输服务提供者都负有保障乘客的人身、财产安全的注意义务。

B选项正确。王某作为自助登山活动的组织者，对参与人员唐某负有安全保障义务，但题干中的信息并没有表明唐某的死亡是因王某违反这一义务导致的，故王某无须承担赔偿责任。

C选项错误。吴某与人打赌，举重物致残，参赌人员均有过错，吴某自己应对损害承担部分责任，与吴某打赌的人也应承担部分责任。

D选项错误。何某邀好友喝酒本属好意施惠，但何某对郑某酒驾有劝阻义务，郑某的死亡与何某违反劝阻义务存在因果关系。

6. 张某从银行贷得80万元用于购买房屋，并以该房屋设定了抵押。在借款期间房屋被洪水冲毁。张某尽管生活艰难，仍想方设法还清了银行贷款。对此，周围多有议论。根据社会主义法治理念和民法有关规定，下列哪一观点可以成立？（2012/3/1）[2]

A. 甲认为，房屋被洪水冲毁属于不可抗力，张某无须履行还款义务。坚持还贷是多此一举

B. 乙认为，张某已不具备还贷能力，无须履行还款义务。坚持还贷是为难自己

C. 丙认为，张某对房屋的毁损没有过错，且此情况不止一家，银行应将贷款作坏账处理。坚持还贷是一厢情愿

D. 丁认为，张某与银行的贷款合同并未因房屋被冲毁而消灭。坚持还贷是严守合约、诚实信用

【考点】民事法律关系；履行不能；不可抗力

【答案解析】选项A、C错误，选项D正确。张某的借款行为（合同行为）与房屋被洪水冲毁（不可抗力）是两个不同的法律事实，前者引起张某与银行之间的借贷法律关系，后者引起房屋所有权的消灭。尽管房屋被洪水冲毁属于不可抗力，但不会对借贷法律关系产生影响，张某仍须履行还贷义务。

选项B错误。当事人一方未支付价款或者报酬的，对方可以要求其支付价款或者报酬。可见，金钱债务不存在履行不能，尽管张某没有履行能力，但其还贷义务并不能免除。

7. 下列哪一情形下，乙的请求依法应得到支持？（2010/3/1）[1]

A. 甲应允乙同看演出，但迟到半小时。乙要求甲赔偿损失

B. 甲听说某公司股票可能大涨，便告诉乙，乙信以为真大量购进，事后该支股票大跌。乙要求甲赔偿损失

C. 甲与其妻乙约定，如因甲出轨导致离婚，甲应补偿乙50万元，后二人果然因此离婚。乙要求甲依约赔偿

D. 甲对乙承诺，如乙比赛夺冠，乙出国旅游时甲将陪同，后乙果然夺冠，甲失约。乙要求甲承担赔偿责任

【考点】民事法律行为的判断

【答案解析】选项A中，甲应允乙同看演出只是以娱乐为目的，不属于民事法律行为，乙无权要求赔偿。选项B中，甲虽然告诉乙，某公司股票可能大涨，但并无要求乙购进的意思表示，乙购进是基于自己的判断做出的行为，甲乙之间并不存在民事法律行为。选项C中，甲乙约定事项以发生补偿责任为效果且不违反现行法律规定，属于民事法律行为。选项D中，甲承诺出国旅游陪同并不属于追求发生私法效果的意思表示，并非民事法律行为。

《民法典》第2条规定："民法调整平等主体的自然人、法人和非法人组织之间的人身关系和财产关系。"据此可知，并不是所有的社会关系都属于民法调整的对象。

"应允同看演出"与"承诺陪同旅游"都属于道德范畴，不属于民法的调整对象，受道德调整。选项A、D错误。

甲只是向乙转述一下听闻，乙作为成年人应该自己判断该信息的真伪，自己承担擅自依照该信息行事而产生的风险，乙不享有对甲法律意义上的请求权。选项B错误。

夫妻之间对出轨导致离婚的补偿协议，符合民法中意思自治的原则，该协议有效，乙依照协议约定主张的请求权能得到支持。选项C正确。

8. 甲被乙家的狗咬伤，要求乙赔偿医药费，乙认为甲被狗咬与自己无关，拒绝赔偿。下列哪一选项是正确的？（2009/3/1）[2]

A. 甲乙之间的赔偿关系属于民法所调整的人身关系

B. 甲请求乙赔偿的权利属于绝对权

C. 甲请求乙赔偿的权利适用诉讼时效

D. 乙拒绝赔偿是行使抗辩权

---

[1] C [2] C

【考点】侵权损害赔偿

【答案解析】选项C中，甲请求赔偿的权利系"普通的债权请求权"，依法受诉讼时效期间的限制。故选项C正确。

选项A中，甲乙之间的赔偿关系属于财产关系。选项B中，甲请求乙赔偿的权利显然不属于绝对权，而属于相对权，即通过义务人实施一定的行为才能实现并只能对抗特定人的权利。选项D中，乙拒绝赔偿在性质上为行使否认权。故选项A、B、D错误。

9. 关于民事法律关系，下列哪一选项是正确的？（2008/3/1）[1]

A. 民事法律关系只能由当事人自主设立

B. 民事法律关系的主体即自然人和法人

C. 民事法律关系的客体包括不作为

D. 民事法律关系的内容均由法律规定

【考点】民事法律关系的判断

【答案解析】民事法律关系可以由当事人自主设立，也可因法律规定而成立，如无因管理形成的民事法律关系等，故A选项错误。

民事法律关系的主体包括自然人、法人和其他组织，因此B选项错误。

民事法律关系是平等主体之间的关系，一般是自愿设立的，D选项不正确。

债权是民事法律关系的一种，其客体即行为，包括作为和不作为（竞业禁止协议），故C选项正确。

考点二　自然人

1. 2015年2月，家住陕西省W县的孙某（男，51周岁，有配偶）依法收养了孤儿小丽（女，11周岁）为养女，后孙某多次对小丽实施性侵害，造成小丽先后产下两名女婴。2017年5月，当地群众向公安机关匿名举报，媒体也纷纷曝光此事。2017年8月，当地法院判决孙某构成强奸罪，判决有期徒刑3年，关于本案，下列哪些说法是错误的？（2018年回忆版）[2]

A. W县民政部门可以直接取消孙某的监护人资格

B. 孙某被人民法院取消监护资格后可以不再给付抚养费

C. 孙某出狱后，如确有悔改表现的，经其申请，人民法院可以恢复其监护人资格

D. 小丽对孙某的损害请求权的诉讼时效期间自法定代理终止之日起计算

【答案解析】A项考查监护人资格撤销的主体。根据《民法典》第36条第3款的规定，个人和民政部门以外的组织未及时向人民法院申请撤销监护人资格的，民政部门应当向人民法院申请。本题中，孙某作为养父对养女小丽实施性侵害，属于严重损害被监护人身心健康的行为，依法可以取消监护人资格。但有权取消孙某监护人资格的机关是法院而非民政部门，民政部门只能作为申请人。故A项错误，当选。

B项考查的是抚养费的负担。根据《民法典》第37条的规定，依法负担被监护人抚养费、赡养费、扶养费的父母、子女、配偶等，被人民法院撤销监护人资格后，应当继续履行负担的义务。本题中，孙某虽然被取消监护人资格，但是负担抚养费的义务应当继续履行。故B项错误，当选。

---

〔1〕　C　〔2〕　ABCD

C 项考查监护人资格的恢复。根据《民法典》第 38 条的规定，被监护人的父母或子女被人民法院撤销监护人资格后，除对被监护人实施故意犯罪的除外，确有悔改表现的，经其申请，人民法院可以在尊重被监护人真实意愿的前提下，视情况恢复其监护人资格，人民法院指定的监护人与被监护人的监护关系同时终止。本题中，孙某对小丽实施性侵害，构成强奸罪，属于故意犯罪，不能恢复其监护人资格。故 C 项错误，当选。

D 项考查诉讼时效的起算。根据《民法典》第 191 条的规定，未成年人遭受性侵害的损害赔偿请求权的诉讼时效期间，自受害人年满 18 周岁之日起计算。本题中，孙某对小丽实施性侵害，小丽对孙某的损害赔偿请求权依法自年满 18 周岁之日起计算而非法定代理终止之日。故 D 项错误，当选。

综上所述，本题的正确答案为 ABCD。

2. 余某与其妻婚后不育，依法收养了孤儿小翠。不久后余某与妻子离婚，小翠由余某抚养。现余某身患重病，为自己和幼女小翠的未来担忧，欲作相应安排。下列哪些选项是正确的？(2017/3/51)[1]

A. 余某可通过遗嘱指定其父亲在其身故后担任小翠的监护人

B. 余某可与前妻协议确定由前妻担任小翠的监护人

C. 余某可与其堂兄事先协商以书面形式确定堂兄为自己的监护人

D. 如余某病故，应由余某父母担任小翠的监护人

【考点】监护制度

【答案解析】本题考查监护制度。

①《民法典》第 29 条规定："被监护人的父母担任监护人的，可以通过遗嘱指定监护人。"余某身为小翠的法定监护人，可以通过遗嘱为小翠指定监护人，故 A 选项正确。需注意：离婚后，余某和前妻仍然是小翠的监护人，根据通说，遗嘱监护只能由"在后行使监护权"的父或母一方通过遗嘱指定。因此，在前妻具有监护能力时，余某设立遗嘱为小翠指定监护人的行为，其效力存在疑问，出题人设计题目时，忽略了此点。

②《民法典》第 30 条规定："依法具有监护资格的人之间可以协议确定监护人。协议确定监护人应当尊重被监护人的真实意愿。"同时《最高人民法院关于适用〈中华人民共和国民法典〉总则编若干问题的解释》第 9 条规定："未成年人的父母与其他依法具有监护资格的人订立协议，约定免除具有监护能力的父母的监护职责的，人民法院不予支持。协议约定在未成年人的父母丧失监护能力时由该具有监护资格的人担任监护人的，人民法院依法予以支持。依法具有监护资格的人之间依据民法典第三十条的规定，约定由民法典第二十七条第二款、第二十八条规定的不同顺序的人共同担任监护人，或者由顺序在后的人担任监护人的，人民法院依法予以支持。"

据此，作为小翠的法定监护人，余某可以与其前妻协议确定由前妻担任（责任更重的）法定监护人（比如主要由前妻履行抚养、教育义务），故 B 正确。需注意：离婚后，余某与前妻仍是小翠的法定监护人、当然监护人，在这种情况下，余某仅需和前妻约定由前妻履行更多"抚养义务"即可（抚养义务与监护职责并非一事），协议确定由前妻担任监护人，的确多此一举、画蛇添足。出题人设计题目时，忽略了此点。当年司法部官方公布的答案认为 B 正确，对此，掌握相应知识点即可，不用纠结答案。

③具有完全民事行为能力的成年人，可以与其近亲属、其他愿意担任监护人的个人或者组

---

[1] ABC

织事先协商，以书面形式确定自己的监护人。协商确定的监护人在该成年人丧失或者部分丧失民事行为能力时，履行监护职责。这是成年人在自己尚未丧失行为能力时，确定自己未来监护人的制度设计。据此，C选项正确。

④父母是未成年子女的监护人。据此，父母是未成年人的当然监护人，只有未成年人的父母已经死亡或者没有监护能力的情况下，才可能由祖父母、外祖父母、兄弟姐妹等担任监护人。本题中，余某死亡，余某的前妻尚在，如果余某前妻具有监护能力，余某的前妻仍为小翠的当然监护人、法定监护人，其他人无资格担任小翠的法定监护人，D选项错误。

综上，司法部答案为ABC，但本题存在争议。

3. 甲8周岁，多次在国际钢琴大赛中获奖，并获得大量奖金。甲的父母乙、丙为了甲的利益，考虑到甲的奖金存放银行增值有限，遂将奖金全部购买了股票，但恰遇股市暴跌，甲的奖金损失过半。关于乙、丙的行为，下列哪些说法是正确的（2016/3/52）？[1]

A. 乙、丙应对投资股票给甲造成的损失承担责任

B. 乙、丙不能随意处分甲的财产

C. 乙、丙的行为构成无因管理，无须承担责任

D. 如主张赔偿，甲对父母的诉讼时效期间在进行中的最后6个月内因自己系无行为能力人而中止，待成年后继续计算

【考点】监护人的职责、诉讼时效的中止

【答案解析】《民法典》第34条规定："监护人的职责是代理被监护人实施民事法律行为，保护被监护人的人身权利、财产权利以及其他合法权益等。监护人依法履行监护职责产生的权利，受法律保护。监护人不履行监护职责或者侵害被监护人合法权益的，应当承担法律责任。因发生突发事件等紧急情况，监护人暂时无法履行监护职责，被监护人的生活处于无人照料状态的，被监护人住所地的居民委员会、村民委员会或者民政部门应当为被监护人安排必要的临时生活照料措施。"乙、丙除为被监护人的利益外，不得处理被监护人的财产，乙、丙应对投资股票给甲造成的损失承担责任，故A选项正确，B选项正确。

《民法典》第121条规定："没有法定的或者约定的义务，为避免他人利益受损失进行管理的人，有权要求受益人偿还由此而支出的必要费用。"乙、丙履行监护职责，有法律上的原因，不构成无因管理，故C选项错误。

《民法典》第190条规定："无民事行为能力人或者限制民事行为能力人对其法定代理人的请求权的诉讼时效期间，自该法定代理终止之日起计算。"因此若主张赔偿，甲对父母的诉讼时效期间自甲父母对甲的法定代理终止之日起算。因此，D选项错误。

4. 关于监护，下列哪一表述是正确的？（2013/3/2）[2]

A. 甲委托医院照料其患精神病的配偶乙，医院是委托监护人

B. 甲的幼子乙在寄宿制幼儿园期间，甲的监护职责全部转移给幼儿园

C. 甲丧夫后携幼子乙改嫁，乙的爷爷有权要求法院确定自己为乙的法定监护人

D. 市民甲、乙之子丙5周岁，甲乙离婚后对谁担任丙的监护人发生争议，丙住所地的居民委员会有权指定

【考点】监护

【答案解析】选项A正确。《民法典》第30条规定："依法具有监护资格的人之间可以协议确定监护人。协议确定监护人应当尊重被监护人的真实意愿。"甲委托医院照料其配偶乙，

成立委托监护。

选项 B 错误。未成年人的父母是法定监护人，幼儿园虽然对未成年人负有教育、监管的职责，但并不是法定监护人，因此，法定监护人的监护职责并不转移至幼儿园。

选项 C 错误。《民法典》第 27 条规定："父母是未成年子女的监护人。

未成年人的父母已经死亡或者没有监护能力的，由下列有监护能力的人按顺序担任监护人：

（一）祖父母、外祖父母；

（二）兄、姐；

（三）其他愿意担任监护人的个人或者组织，但是须经未成年人住所地的居民委员会、村民委员会或者民政部门同意。"

可见，未成年人父母是未成年人的"当然"监护人，只有在未成年人的父母已经死亡或者没有监护能力时，才可能由其他近亲属去担任监护人。选项 C 中，甲是乙的当然监护人，乙的爷爷无权要求法院确定自己为监护人。

选项 D 错误。未成年人的父母是未成年人的当然监护人，故未成年人父母对担任监护人发生争议的，不适用指定监护。换言之，只有在未成年人父母以外的监护人对担任监护人发生争议的情况下，才适用指定监护。

5. 甲 15 岁，精神病人。关于其监护问题，下列哪一表述是正确的？（2010/3/3）[1]

A. 监护人只能是甲的近亲属或关系密切的其他亲属、朋友

B. 监护人可以是同一顺序中的数人

C. 对担任监护人有争议的，可直接请求法院裁决

D. 为甲设定监护人，适用关于精神病人监护的规定

【考点】 监护

【答案解析】 选项 A 错误。《民法典》第 27 条规定："父母是未成年子女的监护人。

未成年人的父母已经死亡或者没有监护能力的，由下列有监护能力的人按顺序担任监护人：

（一）祖父母、外祖父母；

（二）兄、姐；

（三）其他愿意担任监护人的个人或者组织，但是须经未成年人住所地的居民委员会、村民委员会或者民政部门同意。"

选项 B 正确。监护人可以是一人，也可以是同一顺序中的数人。

选项 C 正确。《民法典》第 31 条规定："对监护人的确定有争议的，由被监护人住所地的居民委员会、村民委员会或者民政部门指定监护人，有关当事人对指定不服的，可以向人民法院申请指定监护人；有关当事人也可以直接向人民法院申请指定监护人。"

选项 D 错误。为患有精神病的未成年人设定监护人应适用关于未成年人监护的规定。

考点三 法 人

1. 根据我国法律规定，关于法人的成立，下列哪一说法正确？（2018 年回忆版）[2]

---

〔1〕 BC 〔2〕 C

A. 事业单位法人均从登记之日起具有法人资格

B. 社会团体法人均从成立之日起具有法人资格

C. 捐助法人均从登记之日起取得法人资格

D. 有独立经费的机关法人从登记之日起具有法人资格

【答案解析】A项考查事业单位法人的成立。根据《民法典》第88条的规定，具备法人条件，为适应经济社会发展需要，提供公益服务设立的事业单位，经依法登记成立，取得事业单位法人资格；依法不需要办理法人登记的，从成立之日起，具有事业单位法人资格。据此可知，A项错误，不当选。

B项考查社会团体法人的成立。根据《民法典》第90条的规定，具备法人资格，基于会员共同意愿，为公益目的或者会员共同利益等非营利目的设立的社会团体，经依法登记成立，取得社会团体法人资格；依法不需要办理法人登记的，从成立之日起，具有社会团体法人资格。据此可知，B项错误，不当选。

C项考查捐助法人的成立。根据《民法典》第92条第一款，具备法人条件，为公益目的以捐助财产设立的基金会、社会服务机构等，经依法登记成立，取得捐助法人资格。据此可知，C项正确，当选。

D项考查特别法人的成立。根据《民法典》第97条的规定，有独立经费的机关和承担行政职能的法定机构从成立之日起，具有机关法人资格，可以从事为履行职能所需要的民事活动。据此可知，有独立经费的机关法人自成立之日起具有法人资格，无需登记。故D项错误，不当选。

2. 黄逢、黄现和金耘共同出资，拟设立名为"黄金黄研究会"的社会团体法人。设立过程中，黄逢等3人以黄金黄研究会名义与某科技园签署了为期3年的商铺租赁协议，月租金5万元，押3付1。此外，金耘为设立黄金黄研究会，以个人名义向某印刷厂租赁了一台高级印刷机。关于某科技园和某印刷厂的债权，下列哪些选项是正确的？(2017/3/53)[1]

A. 如黄金黄研究会未成立，则某科技园的租赁债权消灭

B. 即便黄金黄研究会未成立，某科技园就租赁债权，仍可向黄逢等3人主张

C. 如黄金黄研究会未成立，则就某科技园的租赁债务，由黄逢等3人承担连带责任

D. 黄金黄研究会成立后，某印刷厂就租赁债权，既可向黄金黄研究会主张，也可向金耘主张

【考点】法人的设立

【答案解析】本题考查法人设立的法律责任。《民法典》第75条规定："设立人为设立法人从事的民事活动，其法律后果由法人承受；法人未成立的，其法律后果由设立人承受，设立人为二人以上的，享有连带债权，承担连带债务。设立人为设立法人以自己的名义从事民事活动产生的民事责任，第三人有权选择请求法人或者设立人承担。"据此，如果黄金黄研究会未成立，则黄逢等3人应承担连带责任，故B、C正确，A错误。金耘为设立黄金黄研究会而以个人名义向某印刷厂租赁印刷机，因此债权人有权选择向黄金黄研究会或金耘主张权利，故D正确。本题要特别注意，黄逢等3人设立的黄金黄研究会为社会团体法人，应适用《民法典》关于法人的规定，而不能适用《公司法》的相关规定。

3. 甲企业是由自然人安琚与乙企业（个人独资）各出资50%设立的普通合伙企业，欠丙企业货款50万元，由于经营不善，甲企业全部资产仅剩20万元。现所欠货款到期，相关各方

因货款清偿发生纠纷。对此，下列哪一表述是正确的？（2016/3/2）[1]

    A. 丙企业只能要求安琚与乙企业各自承担 15 万元的清偿责任

    B. 丙企业只能要求甲企业承担清偿责任

    C. 欠款应先以甲企业的财产偿还，不足部分由安琚与乙企业承担无限连带责任

    D. 就乙企业对丙企业的应偿债务，乙企业投资人不承担责任

【考点】 合伙企业债务的清偿、个人独资企业债务的清偿

【答案解析】 根据《合伙企业法》第 38 条，合伙企业对其债务，应先以其全部财产进行清偿。第 39 条，合伙企业不能清偿到期债务的，合伙人承担无限连带责任。故 C 选项正确，当选。A 选项、B 选项错误。

根据《个人独资企业法》第 31 条，个人独资企业财产不足以清偿债务的，投资人应当以其个人的其他财产予以清偿。乙企业是个人独资企业，个人独资企业的投资人对企业债务承担连带清偿责任，故 D 选项错误。

4. 甲以自己的名义，用家庭共有财产捐资设立以资助治疗麻风病为目的的基金会法人，由乙任理事长。后因对该病的防治工作卓有成效使其几乎绝迹，为实现基金会的公益性，现欲改变宗旨和目的。下列哪一选项是正确的？（2015/3/1）[2]

    A. 甲作出决定即可，因甲是创始人和出资人

    B. 乙作出决定即可，因乙是法定代表人

    C. 应由甲的家庭成员共同决定，因甲是用家庭共有财产捐资的

    D. 应由基金会法人按照程序申请，经过上级主管部门批准

【考点】 基金会法人

【答案解析】 基金会法人在性质上属于财团法人。《基金会管理条例》第 11 条第 2 项规定："基金会设立登记的事项包括：名称、住所、类型、宗旨、公益活动的业务范围、原始基金数额和法定代表人。"《基金会管理条例》第 15 条规定："基金会、基金会分支机构、基金会代表机构和境外基金会代表机构的登记事项需要变更的，应当向登记管理机关申请变更登记。"故 D 正确。

5. 甲公司和乙公司在前者印制的标准格式《货运代理合同》上盖章。《货运代理合同》第四条约定："乙公司法定代表人对乙公司支付货运代理费承担连带责任。"乙公司法定代表人李红在合同尾部签字。后双方发生纠纷，甲公司起诉乙公司，并要求此时乙公司的法定代表人李蓝承担连带责任。关于李蓝拒绝承担连带责任的抗辩事由，下列哪一表述能够成立？（2014/3/3）[3]

    A. 第四条为无效格式条款

    B. 乙公司法定代表人未在第四条处签字

    C. 乙公司法定代表人的签字仅代表乙公司的行为

    D. 李蓝并未在合同上签字

【考点】 代表行为；格式条款的无效；保证合同的成立；合同的相对性

【答案解析】 选项 A 错误。格式条款提供格式条款一方不合理的免除其责任、加重对方责任、排除对方主要权利的，该条款无效。本题中，《货运代理合同》第 4 条约定的内容"乙公司法定代表人对乙公司支付货运代理费承担连带责任"不属于上述格式条款的法定无效情形，故应为有效格式条款。

---

[1] C   [2] D   [3] D

选项 B 错误。《民法典》第 490 条规定"当事人采用合同书形式订立合同的，自当事人均签名、盖章或者按指印时合同成立。在签名、盖章或者按指印之前，当事人一方已经履行主要义务，对方接受时，该合同成立。法律、行政法规规定或者当事人约定合同应当采用书面形式订立，当事人未采用书面形式但一方已经履行主要义务，对方接受时，该合同成立。"本题中，实际上存在两个合同关系：一是甲公司与乙公司之间的货运代理合同，该合同自甲公司与乙公司加盖公章时即生效；二是甲公司与乙公司法定代表人李红之间的保证合同关系，其内容是由李红对乙公司支付货运代理费承担连带责任，该合同自李红在货运代理合同上签字时生效。尽管保证合同的内容是以第 4 条所约定的保证条款形式表现的，但当事人在合同尾部签字即可，不必在条款处签字。

选项 C 错误、选项 D 正确。本题中李红的签字有两层意义，一是作为乙公司的法定代表人的签字代乙公司，这种意义上的签字对乙公司有拘束力，而且该拘束力不会因为法定代表人的更替而受到影响，新任法定代表人李蓝不能以其没有在合同上签字而否认货运代理合同对乙公司的效力；二是作为保证人的签字代表其本人，这种意义上的签字在法律上意味着李红个人要对乙公司的货运代理费承担连带保证责任，根据合同相对性原理，既然李蓝没有在合同上签字，就无须对乙公司的货运代理费承担连带责任。此外，D 选项争议的焦点在于《货运代理合同》第 4 条中的"法定代表人"究竟是指的签字时的法定代表人还是包括签字后的任何法定代表人？根据体系解释，纵观合同内容的上下文，在保证合同关系中，保证人是以其个人身份参与到法律关系中，并以其个人财产承担保证责任的，故第 4 条中的"法定代表人"仅指合同签订时的法定代表人，即李红。

6. 下列哪些情形下，甲公司应承担民事责任？（2013/3/52）[1]

A. 甲公司董事乙与丙公司签订保证合同，乙擅自在合同上加盖甲公司公章和法定代表人丁的印章

B. 甲公司与乙公司签订借款合同，甲公司未盖公章，但乙公司已付款，且该款用于甲公司项目建设

C. 甲公司法定代表人乙委托员工丙与丁签订合同，借用丁的存款单办理质押贷款用于经营

D. 甲公司与乙约定，乙向甲公司交纳保证金，甲公司为乙贷款购买设备提供担保。甲公司法定代表人丙以个人名义收取该保证金并转交甲公司出纳员入账

【考点】法人责任；表见代理；代表行为

【答案解析】选项 A 正确。乙非甲公司的法定代表人，一般而言，乙对外以甲公司名义签订合同需经过法定代表人的授权，否则属于无权代理。本题中，甲公司与丙公司之间的保证合同系乙实施无权代理订立的保证合同。但是，乙作为董事（非一般员工）在合同上加盖甲公司公章和法定代表人丁的印章，作为相对人的丙公司有理由相信乙有代理权，故乙的行为构成表见代理，行为后果直接归属于甲公司，甲公司须对丙公司承担保证合同责任。

选项 B 正确。2015 年 8 月 6 日，最高院正式发布《最高人民法院关于审理民间借贷案件适用法律若干问题的规定》，该部司法解释改变民间借贷原有的司法解释，首次确认企业间的借贷效力。该司法解释第 11 条规定："法人之间、其他组织之间以及它们相互之间为生产、经营需要订立的民间借贷合同，除存在合同法第五十二条、本规定第十四条规定的情形外，当事人主张民间借贷合同有效的，人民法院应予支持。"据此可知，现在允许同业拆借，因此甲公

---

[1]　ABCD

司应当承担民事责任。

选项C正确。丙得到了甲公司法定代表人的授权，其对外以甲公司名义实施法律行为属于有权代理。丙借用丁的存款单以甲公司的名义设立质权，此行为为职务行为，法律后果直接归属于甲公司。因此，甲公司应对丁承担相应的民事责任，比如因债权人实现质权而向丁承担损害赔偿责任。

选项D正确。甲公司与乙约定，乙向甲公司交纳保证金，甲公司为乙贷款购买设备提供担保，因而在甲、乙间成立了反担保合同关系。甲公司法定代表人丙以个人名义收取该保证金并转交甲公司出纳员入账的行为，属于代表行为，民事责任应由甲公司承担。

7. 关于法人，下列哪一表述是正确的？(2012/3/2)[1]

A. 社团法人均属营利法人　　　　　B. 基金会法人均属公益法人
C. 社团法人均属公益法人　　　　　D. 民办非企业单位法人均属营利法人

【考点】 法人

【答案解析】 选项A、C错误。社团法人是指以社员作为基础而成立的法人，其与营利性抑或公益性并无必然联系，也就是说，社团法人既可以营利为目的（如公司），也可以公益为目的（如中国民法学会）。

选项B正确。不论是国内还是国外，基金会法人均以公益为目的。

选项D错误。《民法总则》根据法人的功能、设立方式以及财产来源的不同将法人分为：企业法人、机关法人、事业单位法人和社会团体法人。企业法人是以营利为目的，主要从事商业性活动的法人。机关法人是获得法人资格的国家机关，是依法律直接设立的法人。事业单位法人是被赋予民事主体资格的事业单位，所谓事业单位，通常是指由国家财政拨款、从事公益事业的社会组织。社会团体法人是由法人或自然人组成，谋求公益事业、行业协调或同道志趣的法人。根据以上的概念，选项D中民办非企业单位法人可能为事业单位法人，也可能为社会团体法人，但无论为何种法人，都不属于营利法人，据此，选项D是错误的。

8. 王某是甲公司的法定代表人，以甲公司名义向乙公司发出书面要约，愿以10万元价格出售甲公司的一块清代翡翠。王某在函件发出后2小时意外死亡，乙公司回函表示愿意以该价格购买。甲公司新任法定代表人以王某死亡，且未经董事会同意为由拒绝。关于该要约，下列哪一表述是正确的？(2011/3/3)[2]

A. 无效　　　　B. 效力待定　　　　C. 可撤销　　　　D. 有效

【考点】 法定代表人

【答案解析】 法人机关，指根据法律或章程的规定，无须特别委托授权就能够形成、表示和实现法人意志的机构。法人机关包括意思机关、执行机关、法定代表人和监督机关。王某作为甲公司的法定代表人，其以法定代表人身份实施的民事行为具有两个重要特点：第一，其无须甲公司的授权行为，就有资格对外代表甲公司作出意思表示或者接受意思表示；第二，王某以法定代表人身份执行职务时，无独立的人格，王某以甲公司名义对外实施的行为为甲公司实施的行为，而不是王某的行为。所以，出售翡翠之要约的要约人是甲公司，而不是王某，故王某在要约发出后2小时意外死亡，并不会影响要约的效力。《民法典》第137条规定："以对话方式作出的意思表示，相对人知道其内容时生效。以非对话方式作出的意思表示，到达相对人时生效。以非对话方式作出的采用数据电文形式的意思表示，相对人指定特定系统接收数据电文的，该数据电文进入该特定系统时生效；未指定特定系统的，相对人知道或者应当知道该数

据电文进入其系统时生效。当事人对采用数据电文形式的意思表示的生效时间另有约定的，按照其约定。"根据题意，该要约已经到达相对人乙公司，故要约已经生效。假设王某出售翡翠的行为超出了公司章程或者董事会的授权，属于越权行为，一般也不会影响该要约的生效。因为，《民法典》第504条规定："法人的法定代表人或者非法人组织的负责人超越权限订立的合同，除相对人知道或者应当知道其超越权限外，该代表行为有效，订立的合同对法人或者非法人组织发生效力。"故D项正确；A、B、C项错误。

考点四　民事法律行为

1. 小张从小天赋异禀，聪明伶俐。爷爷老张对孙子甚是喜爱。在小张6岁时，爷爷将家中祖传的一幅价值200万元的名画赠与小张。母亲刘某得知此事后，坚决表示反对。在小张8岁那年，爷爷又将自己价值27500元的欧米茄手表赠与小张。母亲刘某亦明确表示反对。关于本案，下列哪一说法是正确的？（2018年回忆版）[1]

　　A. 爷爷将名画赠与小张的行为因纯获利益而有效

　　B. 爷爷将名画赠与小张的行为因母亲刘某反对而无效

　　C. 爷爷将手表赠与小张的行为因纯获利益而有效

　　D. 爷爷将手表赠与小张的行为因母亲刘某反对而无效

【答案解析】本题考查自然人民事法律行为的效力，难度不大。

A、B项考查无民事行为能力人所实施的民事法律行为的效力。根据《民法典》第20条的规定，不满8周岁的未成年人为无民事行为能力人，由其法定代理人代理实施民事法律行为。同时，根据《民法典》第144条的规定，无民事行为能力人实施的民事法律行为无效。据此可知，小张6岁时作为无民事行为能力人，其所实施的受赠名画的民事法律行为无效，母亲刘某反对与否并不影响民事法律行为的无效。故A、B项均错误，不当选。

C、D项考查限制民事行为能力人所实施的民事法律行为的效力。根据《民法典》第19条的规定，8周岁以上的未成年人为限制民事行为能力人，实施民事法律行为由其法定代理人代理或经其法定代理人同意、追认，但是，可以独立实施纯获利益的民事法律行为或与其年龄、智力相适应的民事法律行为。同时，根据《民法典》第145条第1款的规定，限制民事行为能力人实施的纯获利益的民事法律行为或与其年龄、智力、精神健康状况相适应的民事法律行为有效；实施的其他民事法律行为经法定代理人同意或追认后有效。本题中，小张8岁时属于限制民事行为能力，其所实施的受赠手表的民事法律行为因纯获利益而有效。故C项正确，当选；D项错误，不当选。

综上所述，本题的正确答案为C。

2. 2018年春节前夕，孟某的妻子刘某收拾房间时发现一件孟某穿了5年的旧大衣。刘某欲购买一件新衣服给孟某，遂将孟某的旧大衣扔到楼下的垃圾箱里。第二天，孟某问妻子刘某自己的大衣为何不见了。刘某说已经扔掉啦。孟某说："大衣里价值27500元的欧米茄手表拿出来了么？"。刘某说没有。经查，该大衣连同手表被同小区捡拾垃圾的徐老太捡走。关于本案，下列哪一说法是正确的？（2018年回忆版）[2]

　　A. 刘某将孟某大衣扔掉的行为属于事实行为

B. 大衣属于遗失物，徐老太应当返还

C. 手表属于无主物，徐老太可以先占

D. 徐老太应当返还手表，但大衣可以先占

【答案解析】本题综合考查民事法律行为的分类、动产遗失物的拾得和先占制度。

首先，根据民事法律行为成立所需意思表示的数量和合意形成的方式的不同，可以将民事法行为分为单方民事法律行为、多方民事法律行为和决议行为。其中，单方民事法律行为，是指依一方当事人的意思表示而成立的民事法律行为。典型的单方民事法律行为包括动产所有权的抛弃、订立遗嘱和遗赠。本题中，刘某将孟某大衣扔掉的行为系动产所有权的抛弃，属于典型的单方民事法律行为而非事实行为。故 A 项说法错误，不当选。

其次，先占制度虽然在我国现行法律中并无明文规定，但无论是学理上还是司法实践中，均承认先占可以发生物权变动。所谓"先占"是指，以所有的意思，先于他人占有无主的动产，从而取得其所有权的法律事实。对于先占而言，应当具备三个要件：（1）需以所有的意思占有无主物；（2）对象是无主物；（3）标的物为动产。本题中，孟某的大衣被刘某抛弃后即属于无主动产。徐老太可以基于先占而取得大衣的所有权。故 B 项说法错误，不当选。

最后，根据《民法典》第314条，拾得遗失物，应当返还权利人。拾得人应当及时通知权利人领取，或者送交公安等有关部门。本题中，刘某将孟某大衣扔掉时不存在抛弃27500元的欧米茄手表的单方意思表示。因此，手表属于遗失物。徐老太拾得遗失物，依法应当返还。故 C 项说法错误，不当选；D 项说法正确，当选。

综上所述，本题的正确答案为 D。

3. 肖特有音乐天赋，16岁便不再上学，以演出收入为主要生活来源。肖特成长过程中，多有长辈馈赠：7岁时受赠口琴1个，9岁时受赠钢琴1架，15岁时受赠名贵小提琴1把。对肖特行为能力及其受赠行为效力的判断，根据《民法总则》相关规定，下列哪一选项是正确的？（2017/3/2）[1]

A. 肖特尚不具备完全的民事行为能力

B. 受赠口琴的行为无效，应由其法定代理人代理实施

C. 受赠钢琴的行为无效，因与其当时的年龄智力不相当

D. 受赠小提琴的行为无效，因与其当时的年龄智力不相当

【考点】民事法律行为的效力

【答案解析】本题考查民事行为能力。《民法典》第18条第2款规定："十六周岁以上的未成年人，以自己的劳动收入为主要生活来源的，视为完全民事行为能力人。"本题中，肖特16岁，以演出收入为主要生活来源，故应属于完全行为能力人，A 错误。

《民法典》第20条规定："不满八周岁的未成年人为无民事行为能力人，由其法定代理人代理实施民事法律行为。"同时，《民法典》第144条规定："无民事行为能力人实施的民事法律行为无效。"肖特7岁时受赠口琴1个，7岁应属于无行为能力人，受赠口琴，赠与行为属于民事法律行为，故该行为无效，应由其法定代理人代理实施，故 B 正确。

《民法典》第19条规定："八周岁以上的未成年人为限制民事行为能力人，实施民事法律行为由其法定代理人代理或者经其法定代理人同意、追认；但是，可以独立实施纯获利益的民事法律行为或者与其年龄、智力相适应的民事法律行为。"本题中，肖特在9岁时受赠钢琴1架，15岁时受赠名贵小提琴1把。9岁和15岁时均属于限制行为能力人，接受赠与属于纯获

---

[1] B

利益的行为，故均应有效，故 C、D 均错误。

4. 齐某扮成建筑工人模样，在工地旁摆放一尊廉价购得的旧蟾蜍石雕，冒充新挖出文物等待买主。甲曾以 5000 元从齐某处买过一尊同款石雕，发现被骗后正在和齐某交涉时，乙过来询问。甲有意让乙也上当，以便要回被骗款项，未等齐某开口便对乙说："我之前从他这买了一个貔貅，转手就赚了，这个你不要我就要了。"乙信以为真，以 5000 元买下石雕。关于所涉民事法律行为的效力，下列哪一说法是正确的？（2017/3/3）[1]

A. 乙可向甲主张撤销其购买行为

B. 乙可向齐某主张撤销其购买行为

C. 甲不得向齐某主张撤销其购买行为

D. 乙的撤销权自购买行为发生之日起 2 年内不行使则消灭

【考点】瑕疵民事法律行为的效力

【答案解析】本题考查第三人欺诈。《民法典》第 149 条规定："第三人实施欺诈行为，使一方在违背真实意思的情况下实施的民事法律行为，对方知道或者应当知道该欺诈行为的，受欺诈方有权请求人民法院或者仲裁机构予以撤销。"因此，第三人实施欺诈的，受欺诈方能否撤销该民事法律行为，取决于对方是否知道或应当知道该欺诈行为。本题中，甲欺诈乙，致使乙与齐某签订合同，而甲欺诈乙时，齐某本人即在现场，故其属于明知甲欺诈乙，因此，受欺诈方乙可以向对方当事人齐某主张撤销其购买行为，故 B 正确，C 错误。

因乙的行为相对方是齐某而非甲，故即使其是受到甲欺诈，但也不得向甲主张撤销该行为，A 错误。

《民法典》第 152 条规定："当事人自民事法律行为发生之日起五年内没有行使撤销权的，撤销权消灭。"D 错误。

5. 陈老伯考查郊区某新楼盘时，听销售经理介绍周边有轨道交通 19 号线，出行方便，便与开发商订立了商品房预售合同。后经了解，轨道交通 19 号线属市域铁路，并非地铁，无法使用老年卡，出行成本较高；此外，铁路房的升值空间小于地铁房。陈老伯深感懊悔。关于陈老伯可否反悔，下列哪一说法是正确的？（2017/3/10）[2]

A. 属认识错误，可主张撤销该预售合同

B. 属重大误解，可主张撤销该预售合同

C. 该预售合同显失公平，陈老伯可主张撤销该合同

D. 开发商并未欺诈陈老伯，该预售合同不能被撤销

【考点】瑕疵民事法律行为的效力

【答案解析】本题考查民事法律行为的效力。

关于认识错误，相关民事法律并未有系统规定。从学理上来说，一般认为认识错误包括法律认识错误和事实认识错误。法律认识错误，通常是指对行为人是否应该承担责任以及承担责任轻重的错误认识；事实认识错误，通常是指对标的物本身的认识错误，如误将此物当成他物。本题中，陈老伯没有出现上述法律或事实认识错误，故 A 错误。

本题可理解为陈老伯属于动机错误，即其购买房屋的动机——希望房屋是地铁房、房屋价值能够快速提升等最终与事实不符，民法理论上一致认为，动机错误不影响民事法律行为的效力。

所谓重大误解，《最高人民法院关于适用〈中华人民共和国民法典〉总则编若干问题的解

---

[1] B　[2] D

释》第19条规定："行为人对行为的性质、对方当事人或者标的物的品种、质量、规格、价格、数量等产生错误认识，按照通常理解如果不发生该错误认识行为人就不会作出相应意思表示的，人民法院可以认定为民法典第一百四十七条规定的重大误解。行为人能够证明自己实施民事法律行为时存在重大误解，并请求撤销该民事法律行为的，人民法院依法予以支持；但是，根据交易习惯等认定行为人无权请求撤销的除外。"

本题中，陈老伯只是因轨道交通19号线属市域铁路而并非地铁以及铁路房的升值空间小于地铁房而深感懊悔，不属于上述重大误解的范畴，B错误。

所谓显失公平，是指一方利用对方处于危困状态、缺乏判断能力等情形，致使民事法律行为成立时显失公平，本题并未提到利用对方处于危困状态或缺乏判断能力等情节，C错误。

所谓欺诈，是指一方当事人故意告知对方虚假情况，或者故意隐瞒真实情况，诱使对方当事人作出错误意思表示的，强调当事人主观上须是出于故意，本题中未提到开发商有故意告知对方虚假情况或者故意隐瞒真实情况的情节，故D正确。

6. 潘某去某地旅游，当地玉石资源丰富，且盛行"赌石"活动，买者购买原石后自行剖切，损益自负。潘某花5000元向某商家买了两块原石，切开后发现其中一块为极品玉石，市场估价上百万元。商家深觉不公，要求潘某退还该玉石或补交价款。对此，下列哪一选项是正确的？（2016/3/3）[1]

A. 商家无权要求潘某退货
B. 商家可基于公平原则要求潘某适当补偿
C. 商家可基于重大误解而主张撤销交易
D. 商家可基于显失公平而主张撤销交易

【考点】民事行为的法律效力

【答案解析】《民法典》第510条规定："合同生效后，当事人就质量、价款或者报酬、履行地点等内容没有约定或者约定不明确的，可以协议补充；不能达成补充协议的，按照合同有关条款或者交易习惯确定。"当地盛行"赌石"活动，买者购买原石后自行剖切，损益自负。属于双方知道的交易习惯，因此买卖合同有效，商家无权要求潘某退货。A选项正确，当选。

《民法典》第5条规定："民事主体从事民事活动，应当遵循自愿原则，按照自己的意思设立、变更、终止民事法律关系。"《民法典》第6条规定："民事主体从事民事活动，应当遵循公平原则，合理确定各方的权利和义务。"《民法典》第7条规定："民事主体从事民事活动，应当遵循诚信原则，秉持诚实，恪守承诺。"

公平原则具体表现在以下两个方面：一是民事主体在从事民事法律活动时，应当本着公平的理念公平合理地确定权利义务关系，并且正当行使权利、履行义务，兼顾他人利益和社会公共利益。二是司法机关在处理民事纠纷的过程中应当做到公平合理。在法律没有明文规定时，司法机关依据公平原则获得自由裁量权，本着公平、正义的理念进行裁判，解决民事争议。本案可以适用具体的规定，无须诉诸公平原则，故B选项错误。

《民法典》第147条规定："基于重大误解实施的民事法律行为，行为人有权请求人民法院或者仲裁机构予以撤销。"行为人因对行为的性质、对方当事人、标的物的品种、质量、规格和数量等的错误认识，使行为的后果与自己的意思相悖，并造成较大损失的，可以认定为重大误解。本案中双方对赌石的习惯均知悉，不构成重大误解，故C选项错误。

《民法典》第151条规定："一方利用对方处于危困状态、缺乏判断能力等情形，致使民

［1］A

事法律行为成立时显失公平的，受损害方有权请求人民法院或者仲裁机构予以撤销。"本案中，双方并无利用优势或利用对方没有经验的情形存在，不构成显失公平，故 D 选项错误。

7. 下列哪一情形构成重大误解，属于可变更、可撤销的民事行为？(2012/3/3)[1]

A. 甲立下遗嘱，误将乙的字画分配给继承人

B. 甲装修房屋，误以为乙的地砖为自家所有，并予以使用

C. 甲入住乙宾馆，误以为乙宾馆提供的茶叶是无偿的，并予以使用

D. 甲要购买电动车，误以为精神病人乙是完全民事行为能力人，并与之签订买卖合同

【考点】重大误解；法律行为的效力

【答案解析】重大误解的构成须满足以下四个要件：①当事人对民事行为的内容（行为的性质、对方当事人、标的物的品种、质量、数量等）产生错误认识；②表意人基于误解做出了意思表示；③误解是由误解方自身的过失导致，并不是由对方欺诈所致，也不是因为误解方自身故意或重大过失导致；④表意人因此受到较大损失。

选项 A 错误。遗嘱人以遗嘱处分了属于国家、集体或他人所有的财产，遗嘱的这部分，应认定无效。选项 A 中，甲的行为属于无权处分，应为无效，而非可撤销。

选项 B 项错误。装修房屋的行为属于事实行为，而重大误解是关于民事行为的法律制度。故甲误以为乙的地砖为自家所有，并予以使用的行为并不能适用重大误解制度。

选项 C 正确。乙宾馆发出的意思表示为买卖要约，而甲误以为是赠与要约，故属于对行为性质发生了错误认识，构成重大误解。

选项 D 错误。甲虽然对乙的行为能力发生了错误认识，但此种情形在民法上不按照重大误解对待，甲不能撤销合同，甲乙之间签订的买卖合同应属于效力待定或无效合同。

考点五　代　理

1. 甲公司员工唐某受公司委托从乙公司订购一批空气净化机，甲公司对净化机单价未作明确限定。唐某与乙公司私下商定将净化机单价比正常售价提高 200 元，乙公司给唐某每台 100 元的回扣。商定后，唐某以甲公司名义与乙公司签订了买卖合同。对此，下列哪一选项是正确的？(2016/3/4)[2]

A. 该买卖合同以合法形式掩盖非法目的，因而无效

B. 唐某的行为属无权代理，买卖合同效力待定

C. 乙公司行为构成对甲公司的欺诈，买卖合同属可变更、可撤销合同

D. 唐某与乙公司恶意串通损害甲公司的利益，应对甲公司承担连带责任

【考点】代理的责任承担、民事行为的效力

【答案解析】《民法典》第 146 条第 1 款规定："行为人与相对人以虚假的意思表示实施的民事法律行为无效。"本题只有一个行为，不属于以合法形式掩盖非法目的，故 A 选项错误。

民事法律行为的委托代理，可以用书面形式，也可以用口头形式。法律规定用书面形式的，应当用书面形式。书面委托代理的授权委托书应当载明代理人的姓名或者名称、代理事项、权限和期间，并由委托人签名或者盖章。委托书授权不明的，被代理人应当向第三人承担民事责任，代理人负连带责任。本案中，授权委托书对购买价格授权不明，仍然属于有权代

---

[1] C　[2] D

理，买卖合同有效。故 B 选项错误。

《民法典》第 148 条规定："一方以欺诈手段，使对方在违背真实意思的情况下实施的民事法律行为，受欺诈方有权请求人民法院或者仲裁机构予以撤销。"以及《民法典》第 149 条规定："第三人实施欺诈行为，使一方在违背真实意思的情况下实施的民事法律行为，对方知道或者应当知道该欺诈行为的，受欺诈方有权请求人民法院或者仲裁机构予以撤销。"

代理关系中的欺诈，以代理人是否受欺诈为判断标准，代理人唐某并未受欺诈，故 C 选项错误。代理人和第三人串通，损害被代理人的利益的，由代理人和第三人负连带责任。故 D 选项正确，当选。

2. 甲去购买彩票，其友乙给甲 10 元钱让其顺便代购彩票，同时告知购买号码，并一再嘱咐甲不要改变。甲预测乙提供的号码不能中奖，便擅自更换号码为乙购买了彩票并替乙保管。开奖时，甲为乙购买的彩票中了奖，二人为奖项归属发生纠纷。下列哪一分析是正确的？（2015/3/9）[1]

A. 甲应获得该奖项，因按乙的号码无法中奖，甲、乙之间应类推适用借贷关系，由甲偿还乙 10 元

B. 甲、乙应平分该奖项，因乙出了钱，而甲更换了号码

C. 甲的贡献大，应获得该奖项之大部，同时按比例承担彩票购买款

D. 乙应获得该奖项，因乙是委托人

【考点】 无权代理

【答案解析】《民法典》第 161 条规定："民事主体可以通过代理人实施民事法律行为。依照法律规定、当事人约定或者民事法律行为的性质，应当由本人亲自实施的民事法律行为，不得代理。"《民法典》第 171 条规定："行为人没有代理权、超越代理权或者代理权终止后，仍然实施代理行为，未经被代理人追认，对被代理人不发生效力。"本题中，甲、乙之间存在委托代理关系，甲擅自更换彩票号码并购买的行为超越了代理权限，属于无权代理，应为效力待定，经乙追认后，对乙发生法律效力，若乙拒绝追认，则该行为的法律效果由甲承担。问题是，该行为是否得到了乙的追认？根据题干中的信息，既然甲、乙二人因奖金归属发生争议，即表明乙对甲的行为已经追认（一百个同意！），因此，该奖项应归属于乙。故选项 A、B、C 错误，选项 D 正确。

3. 吴某是甲公司员工，持有甲公司授权委托书。吴某与温某签订了借款合同，该合同由温某签字、吴某用甲公司合同专用章盖章。后温某要求甲公司还款。下列哪些情形有助于甲公司否定吴某的行为构成表见代理？（2014/3/52）[2]

A. 温某明知借款合同上的盖章是甲公司合同专用章而非甲公司公章，未表示反对

B. 温某未与甲公司核实，即将借款交给吴某

C. 吴某出示的甲公司授权委托书载明甲公司仅授权吴某参加投标活动

D. 吴某出示的甲公司空白授权委托书已届期

【考点】 表见代理

【答案解析】《民法典》第 172 条："行为人没有代理权、超越代理权或者代理权终止后，仍然实施代理行为，相对人有理由相信行为人有代理权的，代理行为有效。"表见代理的核心构成要件是"存在使相对人相信行为人有代理权的客观事由"，即"表见事由"。本题考查的就是"表见事由"。

---

[1] D [2] CD

选项 A 错误。实践中，公司对外签合同既可以使用公章，也可以使用合同专用章，因此，借款合同上的盖章是甲公司合同专用章并不能否定"表见事由"的存在。

选项 B 错误。表见代理是一种广义上的无权代理，只要存在表见事由，即可构成，如果要求相对人与被代理人就行为人有无代理权进行核实，就不可能有表见代理发生的余地。

选项 C、D 正确。授权委托书是代理人向相对人出示的以证明其拥有代理权的书面凭证，相对人通过查看授权委托书即可了解行为人的代理权限范围。因此，吴某出示的甲公司授权委托书载明甲公司仅授权吴某参加投标活动，温某仍然与其签订借款合同，显然不能主张"有理由相信行为人有代理权"；吴某出示的甲公司空白授权委托书已届期的情况下，温某同样不能主张存在表见事由。

4. 下列哪些情形属于代理？（2012/3/53）[1]

A. 甲请乙从国外代购 1 套名牌饮具，乙自己要买 2 套，故乙共买 3 套一并结账

B. 甲请乙代购茶叶，乙将甲写好茶叶名称的纸条交给销售员，告知其是为自己朋友买茶叶

C. 甲律师接受法院指定担任被告人乙的辩护人

D. 甲介绍歌星乙参加某演唱会，并与主办方签订了三方协议

【考点】代理

【答案解析】代理是指代理人在代理权限内，以被代理人的名义（或以自己名义）与第三人实施法律行为，由此产生的法律后果直接由被代理人承担的一种法律制度。代理人以被代理人的名义实施的代理为直接代理；代理人以自己的名义实施的代理为间接代理。本题考查的是代理行为的构成。

选项 A 正确。乙基于甲的委托，以自己名义为甲购买了一套饮具，构成间接代理。

选项 B 正确。乙受甲委托代购茶叶，乙同时告知销售员是为他人购买茶叶，属于直接代理。

选项 C 正确。《刑事诉讼法》第 37 条规定："辩护人的责任是根据事实和法律，提出犯罪嫌疑人、被告人无罪、罪轻或者减轻、免除其刑事责任的材料和意见，维护犯罪嫌疑人、被告人的诉讼权利和其他合法权益。"可见，辩护人为了维护被告人的合法民事权益，享有相应的代理权。

选项 D 错误。甲仅仅是为歌星乙与主办方签订表演合同提供媒介服务，并没有代理歌星或主办方实施法律行为，其行为属于中介，而非代理。

考点六　诉讼时效

1. 甲（6 周岁）系小童星，演出收入颇丰。其父母为保值，在 A 城以甲的名义购买了一套商品房，价款 850 万元。后其他地区的房价均上涨，唯独 A 城房价下跌，损失惨重。关于本案，下列哪些说法是错误的？（2018 回忆版）[2]

A. 甲向其父母追偿损失不受 3 年诉讼时效的限制

B. 甲的父母没有为甲财产保值的义务

C. 购房合同有效，但父母应负赔偿责任

---

[1]　ABC　[2]　ABD

D. 甲父母的行为构成无因管理

【答案解析】A 项考查诉讼时效的基本原理。根据《民法典》第 190 条的规定，无民事行为能力人或者限制民事行为能力人对其法定代理人的请求权的诉讼时效期间，自该法定代理终止之日起计算。同时根据《民法典》第 188 条第 1 款的规定，向人民法院请求保护民事权利的诉讼时效期间为三年。法律另有规定的，依照其规定。据此可知，甲向其父母追偿损失受 3 年诉讼时效的限制，且自法定代理终止之日起计算，故 A 项说法错误，当选。

B 项考查监护人的职责。根据《民法典》第 34 条第一款的规定，监护人的职责是代理被监护人实施民事法律行为，保护被监护人的人身权利、财产权利以及其他合法权益等。同时，根据《民法典》第 35 条第 1 款的规定，监护人应当按照最有利于被监护人的原则履行监护职责。监护人除为维护被监护人利益外，不得处分被监护人的财产。据此可知，甲的父母履行监护人职责应使甲的利益最大化，使甲的财产增值保值。故 B 项说法错误，当选。

C 项考查民事法律行为的效力。根据《民法典》第 20 条的规定，不满八周岁的未成年人为无民事行为能力人，由其法定代理人代理实施民事法律行为。同时，根据《民法典》第 34 条规定，监护人不履行监护职责或者侵害被监护人合法权益的，应当承担法律责任。本题中，甲的父母系甲的法定监护人，其以甲的名义签订购房合同的行为属于有权代理，合同合法有效，但应对甲承担赔偿责任。故 C 项说法正确，不当选。

D 项考查无因管理。根据《民法典》第 121 条的规定，没有法定的或者约定的义务，为避免他人利益受损失而进行管理的人，有权请求受益人偿还由此支出的必要费用。据此可知，无因管理的构成要件有三：（1）没有法定或约定的义务；（2）主观上有管理他人事务的意思（管理人可适当兼为自己利益）；（3）客观上实施了管理他人事务的行为（至于管理是否有效果在所不问）。本题中，甲的父母系甲的第一顺位法定监护人，有法定的义务保护甲的民事权益。因此，甲的父母的行为不构成无因管理，D 项错误，当选。

综上所述，本题的正确答案为 ABD。

2. 下列请求权不适用诉讼时效的有？（2018 年回忆版）[1]

A. 孟某与王某的房屋相邻，王某装修房屋将大量建筑垃圾堆放在门前妨碍孟某的通行，孟某有请求王某排除妨碍的权利

B. 孟某将自己的房屋出租给曹某居住，租期届满后，孟某基于所有权人的身份请求曹某搬离房屋的权利

C. 孟某的宝马轿车（登记在孟某名下）被徐某强行夺走，孟某基于所有权人的身份请求徐某返还宝马轿车的权利

D. 孟某与妻子刘某离婚，法院判决婚生子小孟（6 岁）与刘某共同生活，孟某按月给付抚养费，小孟有请求孟某给付抚养费的权利

【答案解析】本题综合考查诉讼时效的适用范围。根据《民法典》第 196 条的规定，下列请求权不适用诉讼时效的规定：（1）请求停止侵害、排除妨碍、消除危险；（2）不动产物权和登记的动产物权的权利人请求返还财产；（3）请求给付抚养费、赡养费或扶养费；（4）依法不适用诉讼时效的其他请求权。

A 项中，孟某请求邻居王某清理建筑垃圾排除妨碍的权利依法不适用诉讼时效的规定，属于上述法律规定中的第（1）项。故 A 项正确，当选。

B 项中，孟某作为不动产房屋的所有权人在租期届满后依法请求承租人曹某返还房屋的权

---

〔1〕　ABCD

利依法不适用诉讼时效的规定，属于上述法律规定中的第（2）项。故 B 项正确，当选。

C 项中，孟某作为登记的动产物权的权利人请求徐某返还宝马轿车的权利依法不适用诉讼时效的规定，属于上述法律规定的第（2）项。故 C 项正确，当选。

D 项中，被监护人小孟请求监护人孟某给付扶养费的权利依法不适用诉讼时效的规定，属于上述法律规定中的第（3）项。故 D 项正确，当选。

综上所述，本题的正确答案为 ABCD。

3. 甲公司开发的系列楼盘由乙公司负责安装电梯设备。乙公司完工并验收合格投入使用后，甲公司一直未支付工程款，乙公司也未催要。诉讼时效期间届满后，乙公司组织工人到甲公司讨要。因高级管理人员均不在，甲公司新录用的法务小王，擅自以公司名义签署了同意履行付款义务的承诺函，工人们才散去。其后，乙公司提起诉讼。关于本案的诉讼时效，下列哪一说法是正确的？（2017/3/4）[1]

A. 甲公司仍可主张诉讼时效抗辩

B. 因乙公司提起诉讼，诉讼时效中断

C. 法院可主动适用诉讼时效的规定

D. 因甲公司同意履行债务，其不能再主张诉讼时效抗辩

【考点】诉讼时效

【答案解析】本题考查诉讼时效。诉讼时效的中断，是在诉讼时效进行的过程中，因法定事由的发生而导致中断。本题中，乙公司提起诉讼是在诉讼时效届满之后，故不存在中断的问题，B 错误。

《民法典》第 193 条规定："人民法院不得主动适用诉讼时效的规定。" C 错误。

本题的关键在于甲公司的法务小王的行为对外是否构成表见代理，如果构成表见代理，则甲公司可认定为同意履行债务，其不能再主张诉讼时效抗辩；如果未构成表见代理，则甲公司没有同意履行债务的意思表示，仍然可以主张诉讼时效抗辩。从本题的题干描述来看，乙公司组织工人到甲公司讨要欠款时，小王是在甲公司高级管理人员均不在的情况下而签署了同意履行付款义务的承诺函，这意味着乙公司的工人实际上是先找甲公司的高级管理人员主张权利，在高级管理人员均不在的时候，才向法务小王主张权利，即乙公司的工人属于明知小王为法务人员，其不属于善意第三人。构成表见代理的关键条件之一，即是第三人应为善意。据此，本题不适用表见代理，法务小王的行为，对外不得被认定为是甲公司同意履行债务的意思表示。因此，甲公司仍然可以主张诉讼时效抗辩，D 错误，A 正确。

4. 甲公司向乙公司催讨一笔已过诉讼时效期限的 10 万元货款。乙公司书面答复称："该笔债务已过时效期限，本公司本无义务偿还，但鉴于双方的长期合作关系，可偿还 3 万元。"甲公司遂向法院起诉，要求偿还 10 万元。乙公司接到应诉通知后书面回函甲公司称："既然你公司起诉，则不再偿还任何货款。"下列哪一选项是正确的？（2014/3/5）[2]

A. 乙公司的书面答复意味着乙公司需偿还甲公司 3 万元

B. 乙公司的书面答复构成要约

C. 乙公司的书面回函对甲公司有效

D. 乙公司的书面答复表明其丧失了 10 万元的时效利益

【考点】诉讼时效的法律效果；要约

【答案解析】选项 A 正确、D 错误。《诉讼时效规定》第 19 条规定："诉讼时效期间届满，

---

[1] A 〔2〕 A

当事人一方向对方当事人作出同意履行义务的意思表示或者自愿履行义务后，又以诉讼时效期间届满为由进行抗辩的，人民法院不予支持。"这表明，诉讼时效期间经过的法律后果是债权人"胜诉权"消灭，实体权利并没有消灭，此时，债权成为自然债权。本题中，乙公司"愿意偿还3万元"的书面答复，意味着其已经放弃该3万元债务的时效利益，使这3万元债务恢复了强制执行的效力。

选项C错误。既然乙公司作出了同意履行其对甲公司3万元债务的承诺，一经作出就不得反悔，故乙公司的书面回函中"既然你公司起诉，则不再偿还任何货款"的表述在法律上对甲公司是无效的。

选项B错误。要约是希望与他人订立合同的意思表示，需要经过对方承诺后，合同才能成立。本题中，乙公司的书面答复并不是为了与甲公司订立合同，乙公司没有缔约意图，故不构成要约。

5. 下列哪些请求不适用诉讼时效？（2014/3/53）[1]

A. 当事人请求撤销合同
B. 当事人请求确认合同无效
C. 业主大会请求业主缴付公共维修基金
D. 按份共有人请求分割共有物

【考点】诉讼时效的适用范围

【答案解析】诉讼时效的适用范围是债权请求权。

选项A正确。撤销权是形成权，其适用受到除斥期间的限制，而不适用诉讼时效。

选项B正确。请求确认合同无效的权利亦非债权请求权，不适用诉讼时效。

选项C正确。业主大会请求业主缴付维修基金的权利，是一种业主自治性的权利，具有社员权的属性，而不是债权请求权，故不适用诉讼时效。

选项D正确。按份共有人分割共有物请求权是基于共有权（物权）而享有的一项请求权，属于物权请求权的范畴，不适用诉讼时效。

6. 甲为自己的车向乙公司投保第三者责任险，保险期间内甲车与丙车追尾，甲负全责。丙在事故后不断索赔未果，直至事故后第3年，甲同意赔款，甲友丁为此提供保证。再过1年，因甲、丁拒绝履行，丙要求乙公司承担保险责任。关于诉讼时效的抗辩，下列哪些表述是错误的？（2013/3/54）[2]

A. 甲有权以侵权之债诉讼时效已过为由不向丙支付赔款
B. 丁有权以侵权之债诉讼时效已过为由不承担保证责任
C. 乙公司有权以侵权之债诉讼时效已过为由不承担保险责任
D. 乙公司有权以保险合同之债诉讼时效已过为由不承担保险责任

【考点】诉讼时效期间；诉讼时效的中断

【答案解析】选项A、B、C错误，当选。《民法典》第195条规定："有下列情形之一的，诉讼时效中断，从中断、有关程序终结时起，诉讼时效期间重新计算：（一）权利人向义务人提出履行请求；（二）义务人同意履行义务；（三）权利人提起诉讼或者申请仲裁；（四）与提起诉讼或者申请仲裁具有同等效力的其他情形。"

本题中，甲给丙造成的主要是财产损害，丙对甲享有的侵权损害赔偿请求权的诉讼时效期间为3年，自丙知道或者应当知道权利被侵害且知道加害人之日起开始计算。此后，丙不断向甲索赔的行为及甲同意赔款的行为，均导致丙对甲的债权的诉讼时效的中断，诉讼时效从甲同意赔款之日起重新计算。丙对甲享有的侵权损害赔偿请求权的诉讼时效期间并未经过。因此，

---

[1] ABCD　[2] ABCD

甲作为债务人、丁作为保证人、乙保险公司均无权以丙的侵权之债已超过诉讼时效为由进行抗辩。

选项 D 错误，当选。保险合同诉讼时效起算具有特殊性：自保险事故确定之日起开始起算，因此没有过。何况根据《民法典》规定，该诉讼时效为 3 年。

7. 关于诉讼时效，下列哪一选项是正确的？（2012/3/5）[1]

A. 甲借乙 5 万元，向乙出具借条，约定 1 周之内归还。乙债权的诉讼时效期间从借条出具日起计算

B. 甲对乙享有 10 万元货款债权，丙是连带保证人，甲对丙主张权利，会导致 10 万元货款债权诉讼时效中断

C. 甲向银行借款 100 万元，乙提供价值 80 万元房产作抵押，银行实现对乙的抵押权后，会导致剩余的 20 万元主债务诉讼时效中断

D. 甲为乙欠银行的 50 万元债务提供一般保证。甲不知 50 万元主债务诉讼时效期间届满，放弃先诉抗辩权，承担保证责任后不得向乙追偿

【考点】诉讼时效

【答案解析】选项 A 错误。《民法典》第 188 条规定："向人民法院请求保护民事权利的诉讼时效期间为三年。法律另有规定的，依照其规定。诉讼时效期间自权利人知道或者应当知道权利受到损害以及义务人之日起计算。法律另有规定的，依照其规定。但是自权利受到损害之日起超过二十年的，人民法院不予保护，有特殊情况的，人民法院可以根据权利人的申请决定延长。"据此，对于有履行期限的债权，诉讼时效期间自履行期限届满之日起开始计算。

选项 B 错误。连带责任保证中，主债务诉讼时效中断，保证债务诉讼时效不中断。据此可知，连带责任保证中，保证债务时效中断具有独立性，不会因主债务时效中断而中断。反之亦然，即连带保证债务时效中断，也不会导致主债务时效中断。

选项 C 正确。《诉讼时效规定》第 9 条规定："权利人对同一债权中的部分债权主张权利，诉讼时效中断的效力及于剩余债权，但权利人明确表示放弃剩余债权的情形除外。"银行对乙的房产行使抵押权属于对部分债权主张权利，该行为对剩余的 20 万元债权发生诉讼时效中断的效果。

选项 D 错误。《诉讼时效规定》第 18 条规定："主债务诉讼时效期间届满，保证人享有主债务人的诉讼时效抗辩权。保证人未主张前述诉讼时效抗辩权，承担保证责任后向主债务人行使追偿权的，人民法院不予支持，但主债务人同意给付的情形除外。"本题中，甲对主债权已过诉讼时效并不知情，因此，甲不构成（主动）放弃时效抗辩权，而甲放弃对银行享有的先诉抗辩权不会对债务人乙产生不利影响，因此，甲承担保证责任后，仍可向乙行使追偿权。

8. 关于诉讼时效中断的表述，下列哪一选项是正确的？（2011/3/5）[2]

A. 甲欠乙 10 万元到期未还，乙要求甲先清偿 8 万元。乙的行为，仅导致 8 万元债务诉讼时效中断

B. 甲和乙对丙因共同侵权而需承担连带赔偿责任计 10 万元，丙要求甲承担 8 万元。丙的行为，导致甲和乙对丙负担的连带债务诉讼时效均中断

C. 乙欠甲 8 万元，丙欠乙 10 万元，甲对丙提起代位权诉讼。甲的行为，不会导致丙对乙的债务诉讼时效中断

D. 乙欠甲 10 万元，甲将该债权转让给丙。自甲与丙签订债权转让协议之日起，乙的 10

---

[1] C 〔2〕B

万元债务诉讼时效中断

【考点】诉讼时效的中断

【答案解析】选项 A 错误。根据《诉讼时效规定》第 9 条规定，权利人对同一债权中的部分债权主张权利，诉讼时效中断的效力及于剩余债权，但权利人明确表示放弃剩余债权的情形除外。选项 A 中，乙对甲主张 8 万元债权，不仅会导致 8 万元债权本身时效中断，剩余的 2 万元债权时效也因此而中断。

选项 B 正确。根据《诉讼时效规定》第 15 条规定，对于连带债权人中的一人发生诉讼时效中断效力的事由，应当认定对其他连带债权人也发生诉讼时效中断的效力。对于连带债务人中的一人发生诉讼时效中断效力的事由，应当认定对其他连带债务人也发生诉讼时效中断的效力。选项 B 中，甲和乙因共同侵权对丙承担的是连带赔偿责任，因此，丙向甲主张债权的行为，会导致甲和乙对丙负担的连带债务诉讼时效均中断。

选项 C 错误。根据《诉讼时效规定》第 16 条规定，债权人提起代位权诉讼的，应当认定对债权人的债权和债务人的债权均发生诉讼时效中断的效力。据此，选项 C 中，甲的行为会同时导致甲对乙的 8 万元债权以及乙对丙的 10 万元债权诉讼时效中断。

选项 D 错误。根据《诉讼时效规定》第 17 条，债权转让的，应当认定诉讼时效从债权转让通知到达债务人之日起中断。据此，选项 D 中，乙的 10 万元债务诉讼时效自债权转让通知到达乙之日起中断。

第二编　物权

第一分编　通则

1. 庞某有 1 辆名牌自行车，在借给黄某使用期间，达成转让协议，黄某以 8000 元的价格购买该自行车。次日，黄某又将该自行车以 9000 元的价格转卖给了洪某，但约定由黄某继续使用 1 个月。关于该自行车的归属，下列哪一选项是正确的？（2017/3/5）[1]

A. 庞某未完成交付，该自行车仍归庞某所有

B. 黄某构成无权处分，洪某不能取得自行车所有权

C. 洪某在黄某继续使用 1 个月后，取得该自行车所有权

D. 庞某既不能向黄某，也不能向洪某主张原物返还请求权

【考点】物权变动

【答案解析】本题考查简易交付和占有改定。简易交付规定于动产物权设立和转让前，权利人已经依法占有该动产的，物权自法律行为生效时发生效力。本题中，庞某的自行车在借给黄某使用期间达成转让协议，黄某以 8000 元的价格购买该自行车，属于简易交付，转让协议生效时，物权发生转移，即黄某取得自行车的所有权。故 A 错误。

占有改定规定于动产物权转让时，双方又约定由出让人继续占有该动产的，物权自该约定生效时发生效力。本题中，黄某将该自行车以 9000 元的价格转卖给了洪某，但约定由黄某继续使用 1 个月，属于占有改定，该约定生效时（而不是继续使用 1 个月后），物权发生转移，洪某取得自行车的所有权，故 C 错误。

因黄某已有所有权，其出售于洪某，属于有权处分，B 错误。

因庞某已丧失所有权，故既不能向黄某，也不能向洪某主张原物返还请求权，D 正确。

2. 甲遗失手链 1 条，被乙拾得。为找回手链，甲张贴了悬赏 500 元的寻物告示。后经人指证手链为乙拾得，甲要求乙返还，乙索要 500 元报酬，甲不同意，双方数次交涉无果。后乙在桥边玩耍时手链掉入河中被冲走。下列哪一选项是正确的？（2017/3/6）[2]

A. 乙应承担赔偿责任，但有权要求甲支付 500 元

B. 乙应承担赔偿责任，无权要求甲支付 500 元

C. 乙不应承担赔偿责任，也无权要求甲支付 500 元

D. 乙不应承担赔偿责任，有权要求甲支付 500 元

【考点】拾得遗失物

---

[1]　D　[2]　B

【答案解析】 本题考查遗失物拾得制度。根据《民法典》第 317 条："权利人领取遗失物时，应当向拾得人或者有关部门支付保管遗失物等支出的必要费用。权利人悬赏寻找遗失物的，领取遗失物时应当按照承诺履行义务。拾得人侵占遗失物的，无权请求保管遗失物等支出的费用，也无权请求权利人按照承诺履行义务。"甲向乙主张返还时，乙索要 500 元报酬，甲不同意，双方数次交涉无果，意味着乙一直占有该遗失物而不予返还，故其无权请求甲履行其承诺的支付报酬的义务。据此，A 和 D 均错误。

根据《民法典》第 316 条："拾得人在遗失物送交有关部门前，有关部门在遗失物被领取前，应当妥善保管遗失物。因故意或者重大过失致使遗失物毁损、灭失的，应当承担民事责任。"所谓重大过失，一般认为是指违反普通人的注意义务，即如果行为人仅用一般人的注意即可预见，而怠于注意，就存在重大过失。本题中，乙本身即有保管手链之义务，故其不应带到桥边玩耍；而根据一般人的注意义务，手链带到桥边，有发生掉入河中的危险，但乙并没有避免，可认定为其具有重大过失。故应向甲承担赔偿责任，B 正确，C 错误。

3. 蔡永父母在共同遗嘱中表示，二人共有的某处房产由蔡永继承。蔡永父母去世前，该房由蔡永之姐蔡花借用，借用期未明确。2012 年上半年，蔡永父母先后去世，蔡永一直未办理该房屋所有权变更登记，也未要求蔡花腾退。2015 年下半年，蔡永因结婚要求蔡花腾退，蔡花拒绝搬出。对此，下列哪一选项是正确的？（2016/3/5）[1]

A. 因未办理房屋所有权变更登记，蔡永无权要求蔡花搬出

B. 因诉讼时效期间届满，蔡永的房屋腾退请求不受法律保护

C. 蔡花系合法占有，蔡永无权要求其搬出

D. 蔡永对该房屋享有物权请求权

【考点】 诉讼时效、物（上）权请求权

【答案解析】 根据《民法典》第 230 条："因继承取得物权的，自继承或者受遗赠开始时发生效力。"蔡永父母去世，蔡永已经取得房产的所有权，该房屋的所有权人是蔡永。物权请求权不适用诉讼时效，故 B 选项错误。

因为蔡永父母去世前，该房由蔡永之姐蔡花借用，借用期未明确。根据《民法典》第 511 条："当事人就有关合同内容约定不明确，依据前条规定仍不能确定的，适用下列规定：（四）履行期限不明确的，债务人可以随时履行，债权人也可以随时请求履行，但是应当给对方必要的准备时间。"蔡永继承房屋的所有权，也同时继承了该房屋上的义务，成为借用合同的当事人。借用期限不明确，债权人蔡永可以随时要求返还，但应当给对方必要的准备时间。故 A 选项错误，C 选项错误。

根据《民法典》第 235 条："无权占有不动产或者动产的，权利人可以请求返还原物。"故 D 选项正确，当选。

4. 甲被法院宣告失踪，其妻乙被指定为甲的财产代管人。3 个月后，乙将登记在自己名下的夫妻共有房屋出售丙，交付并办理了过户登记。在此过程中，乙向丙出示了甲被宣告失踪的判决书，并将房屋属于夫妻二人共有的事实告知丙。1 年后，甲重新出现，并经法院撤销了失踪宣告。现甲要求丙返还房屋。对此，下列哪一说法是正确的？（2016/3/6）[2]

A. 丙善意取得房屋所有权，甲无权请求返还

B. 丙不能善意取得房屋所有权，甲有权请求返还

C. 乙出售夫妻共有房屋构成家事代理，丙继受取得房屋所有权

---

〔1〕 D 〔2〕 B

D. 乙出售夫妻共有房屋属于有权处分，丙继受取得房屋所有权

【考点】善意取得

【答案解析】善意取得不动产的构成要件有四：不动产权属登记与真实权利状况不一致；不动产登记名义人以自己名义实施无权处分；第三人受让时为善意，且以合理的价格受让；办理了过户登记。乙是甲的财产代管人，非为甲的利益不得处分甲的财产。该房屋属于夫妻共同财产。

根据《民法典》第301条："处分共有的不动产或者动产以及对共有的不动产或者动产作重大修缮、变更性质或者用途的，应当经占份额三分之二以上的按份共有人或者全体共同共有人同意，但是共有人之间另有约定的除外。"乙将房屋出卖给丙，未经全体共同共有人同意，属于无权处分。而D选项认为乙是有权处分，错误。

但乙向丙出示了甲被宣告失踪的判决书，并将房屋属于夫妻二人共有的事实告知丙，故丙是恶意，不能善意取得房屋的所有权。甲仍然是所有权人，可以要求丙返还房屋。故A选项错误，B选项正确。

夫或妻在处理夫妻共同财产上的权利是平等的。因日常生活需要而处理夫妻共同财产的，任何一方均有权决定。但夫或妻非因日常生活需要对夫妻共同财产做重要处理决定，夫妻双方应当平等协商，取得一致意见。他人有理由相信其为夫妻双方共同意思表示的，另一方不得以不同意或不知道为由对抗善意第三人。故C选项错误。

5. 甲与乙签订《协议》，由乙以自己名义代甲购房，甲全权使用房屋并获取收益。乙与开发商和银行分别签订了房屋买卖合同和贷款合同。甲把首付款和月供款给乙，乙再给开发商和银行，房屋登记在乙名下。后甲要求乙过户，乙主张是自己借款购房。下列哪一选项是正确的？（2015/3/5）[1]

A. 甲有权提出更正登记

B. 房屋登记在乙名下，甲不得请求乙过户

C. 《协议》名为代购房关系，实为借款购房关系

D. 如乙将房屋过户给不知《协议》的丙，丙支付合理房款则构成善意取得

【考点】不动产登记；善意取得

【答案解析】选项A正确。权利人、利害关系人认为不动产登记簿记载的事项错误的，可以申请更正登记。不动产登记簿记载的权利人书面同意更正或者有证据证明登记确有错误的，登记机构应当予以更正。因此，甲作为利害关系人对房屋权属存有争议，可提出更正登记，但是最终能否更正登记，则取决于登记的权利人乙是否同意，或者甲是否确有证据证明登记簿上的记载内容有错误。

选项B错误。尽管房屋登记在乙名下，但根据甲、乙之间的《协议》，甲可请求乙将房屋过户登记到自己名下。

选项C错误。根据《协议》的内容，甲、乙双方并无借款购房的意思表示。

选项D错误。不动产所有权的善意取得须具备五个要件：①不动产登记簿出现权属登记错误；②登记名义人实施无权处分行为；③受让人主观上为善意；④受让人支付合理价款；⑤已完成过户登记。由此可见，善意取得须以无权处分为适用前提，本题中，尽管首付款和月供款由甲支付，但房屋登记在乙名下，乙是房屋的所有权人，乙将房屋卖给丙是有权处分，故不存在善意取得的适用问题。

---

[1] A

6. 刘某借用张某的名义购买房屋后，将房屋登记在张某名下。双方约定该房屋归刘某所有，房屋由刘某使用，产权证由刘某保存。后刘某、张某因房屋所有权归属发生争议。关于刘某的权利主张，下列哪些表述是正确的？（2014/3/55）[1]

A. 可直接向登记机构申请更正登记

B. 可向登记机构申请异议登记

C. 可向法院请求确认其为所有权人

D. 可依据法院确认其为所有权人的判决请求登记机关变更登记

【考点】不动产登记

【答案解析】选项A错误，选项B正确。《民法典》第217条规定："不动产权属证书是权利人享有该不动产物权的证明。不动产权属证书记载的事项，应当与不动产登记簿一致；记载不一致的，除有证据证明不动产登记簿确有错误外，以不动产登记簿为准。"《民法典》第220条规定："权利人、利害关系人认为不动产登记簿记载的事项错误的，可以申请更正登记。不动产登记簿记载的权利人书面同意更正或者有证据证明登记确有错误的，登记机构应当予以更正。不动产登记簿记载的权利人不同意更正的，利害关系人可以申请异议登记。登记机构予以异议登记，申请人自异议登记之日起十五日内不提起诉讼的，异议登记失效。异议登记不当，造成权利人损害的，权利人可以向申请人请求损害赔偿。"据此可知，在刘某、张某因房屋所有权归属发生纠纷，需"不动产登记簿记载的权利人书面同意更正或者有证据证明登记确有错误的"才可以更正登记。无法直接向登记机构申请更正登记。

选项C、D正确。本题中，刘某与张某约定房屋登记在张某名下，由刘某使用房屋并保存产权证，约定本身并不违反法律和行政法规的强制性规定，因此合法有效。但刘某无权直接要求登记机构进行更正登记，应当先通过法院请求确认其为所有权人，再依据法院判决请求登记机关变更登记。

7. 叶某将自有房屋卖给沈某，在交房和过户之前，沈某擅自撬门装修，施工导致邻居赵某经常失眠。下列哪些表述是正确的？（2013/3/55）[2]

A. 赵某有权要求叶某排除妨碍

B. 赵某有权要求沈某排除妨碍

C. 赵某请求排除妨碍不受诉讼时效的限制

D. 赵某可主张精神损害赔偿

【考点】物权请求权

【答案解析】选项A正确。不动产的相邻各方，应当按照有利生产、方便生活、团结互助、公平合理的精神，正确处理截水、排水、通行、通风、采光等方面的相邻关系。给相邻方造成妨碍或者损失的，应赔偿损失。据此，叶某是房屋所有权人，与赵某构成相邻关系，故赵某有权请求叶某排除妨碍。

选项B正确。《民法典》第236条规定："妨害物权或者可能妨害物权的，权利人可以请求排除妨害或者消除危险。"

选项C正确。根据《最高人民法院关于审理民事案件适用诉讼时效制度若干问题的规定》第1条和《民法典》第188条，诉讼时效仅适用于债权请求权和继承权纠纷。本题中，赵某所享有的排除妨害请求权在性质上属于物权请求权，故不受诉讼时效的限制。

选项D错误。侵害他人人身权益，造成他人严重精神损害的，被侵权人可以请求精神损害

---

[1] BCD　[2] ABC

赔偿。本题中，赵某因他人的侵权而导致失眠，一般情况下，失眠所引起的痛苦仅仅是生理痛苦，而非心理痛苦，即便因为失眠而受到精神损害，也未达到"严重"的程度。故赵某无权请求精神损害赔偿。

8. 物权人在其权利的实现上遇有某种妨害时，有权请求造成妨害事由发生的人排除此等妨害，称为物权请求权。关于物权请求权，下列哪一表述是错误的？(2011/3/8)[1]

A. 是独立于物权的一种行为请求权　　B. 可以适用债权的有关规定
C. 不能与物权分离而单独存在　　　　D. 须依诉讼的方式进行

【考点】物权请求权

【答案解析】选项 A 表述正确，不当选。物权请求权，指物权人于其物权受到侵害或有遭受侵害的危险时，基于物权而请求侵害人为一定行为或者不为一定行为，使物权恢复到原有状态或侵害危险产生之前的状态的权利。物权请求权独立于物权之外，但二者有关联：物权是物权请求权的基础权利。所有的请求权均为行为请求权，即请求特定人作为或者不作为（容忍），物权请求权也不例外。

选项 B 表述正确，不当选。请求权是与支配权相并列的权利类型，除物权请求权外，请求权还包括债权、人格权请求权、身份权请求权、知识产权请求权等。物权请求权和债权同属请求权，二者具有类似的结构。故债权的有关规定，物权请求权也可能适用，比如物权请求权也具有相对性，只能向特定的相对人行使。

选项 C 表述正确，不当选。物权请求权的启动是因为物权的圆满支配状态受到侵害或妨碍，由此，物权请求权形式的目的旨在恢复物权人对标的物的圆满支配。由此决定了物权请求权不能与物权分离而单独存在，也不能与物权分离而转让。

选项 D 表述错误，当选。物权请求权的行使既可通过诉讼方式，亦可通过诉讼之外的其他方式，如私下主张。

9. 甲、乙和丙于 2012 年 3 月签订了散伙协议，约定登记在丙名下的合伙房屋归甲、乙共有。后丙未履行协议。同年 8 月，法院判决丙办理该房屋过户手续，丙仍未办理。9 月，丙死亡，丁为其唯一继承人。12 月，丁将房屋赠给女友戊，并对赠与合同作了公证。下列哪一表述是正确的？(2013/3/6)[2]

A. 2012 年 3 月，甲、乙按份共有房屋　　B. 2012 年 8 月，甲、乙按份共有房屋
C. 2012 年 9 月，丁为房屋所有人　　　　D. 2012 年 12 月，戊为房屋所有人

【考点】不动产物权变动

【答案解析】选项 A 错误。《民法典》第 209 条规定："不动产物权的设立、变更、转让和消灭，经依法登记，发生效力；未经登记，不发生效力，但是法律另有规定的除外。"据此，依法律行为发生不动产物权变动，须以公示（登记）为要件。本题中，甲、乙与丙之间达成了以转移房屋所有权为内容的协议，属于依法律行为发生物权变动，由于双方没有完成公示（办理过户登记），不发生物权变动的效力。

选项 B 错误。《民法典》第 229 条规定："因人民法院、仲裁机构的法律文书或者征收决定等，导致物权设立、变更、转让或者消灭的，自法律文书或者人民政府的征收决定等生效时发生效力。"本题中，尽管法院作出了判决，但判决的内容是判令合同义务人丙办理过户手续，该判决生效后并没有导致物权变动，只有在丙办理过户手续后，物权才会变动。由于丙一直没有办理过户，故 2012 年 8 月，房屋仍为丙所有。

〔1〕　D　〔2〕　C

选项 C 正确。《民法典》第 230 条规定："因继承取得物权的，自继承开始时发生效力。"据此，因继承取得物权的，公示不是物权变动的生效要件。本题中，丙死亡后，房屋所有权归丙的唯一继承人丁所有。

选项 D 错误。根据《民法典》第 230 条、232 条，因继承享有不动产物权的，处分该物权时，依照法律规定需要办理登记的，未经登记，不发生物权效力。本题中，丁因继承取得房屋所有权后，将房屋赠给女友戊，非经登记不发生物权变动效力，虽然赠与合同已公证，但因未办理过户手续，戊不是房屋所有人。

10. 吴某和李某共有一套房屋，所有权登记在吴某名下。2010 年 2 月 1 日，法院判决吴某和李某离婚，并且判决房屋归李某所有，但是并未办理房屋所有权变更登记。3 月 1 日，李某将该房屋出卖给张某，张某基于对判决书的信赖支付了 50 万元价款，并入住了该房屋。4 月 1 日，吴某又就该房屋和王某签订了买卖合同，王某在查阅了房屋登记簿确认房屋仍归吴某所有后，支付了 50 万元价款，并于 5 月 10 日办理了所有权变更登记手续。下列哪些选项是正确的？(2011/3/55)[1]

A. 5 月 10 日前，吴某是房屋所有权人
B. 2 月 1 日至 5 月 10 日，李某是房屋所有权人
C. 3 月 1 日至 5 月 10 日，张某是房屋所有权人
D. 5 月 10 日后，王某是房屋所有权人

【考点】非基于法律行为的不动产物权变动；善意取得

【答案解析】选项 A 错误。《民法典》第 229 条规定："因人民法院、仲裁机构的法律文书或者人民政府的征收决定等，导致物权设立、变更、转让或者消灭的，自法律文书或者征收决定等生效时发生效力。"据此，基于法院的生效判决发生物权变动的，自判决书生效时发生物权变动，无须公示（不动产无须登记，动产无须交付）。本题中，在法院作出判决之前，房屋虽然登记在吴某名下，但属于吴某和李某共有房产。法院判决房屋归李某所有（此判决为"形成判决"），判决生效后，房屋所有权即已发生变动，由吴某和李某共有变为李某单独所有。因此，2010 年 2 月，吴某就不再是房屋的共有权人。

选项 B 正确、选项 C 错误。《民法典》第 232 条规定："处分依照本节规定享有的不动产物权，依照法律规定需要办理登记的，未经登记，不发生物权效力。"此即所谓的"未经登记，不得处分"。本题中，李某虽于 2 月 1 日即依照生效的判决取得了房屋的所有权，但由于未办理登记，李某对房屋尚无处分权，李某于 3 月 1 日将该房屋出卖给张某时，房屋买卖合同虽然有效，但不能发生物权变动的效力。要想发生物权变动，需经过两次登记，即先将房屋从吴某名下登记到李某名下，再由李某过户登记到张某名下。故 2 月 1 日至 5 月 10 日，李某是房屋所有权人，而张某并没有取得房屋所有权。

选项 D 正确。根据《民法典》第 311 条，不动产所有权的善意取得须具备五个要件：①不动产登记簿出现权属登记错误；②登记名义人实施无权处分行为；③受让人主观上为善意；④受让人支付合理价款；⑤已完成过户登记。本题中，吴某与王某之间的房屋买卖行为完全符合上述五个要件，故 5 月 10 日王某善意取得房屋所有权。

---

[1] BD

第二分编　所有权

1. 甲、乙、丙、丁按份共有某商铺，各自份额均为25%。因经营理念发生分歧，甲与丙商定将其份额以100万元转让给丙，通知了乙、丁；乙与第三人戊约定将其份额以120万元转让给戊，未通知甲、丙、丁。下列哪些选项是正确的？（2017/3/54）[1]

A. 乙、丁对甲的份额享有优先购买权

B. 甲、丙、丁对乙的份额享有优先购买权

C. 如甲、丙均对乙的份额主张优先购买权，双方可协商确定各自购买的份额

D. 丙、丁可仅请求认定乙与戊之间的份额转让合同无效

【考点】按份共有人优先购买权

【答案解析】本题考查按份共有中的优先购买权。《最高人民法院关于适用〈中华人民共和国民法典〉物权编的解释（一）》第十三条规定："按份共有人之间转让共有份额，其他按份共有人主张依据民法典第三百零五条优先购买的，不予支持，但按份共有人之间另有约定的除外。"因此，甲将其份额转让给丙，乙、丁不能主张优先购买权，A错误。

乙系将份额转让给戊，故甲、丙、丁均享有优先购买权，B正确。

《民法典》第306条第2款规定："两个以上其他共有人主张行使优先购买权的，协商确定各有的购买比例；协商不成的，按照转让时各自的共有份额比例行使优先购买权。"注意该条适用的条件是"协商不成"，即法律允许当事人协商，实际上这也是意思自治的当然体现，故C正确。

《民法典》第305条规定："按份共有人可以转让其享有的共有的不动产或者动产份额。其他共有人在同等条件下享有优先购买的权利。"据此，按份共有人可随时处分自己的份额，其他按份共有人不得既不行使优先购买权，又请求认定转让合同无效。故乙与戊的转让合同应为有效，D错误。

蒋某是C市某住宅小区6栋3单元502号房业主，入住后面临下列法律问题，请根据相关事实予以解答。请回答第2～4题。

2. 小区地下停车场设有车位500个，开发商销售了300个，另200个用于出租。蒋某购房时未买车位，现因购车需使用车位。下列选项正确的是：（2017/3/86）[2]

A. 蒋某等业主对地下停车场享有业主共有权

B. 如小区其他业主出售车位，蒋某等无车位业主在同等条件下享有优先购买权

C. 开发商出租车位，应优先满足蒋某等无车位业主的需要

D. 小区业主如出售房屋，其所购车位应一同转让

---

[1] BC　[2] C

【答案解析】 本题考查建筑物区分所有权。《民法典》第275条规定："建筑区划内，规划用于停放汽车的车位、车库的归属，由当事人通过出售、附赠或者出租等方式约定。占用业主共有的道路或者其他场地用于停放汽车的车位，属于业主共有。"《民法典》第276条规定："建筑区划内，规划用于停放汽车的车位、车库应当首先满足业主的需要。"据此，因地下停车场并不属于占用业主共有的场地，故非属于业主共有，而应归开发商所有，但应优先满足业主的需要，故C正确，A错误。建筑物区分所有权中并不存在优先购买权制度，B错误。车位不属于房屋的附属品，而是作为独立的所有权存在，不随着房屋的转让而转让，D错误。

3. 该小区业主田某将其位于一楼的住宅用于开办茶馆，蒋某认为此举不妥，交涉无果后向法院起诉，要求田某停止开办。下列选项正确的是：（2017/3/87）[1]

A. 如蒋某是同一栋住宅楼的业主，法院应支持其请求

B. 如蒋某能证明因田某开办茶馆而影响其房屋价值，法院应支持其请求

C. 如蒋某能证明因田某开办茶馆而影响其生活质量，法院应支持其请求

D. 如田某能证明其开办茶馆得到多数有利害关系业主的同意，法院应驳回蒋某的请求

【答案解析】 本题考查民宅商用。《民法典》第279条："业主不得违反法律、法规以及管理规约，将住宅改变为经营性用房。业主将住宅改变为经营性用房的，除遵守法律、法规以及管理规约外，应当经有利害关系的业主一致同意。"《最高人民法院关于审理建筑物区分所有权纠纷案件具体应用法律若干问题的解释》第11条规定："业主将住宅改变为经营性用房，本栋建筑物内的其他业主，应当认定有利害关系的业主。建筑区划内，本栋建筑物之外的业主，主张与自己有利害关系的，应证明其房屋价值、生活质量受到或者可能受到不利影响。"本题中，田某将其位于一楼的住宅用于开办茶馆，属于民宅商用，应适用上述规定。因本栋建筑物内的其他业主为当然有利害关系，故A正确。

如蒋某能证明因田某开办茶馆而影响其房屋价值或生活质量，即为有利害关系的业主，如果其反对，田某即不得开办茶馆，故B和C均正确。

民宅商用，应经全体有利害关系的业主同意，D错误。

4. 对小区其他业主的下列行为，蒋某有权提起诉讼的是：（2017/3/88）[2]

A. 5栋某业主任意弃置垃圾

B. 7栋某业主违反规定饲养动物

C. 8栋顶楼某业主违章搭建楼顶花房

D. 楼上邻居因不当装修损坏蒋某家天花板

【答案解析】 本题考查业主的权利保护。根据《民法典》第286条："业主大会或者业主委员会，对任意弃置垃圾、排放污染物或者噪声、违反规定饲养动物、违章搭建、侵占通道、拒付物业费等损害他人合法权益的行为，有权依照法律、法规以及管理规约，请求行为人停止侵害、排除妨碍、消除危险、恢复原状、赔偿损失。业主或者其他行为人拒不履行相关义务的，有关当事人可以向有关行政主管部门报告或者投诉，有关行政主管部门应当依法处理。"据此，在业主任意弃置垃圾、违反规定饲养动物、违章搭建的情况下，应由业主大会或业主委员会主张权利，而不是业主个人主张权利，故A、B、C均是错误的。蒋某和其楼上的邻居适用相邻关系的规定，如果其楼上邻居因不当装修损坏蒋某家天花板时，蒋某有权提起诉讼，D正确。

---

[1] ABC [2] D

5. 甲、乙二人按照3：7的份额共有一辆货车，为担保丙的债务，甲、乙将货车抵押给债权人丁，但未办理抵押登记。后该货车在运输过程中将戊撞伤。对此，下列哪一选项是正确的？（2016/3/8）[1]

    A. 如戊免除了甲的损害赔偿责任，则应由乙承担损害赔偿责任

    B. 因抵押权未登记，戊应优先于丁受偿

    C. 如丁对丙的债权超过诉讼时效，仍可在2年内要求甲、乙承担担保责任

    D. 如甲对丁承担了全部担保责任，则有权向乙追偿

【考点】抵押权设立、共有人对外责任承担

【答案解析】《民法典》第307条规定："因共有的不动产或者动产产生的债权债务，在对外关系上，共有人享有连带债权、承担连带债务，但是法律另有规定或者第三人知道共有人不具有连带债权债务关系的除外；在共有人内部关系上，除共有人另有约定外，按份共有人按照份额享有债权、承担债务，共同共有人共同享有债权、承担债务。偿还债务超过自己应当承担份额的按份共有人，有权向其他共有人追偿。"故对戊的损害赔偿，由甲、乙承担连带责任。

根据最高人民法院《人身损害赔偿解释》第2条，赔偿权利人起诉部分共同侵权人的，人民法院应当追加其他共同侵权人作为共同被告。赔偿权利人在诉讼中放弃对部分共同侵权人的诉讼请求的，其他共同侵权人对被放弃诉讼请求的被告应当承担的赔偿份额不承担连带责任。责任范围难以确定的，推定各共同侵权人承担同等责任。故，如戊免除了甲的损害赔偿责任，则乙对免除范围内的赔偿份额不承担连带责任，A选项错误。

动产抵押权，合同生效时设立，未经登记，不得对抗善意第三人。丁丁享有抵押权，戊是一般债权人，物权优先于债权，B选项错误。

《民法典》第419条规定："抵押权人应当在主债权诉讼时效期间行使抵押权；未行使的，人民法院不予保护。"故C选项错误。

同一债权有两个以上抵押人的，债权人放弃债务人提供的抵押担保的，其他抵押人可以请求人民法院减轻或者免除其应当承担的担保责任。同一债权有两个以上抵押人的，当事人对其提供的抵押财产所担保的债权份额或者顺序没有约定或者约定不明的，抵押权人可以就其中任一或者各个财产行使抵押权。抵押人承担担保责任后，可以向债务人追偿，也可以要求其他抵押人清偿其应当承担的份额。故D选项正确。

6. 甲、乙、丙、丁按份共有一艘货船，份额分别为10%、20%、30%、40%。甲欲将其共有份额转让，戊愿意以50万元的价格购买，价款一次付清。关于甲的共有份额转让，下列哪些选项是错误的？（2016/3/53）[2]

    A. 甲向戊转让其共有份额，须经乙、丙、丁同意

    B. 如乙、丙、丁均以同等条件主张优先购买权，则丁的主张应得到支持

    C. 如丙在法定期限内以50万元分期付款的方式要求购买该共有份额，应予支持

    D. 如甲改由向乙转让其共有份额，丙、丁在同等条件下享有优先购买权

【考点】按份共有人的优先购买权

【答案解析】《民法典》第305条："按份共有人可以转让其享有的共有的不动产或者动产份额。其他共有人在同等条件下享有优先购买的权利。"甲转让自己的份额无须他人同意，故A选项错误，当选。

两个以上按份共有人主张优先购买且协商不成时，请求按照转让时各自份额比例行使优先

购买权的，应予支持。故 B 选项错误，当选。

《民法典》第 305 条所称的"同等条件"，应当综合共有份额的转让价格、价款履行方式及期限等因素确定。丙以分期付款的方式支付，不属于同等条件，故 C 选项错误，当选。

按份共有人之间转让共有份额，其他按份共有人主张根据《民法典》第 305 条规定优先购买的，不予支持，但按份共有人之间另有约定的除外。对内转让，无优先购买权适用之余地，故 D 选项错误，当选。

7. 甲将一套房屋转让给乙，乙再转让给丙，相继办理了房屋过户登记。丙翻建房屋时在地下挖出一瓷瓶，经查为甲的祖父埋藏，甲是其祖父唯一继承人。丙将该瓷瓶以市价卖给不知情的丁，双方钱物交割完毕。现甲、乙均向丙和丁主张权利。下列哪一选项是正确的？(2015/3/6)[1]

A. 甲有权向丙请求损害赔偿　　　　　B. 乙有权向丙请求损害赔偿

C. 甲、乙有权主张丙、丁买卖无效　　D. 丁善意取得瓷瓶的所有权

【考点】拾得遗失物；善意取得；无权处分合同的效力

【答案解析】选项 A 正确，B、D 错误。根据《民法典》319 条："拾得漂流物、发现埋藏物或隐藏物的，参照适用拾得遗失物的有关规定。法律另有规定的，依照其规定。"本题中，丙挖出的瓷瓶属于埋藏物，所有权人为甲（从其祖父处继承而来）。根据《民法典》312 条："所有权人或者其他权利人有权追回遗失物。该遗失物通过转让被他人占有的，权利人有权向无处分权人请求损害赔偿，或者自知道或者应当知道受让人之日起二年内向受让人请求返还原物；但是，受让人通过拍卖或者向具有经营资格的经营者购得该遗失物的，权利人请求返还原物时应当支付受让人所付的费用。权利人向受让人支付所付费用后，有权向无处分权人追偿。"可见，遗失物（埋藏物）不适用善意取得。本题中，丙将瓷瓶以市价卖给不知情的丁，且已完成交付，但丁并不能善意取得瓷瓶的所有权。另外，甲也可以向无处分人丙请求损害赔偿。故选项 A 正确，B、D 错误。

选项 C 错误。当事人一方以出卖人在缔约时对标的物没有所有权或者处分权为由主张合同无效的，人民法院不予支持。可见，无权处分的买卖合同是有效的。

8. 张某与李某共有一台机器，各占 50% 份额。双方共同将机器转卖获得 10 万元，约定张某和李某分别享有 6 万元和 4 万元。同时约定该 10 万元暂存李某账户，由其在 3 个月后返还给张某 6 万元。后该账户全部款项均被李某债权人王某申请法院查封并执行，致李某不能按期返还张某款项。下列哪一表述是正确的？(2014/3/6)[2]

A. 李某构成违约，张某可请求李某返还 5 万元

B. 李某构成违约，张某可请求李某返还 6 万元

C. 李某构成侵权，张某可请求李某返还 5 万元

D. 李某构成侵权，张某可请求李某返还 6 万元

【考点】按份共有

【答案解析】选项 A、C 错误。根据《民法典》第 298 条："按份共有人对共有的不动产或者动产按照其份额享有所有权。"本题中，张某和李某对机器各占 50% 的份额，为按份共有。双方就共有物专卖所得价款约定了分配比例，这一约定虽然违反了双方的共有份额，但仍然有效。因此，张某可请求李某返还 6 万元，而非 5 万元。

选项 B 正确、D 错误。货币属于特殊财产，遵循"占有即所有"的规则，将货币暂存李某

---

[1] A　[2] B

账户时起，张某就丧失了其应得的 6 万元货币的所有权（货币实际上所有权已属于银行）。根据双方的约定，张某对李某享有的是请求其按约定期限还款的债权。李某不能按期返还张某款项，其行为构成违约，而非侵权。

9. 甲以 20 万元从乙公司购得某小区地下停车位。乙公司经规划部门批准在该小区以 200 万元建设观光电梯。该梯入梯口占用了甲的停车位，乙公司同意为甲置换更好的车位。甲则要求拆除电梯，并赔偿损失。下列哪些表述是错误的？（2013/3/51）[1]

A. 建电梯获得规划部门批准，符合小区业主利益，未侵犯甲的权利
B. 即使建电梯符合业主整体利益，也不能以损害个人权利为代价，故应将电梯拆除
C. 甲车位使用权固然应予保护，但置换车位更能兼顾个人利益与整体利益
D. 电梯建成后，小区尾房更加畅销，为平衡双方利益，乙公司应适当让利于甲

【考点】 建筑物区分所有权；物权保护

【答案解析】 选项 A 表述错误，当选。甲购买了停车位，该停车位就属于甲的专有部分，乙公司依法办理了审批手续，经过相关部门批准，在所建小区建设观光电梯，但是构成对甲停车位所有权的侵犯。经过行政部门审批并非构成民事侵权的违法阻却事由。

选项 B 表述错误，当选；选项 C 正确，不当选。受害人的合法权益受到侵害，固然应当提供救济，但在救济方式的选择上，也应考虑救济成本的大小。具体到本题中，甲的权利有两种救济途径：一是责令乙公司恢复原状，拆除电梯；二是乙公司提供更好的车位弥补甲的损害。若采取第一种救济途径，显然会造成巨大浪费，因此，以第二种救济途径为宜。

选项 D 表述错误，当选。乙公司所受利益和甲的受损之间并无必然关联，故让乙公司让利于甲，并无法律上的依据。

10. 方某将一行李遗忘在出租车上，立即发布寻物启事，言明愿以 2000 元现金酬谢返还行李者。出租车司机李某发现该行李及获悉寻物启事后即与方某联系。现方某拒绝支付 2000 元给李某。下列哪一表述是正确的？（2013/3/13）[2]

A. 方某享有所有物返还请求权，李某有义务返还该行李，故方某可不支付 2000 元酬金
B. 如果方某不支付 2000 元酬金，李某可行使留置权拒绝返还该行李
C. 如果方某未曾发布寻物启事，则其可不支付任何报酬或费用
D. 既然方某发布了寻物启事，则其必须支付酬金

【考点】 悬赏广告；留置权

【答案解析】 选项 A 错误，D 正确。《民法典》第 317 条规定："权利人领取遗失物时，应当向拾得人或者有关部门支付保管遗失物等支出的必要费用。权利人悬赏寻找遗失物的，领取遗失物时应当按照承诺履行义务。拾得人侵占遗失物的，无权请求保管遗失物等支出的费用，也无权请求权利人按照承诺履行义务。"本题中，方某与李某间成立了两个债：一是拾得遗失物之债，李某拾得遗失物（且无侵占行为），李某有权请求方某支付自己因此支出的必要费用。二是悬赏广告之债，方某发布悬赏广告，李某完成了悬赏广告指定的行为，李某有权请求方某按照悬赏广告的承诺支付报酬 2000 元。

选项 C 错误。若方某未曾发布悬赏广告，则方某与李某间仍可成立拾得遗失物之债，李某有权请求方某支付自己因此支出的必要费用。

选项 B 错误。留置权的构成要件有四：①债权人对债务人的债权已经到期；②债权人合法占有属于债务人的动产；③债权人留置的动产与担保的债权属于同一法律关系（商事留置权除

---

[1] ABD [2] D

外）；④不得具有留置权成立的消极事由（约定不得留置、留置违反善良风俗或者留置与债权人负担的义务相违悖）。本题中，李某基于拾得遗失物之债占有方某的动产，而李某基于悬赏广告之债对方某享有 2000 元的报酬请求权，二者不属于同一法律关系。因此，即使方某拒绝支付 2000 元的报酬，李某亦不得行使留置权。

11. 甲、乙、丙、丁共有 1 套房屋，各占 1/4，对共有房屋的管理没有进行约定。甲、乙、丙未经丁同意，以全体共有人的名义将该房屋出租给戊。关于甲、乙、丙上述行为对丁的效力的依据，下列哪一表述是正确的？（2012/3/6）[1]

A. 有效，出租属于对共有物的管理，各共有人都有管理的权利

B. 有效，对共有物的处分应当经占共有份额 2/3 以上的共有人的同意，出租行为较处分为轻，当然可以为之

C. 无效，对共有物的出租属于处分，应当经全体共有人的同意

D. 有效，出租是以利用的方法增加物的收益，可以视为改良行为，经占共有份额 2/3 以上的共有人的同意即可

【考点】共有物的管理

【答案解析】选项 A 错误。根据《民法典》第 300 条："共有人按照约定管理共有的不动产或者动产；没有约定或者约定不明确的，各共有人都有管理的权利和义务。"本题中，出租共有房屋的行为不属于该条所指的"管理"，而是收益行为。

选项 B 正确、C 错误。《民法典》第 301 条："处分共有的不动产或者动产以及对共有的不动产或者动产作重大修缮、变更性质或者用途的，应当经占份额三分之二以上的按份共有人或者全体共同共有人同意，但共有人之间另有约定的除外。"所谓的处分包括事实上的处分（如重大修缮、改建、消费、毁损等改变性质或者用途的）与法律上的处分（如出卖、抵押、抛弃所有权）。出租行为不属于处分，从对标的物的影响来看，其性质要弱于处分。本题中，甲、乙、丙、丁对房屋系按份共有，其份额均为 1/4，出租行为已经得到占份额 3/4（＞2/3）共有人的同意，根据举重以明轻的解释原则，处分行为姑且只要求 2/3，而性质较轻的出租行为已达到 3/4，故更应有效。

选项 D 错误。所谓改良行为，指不变更共有物的性质，而增加其效用或价值的行为，如开垦荒地为果园。出租行为显然不属于改良。

12. 甲将其 1 辆汽车出卖给乙，约定价款 30 万元。乙先付了 20 万元，余款在 6 个月内分期支付。在分期付款期间，甲先将汽车交付给乙，但明确约定付清全款后甲才将汽车的所有权移转给乙。嗣后，甲又将该汽车以 20 万元的价格卖给不知情的丙，并以指示交付的方式完成交付。下列哪一表述是正确的？（2012/3/9）[2]

A. 在乙分期付款期间，汽车已经交付给乙，乙即取得汽车的所有权

B. 在乙分期付款期间，汽车虽然已经交付给乙，但甲保留了汽车的所有权，故乙不能取得汽车的所有权

C. 丙对甲、乙之间的交易不知情，可以依据善意取得制度取得汽车所有权

D. 丙不能依甲的指示交付取得汽车所有权

【考点】保留所有权买卖；物权变动；善意取得

【答案解析】选项 A 错误、B 正确。《民法典》第 224 条规定："动产物权的设立和转让，自交付时发生效力，但是法律另有规定的除外。"《民法典》第 641 条规定："当事人可以在买

---

[1] B [2] B

卖合同中约定买受人未履行支付价款或者其他义务的，标的物的所有权属于出卖人。出卖人对标的物保留的所有权，未经登记，不得对抗善意第三人。"据此，在乙分期付款期间，汽车虽然已经交付给乙，但甲保留了汽车的所有权，故乙不能取得汽车的所有权。

选项 C 错误。善意取得制度适用于无权处分行为，本题中，既然甲仍然是汽车的所有权人，其将汽车卖给丙的行为当然属于有权处分，故不适用善意取得规则。

选项 D 错误。《民法典》第 227 条规定规定："动产物权设立和转让前，第三人占有该动产的，负有交付义务的人可以通过转让请求第三人返还原物的权利代替交付。"本题中，甲与丙之间即通过指示交付实现汽车所有权变动。

13. 根据公平正义理念的内涵，关于《物权法》第 42 条就"征收集体土地和单位、个人房屋及其他不动产"所作的规定，下列哪些说法可以成立？（2012/3/51）〔1〕

A. 有公共利益的需要，方可进行征收，实现国家、集体和个人利益的统一

B. 征收须依照法定权限和程序进行，保证程序公正

C. 对失地农民须全面补偿，对失房市民可予拆迁补偿，合理考虑不同诉求

D. 明确保障住宅被征收人的居住条件，保护正当利益和民生

【考点】征收

【答案解析】选项 A、B 正确。根据《民法典》第 243 条第 1 款："为了公共利益的需要，依照法律规定的权限和程序可以征收集体所有的土地和组织、个人的房屋以及其他不动产。"

选项 C 错误、D 正确。根据《民法典》第 243 条第 2 款："征收集体所有的土地，应当依法及时足额支付土地补偿费、安置补助费以及农村村民住宅、其他地上附着物和青苗等的补偿费用，并安排被征地农民的社会保障费用，保障被征地农民的生活，维护被征地农民的合法权益。"另根据该条第 3 款："征收组织、个人的房屋以及其他不动产，应当依法给予征收补偿，维护被征收人的合法权益；征收个人住宅的，还应当保障被征收人的居住条件。"据此，征收不动产时，对失房市民"应当"给予拆迁补偿，而不是"可以"给予拆迁补偿。对于失房者，应当保证被征收人的居住条件。

14. 关于共有，下列哪些表述是正确的？（2011/3/56）〔2〕

A. 对于共有财产，部分共有人主张按份共有，部分共有人主张共同共有，如不能证明财产是按份共有的，应当认定为共同共有

B. 按份共有人对共有不动产或者动产享有的份额，没有约定或者约定不明确的，按照出资额确定；不能确定出资额的，视为等额享有

C. 夫或妻在处理夫妻共同财产上权利平等，因日常生活需要而处理夫妻共同财产的，任何一方均有权决定

D. 对共有物的分割，当事人没有约定或者约定不明确的，按份共有人可以随时请求分割，共同共有人在共有的基础丧失或者有重大理由需要分割时可以请求分割

【考点】共有

【答案解析】选项 A 错误。《民法典》第 308 条规定："共有人对共有的不动产或者动产没有约定为按份共有或者共同共有，或者约定不明确的，除共有人具有家庭关系等外，视为按份共有。"据此，按份共有包括两种情形：一种是当事人明确约定为按份共有；另一种是当事人没有约定或约定不明时推定为按份共有。

选项 B 正确。《民法典》第 309 条规定："按份共有人对共有的不动产或者动产享有的份

---

〔1〕 ABD 〔2〕 BCD

额，没有约定或者约定不明确的，按照出资额确定；不能确定出资额的，视为等额享有。"

选项 C 正确。《民法典》第 301 条规定："处分共有的不动产或者动产以及对共有的不动产或者动产作重大修缮、变更性质或者用途的，应当经占份额 2/3 以上的按份共有人或者全体共同共有人同意，但是共有人之间另有约定的除外。"夫妻共有属于共同共有，处分夫妻共同财产原则上应遵照，经夫妻一致同意后所为的处分方为有效。夫或妻在处理夫妻共同财产上的权利是平等的，因日常生活需要而处理夫妻共同财产的，任何一方均有权决定。这一规定应优先适用。

选项 D 正确。《民法典》第 303 条规定："共有人约定不得分割共有的不动产或者动产，以维持共有关系的，应当按照约定，但是共有人有重大理由需要分割的，可以请求分割；没有约定或者约定不明确的，按份共有人可以随时请求分割，共同共有人在共有的基础丧失或者有重大理由需要分割时可以请求分割。因分割造成其他共有人损害的，应当给予赔偿。"

15. 徐某是甲公司总经理，甲公司为其配备了一辆轿车供上下班使用。后徐某辞职，甲公司尚欠其 10 万元工资。徐某与甲公司多次交涉无果，欲对轿车行使留置权。关于本案，下列哪一说法是正确的？(2018 年回忆版)[1]

A. 徐某可以行使留置权

B. 徐某不可以行使留置权

C. 徐某向甲公司主张 10 万元工资的债权请求权不受诉讼时效限制

D. 徐某向甲公司主张 10 万元工资的债权请求权受 2 年诉讼时效期间的限制

【答案解析】本题综合考查留置权的适用条件和诉讼时效

A、B 项考查留置权。留置权包括两类，即民事留置和商事留置。根据《民法典》第 447 条，债务人不履行到期债务，债权人可以留置已经合法占有的债务人的动产，并有权就该动产优先受偿。前款规定的债权人为留置权人，占有的动产为留置财产。同时，根据《民法典》第 448 条债权人留置的动产，应当与债权属于同一法律关系，但企业之间留置的除外。据此可知，留置权的成立条件有四：(1) 债权已到期；(2) 合法占有债务人的动产；(3) 基于同一法律关系 (商事留置除外)；(4) 不违反法律规定和当事人约定。本题中，徐某的 10 万元工资债权与轿车的占有并非同一法律关系。因此，不得行使留置权。故 A 项错误，不当选；B 项正确，当选。C、D 项考查诉讼时效制度。根据《民法典》第 188 条第 1 款的规定，向人民法院请求保护民事权利的诉讼时效期间为三年。法律另有规定的，依照其规定。本题中，徐某的 10 万元工资债权属于债权请求权，依法应受到 3 年诉讼时效期间的限制。故 C、D 项均错误，不当选。

综上所述，本题的正确答案为 B。

---

[1]　B

第三分编　用益物权

1. 村民胡某承包了一块农民集体所有的耕地，订立了土地承包经营权合同，未办理确权登记。胡某因常年在外，便与同村村民周某订立土地承包经营权转让合同，将地交周某耕种，未办理变更登记。关于该土地承包经营权，下列哪一说法是正确的？（2017/3/7）[1]

A. 未经登记不得处分

B. 自土地承包经营权合同生效时设立

C. 其转让合同自完成变更登记时起生效

D. 其转让未经登记不发生效力

【考点】土地承包经营权

【答案解析】本题考查土地承包经营权。根据《民法典》第333条："土地承包经营权自土地承包经营权合同生效时设立。"故B显然是正确的。

同时，因土地承包经营权自土地承包经营权合同生效时即已设立，因此胡某的土地承包经营权虽然未经登记，但其已获得了土地承包经营权，当然有权予以处分，故A错误。

根据《民法典》第335条："土地承包经营权互换、转让的，当事人可以向登记机构申请登记；未经登记，不得对抗善意第三人。"据此，土地承包经营权的转让实行意思主义，即转让合同生效时，土地承包经营权即发生转让的效果，登记既不是合同的生效条件，也不是土地承包经营权转让的条件，而是对抗善意第三人的条件，C和D均错误。

2. 河西村在第二轮承包过程中将本村耕地全部发包，但仍留有部分荒山，此时本村集体经济组织以外的Z企业欲承包该荒山。对此，下列哪些说法是正确的？（2016/3/54）[2]

A. 集体土地只能以家庭承包的方式进行承包

B. 河西村集体之外的人只能通过招标、拍卖、公开协商等方式承包

C. 河西村将荒山发包给Z企业，经2/3以上村民代表同意即可

D. 如河西村村民黄某也要承包该荒山，则黄某享有优先承包权

【考点】土地承包经营权

【答案解析】国家实行农村土地承包经营制度。农村土地承包采取农村集体经济组织内部的家庭承包方式，不宜采取家庭承包方式的荒山、荒沟、荒丘、荒滩等农村土地，可以采取招标、拍卖、公开协商等方式承包。A选项认为集体土地只能以家庭承包的方式进行承包，错误。

本题针对荒山，村集体之外的人只能通过招标、拍卖、公开协商等方式承包，B选项正确。

---

〔1〕　B　〔2〕　BD

发包方将农村土地发包给本集体经济组织以外的单位或者个人承包，应当事先经本集体经济组织成员的村民会议三分之二以上成员或者三分之二以上村民代表的同意，并报乡（镇）人民政府批准。C选项认为经2/3以上村民代表同意即可，错误，还须报乡（镇）人民政府批准。故C选项错误。

以其他方式承包农村土地，在同等条件下，本集体经济组织成员享有优先承包权。故D选项正确。

3. 季大与季小兄弟二人，成年后各自立户，季大一直未婚。季大从所在村集体经济组织承包耕地若干。关于季大的土地承包经营权，下列哪些表述是正确的？（2014/3/56）[1]

A. 自土地承包经营权合同生效时设立

B. 如季大转让其土地承包经营权，则未经变更登记不发生转让的效力

C. 如季大死亡，则季小可以继承该土地承包经营权

D. 如季大死亡，则季小可以继承该耕地上未收割的农作物

【考点】土地承包经营权

【答案解析】选项A正确。《民法典》第333条规定："土地承包经营权自土地承包经营权合同生效时设立。"据此，土地承包经营权的设立采意思主义，只要承包经营权合同生效，即可设立。

选项B错误。《民法典》第335条规定："土地承包经营权人将土地承包经营权互换、转让的，当事人可以向登记机构申请登记；未经登记，不得对抗善意第三人。"据此，土地承包经营权的流转采登记对抗主义，而非登记生效主义，换言之，登记只是土地承包经营权流转的对抗要件，而非生效要件。

选项C错误、D正确。承包人应得的承包收益，依照继承法的规定继承；林地承包的承包人死亡，其继承人可以在承包期内继续承包。可见，法律只允许林地承包经营权可以继承，没有规定耕地承包经营权可以继承。但是，耕地上的承包收益，可由土地承包经营权人的继承人继承。

4. 2013年2月，A地块使用权人甲公司与B地块使用权人乙公司约定，由乙公司在B地块上修路。同年4月，甲公司将A地块过户给丙公司，6月，乙公司将B地块过户给不知上述情形的丁公司。下列哪些表述是正确的？（2013/3/56）[2]

A. 2013年2月，甲公司对乙公司的B地块享有地役权

B. 2013年4月，丙公司对乙公司的B地块享有地役权

C. 2013年6月，甲公司对丁公司的B地块享有地役权

D. 2013年6月，丙公司对丁公司的B地块享有地役权

【考点】地役权

【答案解析】选项A正确。《民法典》第372条规定："地役权人有权按照合同约定，利用他人的不动产，以提高自己的不动产的效益。"本题中，甲公司与乙公司约定，由乙公司在乙公司的地块上修路，可见，当事人的约定旨在设立地役权，属于地役权合同。《民法典》第374条规定："地役权自地役权合同生效时设立。当事人要求登记的，可以向登记机构申请地役权登记；未经登记，不得对抗善意第三人。"据此，地役权的设立采取登记对抗主义。本题中，2013年2月，甲公司与乙公司之间的地役权合同已经生效，自合同生效之日，甲公司对乙公司的B地块享有地役权。

---

[1] AD [2] AB

选项 B 正确。《民法典》第 380 条规定："地役权不得单独转让。土地承包经营权、建设用地使用权等转让的，地役权一并转让，但是合同另有约定的除外。"在 2013 年 4 月，甲公司将 A 地块过户给丙公司，丙公司在成为 A 地块建设用地使用权人的同时，也成为地役权人。故 2013 年 4 月，丙公司对乙公司的 B 地块享有地役权。

选项 C、D 错误。2013 年 6 月，乙公司将 B 地块过户给丁公司，丁公司为善意第三人，由于地役权没有登记，故丙公司不得对丁公司主张地役权。而甲公司自 2013 年 4 月将 A 地块过户给丙公司之时便不再是地役权主体，故更谈不上对丁公司主张地役权。

5. A 公司欠 B、C 公司百万借款均已到期，A 公司有房和古董花瓶可抵押。一天，B 公司法定代表人拿着礼物找到 A 公司，对其说，你的东西足够偿还我的借款，不如和我司签订抵押合同，于是 A 公司和 B 公司订立了抵押合同，未办理抵押登记。下列说法正确的是？（2019 年回忆版）[1]

  A. C 公司可主张抵押合同无效   B. 抵押合同不成立

  C. B 公司不享有 A 公司房屋的抵押权 D. C 公司可主张撤销抵押合同

【答案解析】ABD 选项，行为人与相对人恶意串通，损害他人权益的民事法律行为无效。但本案中不属于这种情形，B、C 的债权均到期，BC 均可找 A 设定抵押权，A 与 B 的抵押合同不属于合同无效情形，故 ABD 三个选项均错误。

C 选项，《民法典》第 402 条规定："以本法第 395 条第 1 款第 1 项至第 3 项规定的财产或者第 5 项规定的正在建造的建筑物抵押的，应当办理抵押登记。抵押权自登记时设立。"因此，房屋需要办理抵押登记才享有抵押权，故 C 选项正确。

---

[1] C

第四分编　担保物权

考点一　抵押权

1. 甲以某商铺作抵押向乙银行借款，抵押权已登记，借款到期后甲未偿还。甲提前得知乙银行将起诉自己，在乙银行起诉前将该商铺出租给不知情的丙，预收了 1 年租金。半年后经乙银行请求，该商铺被法院委托拍卖，由丁竞买取得。下列哪一选项是正确的？（2017/3/8）〔1〕

A. 甲与丙之间的租赁合同无效

B. 丁有权请求丙腾退商铺，丙有权要求丁退还剩余租金

C. 丁有权请求丙腾退商铺，丙无权要求丁退还剩余租金

D. 丙有权要求丁继续履行租赁合同

【考点】抵押权

【答案解析】本题考查抵押权与租赁权的关系以及对买卖不破租赁制度的准确理解。甲将商铺抵押给乙之后，其并未丧失所有权，故其将其租赁给丙，合同本身肯定是有效的，故 A 错误。《民法典》第 405 条规定："抵押权设立前，抵押财产已经出租并转移占有的，原租赁关系不受该抵押权的影响。"抵押权设立后抵押财产出租的，该租赁关系不得对抗已登记的抵押权。据此，抵押权和租赁权的先后，取决于抵押在先还是租赁在先。本题中，抵押权设立在先，租赁在后，故抵押权的效力更加优先。丁是基于乙的抵押权，在法院委托拍卖过程中而竞买取得，故其取得的所有权可以对抗丙的租赁权，即其有权要求丙腾退商铺，而丙则不能要求丁继续履行租赁合同，故 D 错误。要特别注意，因有抵押权的介入，这种情况不能适用买卖不破租赁制度。丙的租赁合同是与甲达成的，根据合同的相对性，其只能要求甲退还剩余租金，而不能要求丁退还剩余租金，故 C 正确，B 错误。

2. 甲服装公司与乙银行订立合同，约定甲公司向乙银行借款 300 万元，用于购买进口面料。同时，双方订立抵押合同，约定甲公司以其现有的以及将有的生产设备、原材料、产品为前述借款设立抵押。借款合同和抵押合同订立后，乙银行向甲公司发放了贷款，但未办理抵押登记。之后，根据乙银行要求，丙为此项贷款提供连带责任保证，丁以一台大型挖掘机作质押并交付。请回答第（1）～（3）题。

（1）关于甲公司的抵押，下列选项正确的是：（2017/3/89）〔2〕

A. 该抵押合同为最高额抵押合同

---

〔1〕　C　〔2〕　BD

B. 乙银行自抵押合同生效时取得抵押权

C. 乙银行自抵押登记完成时取得抵押权

D. 乙银行的抵押权不得对抗在正常经营活动中已支付合理价款并取得抵押财产的买受人

【答案解析】本题考查动产浮动抵押。甲公司以其现有的以及将有的生产设备、原材料、产品为其借款设立抵押，属于动产浮动抵押，A 错误。

动产浮动抵押本质上属于动产抵押的一种，同样适用意思主义，《民法典》第 403 条规定："以动产抵押的，抵押权自抵押合同生效时设立；未经登记，不得对抗善意第三人。"据此乙银行自抵押合同生效时取得抵押权，登记只是对抗善意第三人的条件，B 正确，C 错误。

《民法典》第 404 条规定："动产浮动抵押中，抵押权人不得对抗正常经营活动中已支付合理价款并取得抵押财产的买受人。"因此，D 正确。

（2）如甲公司违反合同约定将借款用于购买办公用房，则乙银行享有的权利有：（2017/3/90）[1]

A. 提前收回借款　　　　　　　　B. 解除借款合同

C. 请求甲公司按合同约定支付违约金　　D. 对甲公司所购办公用房享有优先受偿权

【答案解析】本题考查借款合同。《民法典》第 673 条规定："借款人未按照约定的借款用途使用借款的，贷款人可以停止发放借款、提前收回借款或者解除合同。"因此，如果甲公司改变借款用途，将其用于购买办公用房，则乙银行可以提前收回借款、解除借款合同，A 和 B 均正确。

甲公司违反合同约定的借款用途，构成违约，乙银行有权请求甲公司按合同约定支付违约金，C 正确。

乙银行对甲公司所购办公用房并没有担保物权，从而不享有优先受偿权，D 错误。

（3）如甲公司未按期还款，乙银行欲行使担保权利，当事人未约定行使担保权利顺序，下列选项正确的是：（2017/3/91）[2]

A. 乙银行应先就甲公司的抵押实现债权

B. 乙银行应先就丁的质押实现债权

C. 乙银行可选择就甲公司的抵押或丙的保证实现债权

D. 乙银行可选择就甲公司的抵押或丁的质押实现债权

【答案解析】本题考查混合共同担保。《民法典》第 392 条规定："被担保的债权既有物的担保又有人的担保的，债务人不履行到期债务或者发生当事人约定的实现担保物权的情形，债权人应当按照约定实现债权；没有约定或者约定不明确，债务人自己提供物的担保的，债权人应当先就该物的担保实现债权；第三人提供物的担保的，债权人可以就物的担保实现债权，也可以请求保证人承担保证责任。提供担保的第三人承担担保责任后，有权向债务人追偿。"本题中，债务人甲公司为乙银行设立了抵押，同时丙提供保证，且当事人并未约定行使担保权利的顺序，根据前述规定，应先执行甲公司提供的抵押，故 A 正确，其他选项错误。

3. 甲对乙享有债权 500 万元，先后在丙和丁的房屋上设定了抵押权，均办理了登记，且均未限定抵押物的担保金额。其后，甲将其中 200 万元债权转让给戊，并通知了乙。乙到期清偿了对甲的 300 万元债务，但未能清偿对戊的 200 万元债务。对此，下列哪些选项是错误的？（2016/3/55）[3]

A. 戊可同时就丙和丁的房屋行使抵押权，但对每个房屋价款优先受偿权的金额不得超过

---

[1] ABC　[2] A　[3] ABCD

100 万元

B. 戊可同时就丙和丁的房屋行使抵押权，对每个房屋价款优先受偿权的金额依房屋价值的比例确定

C. 戊必须先后就丙和丁的房屋行使抵押权，对每个房屋价款优先受偿权的金额由戊自主决定

D. 戊只能在丙的房屋价款不足以使其债权得到全部清偿时就丁的房屋行使抵押权

【考点】连带共同抵押

【答案解析】主债权被分割或者部分转让，各债权人可以就其享有的债权份额行使抵押权。担保物权具有从属性，从属于债权。债权转让，新的债权人戊仍然享有抵押权。同一债权有两个以上抵押人的，债权人放弃债务人提供的抵押担保的，其他抵押人可以请求人民法院减轻或者免除其应当承担的担保责任。同一债权有两个以上抵押人的，当事人对其提供的抵押财产所担保的债权份额或者顺序没有约定或者约定不明的，抵押权人可以就其中任一或者各个财产行使抵押权。抵押人承担担保责任后，可以向债务人追偿，也可以要求其他抵押人清偿其应当承担的份额。故 A 选项错误，当选；B 选项错误，当选。实现抵押权没有先后顺序，C 选项错误，当选；D 选项错误，当选。

4. 甲、乙双方于 2013 年 5 月 6 日签订水泥供应合同，乙以自己的土地使用权为其价款支付提供了最高额抵押，约定 2014 年 5 月 5 日为债权确定日，并办理了登记。丙为担保乙的债务，也于 2013 年 5 月 6 日与甲订立最高额保证合同，保证期间为一年，自债权确定日开始计算。请回答第（1）～（3）题。

（1）水泥供应合同约定，将 2013 年 5 月 6 日前乙欠甲的货款纳入了最高额抵押的担保范围。下列说法正确的是：（2016/3/89）[1]

A. 该约定无效

B. 该约定合法有效

C. 如最高额保证合同未约定将 2013 年 5 月 6 日前乙欠甲的货款纳入最高额保证的担保范围，则丙对此不承担责任

D. 丙有权主张减轻其保证责任

【考点】最高额抵押

【答案解析】《民法典》第 420 条规定："最高额抵押权设立前已经存在的债权，经当事人同意，可以转入最高额抵押担保的债权范围。"故 A 选项错误，B 选项正确。

最高额保证合同于 2013 年 5 月 6 日成立，对于 2013 年 5 月 6 日前乙欠甲的货款是否纳入最高额担保范围，须双方约定，未约定则丙对此不承担责任，故 C 选项正确。

《民法典》第 695 条第 1 款规定："债权人和债务人未经保证人书面同意，协商变更主债权债务合同内容，减轻债务的，保证人仍对变更后的债务承担保证责任；加重债务的，保证人对加重的部分不承担保证责任。"也即保证期间，债权人与债务人对主合同数量、价款、币种、利率等内容作了变动，未经保证人同意，如果减轻债务人的债务的，保证人仍应当对变更后的合同承担保证责任；如果加重债务人的债务的，保证人对加重的部分不承担保证责任。债权人与债务人对主合同履行期限作了变动，未经保证人书面同意的，保证期间为原合同约定的或者法律规定的期间。债权人与债务人协议变动主合同内容，但并未实际履行的，保证人仍应当承担保证责任。故保证人以原来的债权额度为准承担保证责任，D 选项错误。

---

[1] BC

（2）甲在 2013 年 11 月将自己对乙已取得的债权全部转让给丁。下列说法正确的是：（2016/3/90）[1]

A. 甲的行为将导致其最高额抵押权消灭

B. 甲将上述债权转让给丁后，丁取得最高额抵押权

C. 甲将上述债权转让给丁后，最高额抵押权不随之转让

D. 2014 年 5 月 5 日前，甲对乙的任何债权均不得转让

【考点】最高额抵押的独立性

【答案解析】主债权被分割或者部分转让，各债权人可以就其享有的债权份额行使抵押权。故 A 选项错误。

《民法典》第 421 条规定："最高额抵押担保的债权确定前，部分债权转让的，最高额抵押权不得转让，但当事人另有约定的除外。"最高额抵押权具有独立性，B 选项错误，C 选项正确。

甲对乙的债权，不属于法律规定或合同约定不得转让的债权，当然可以转让，故 D 选项错误。

（3）乙于 2014 年 1 月被法院宣告破产，下列说法正确的是：（2016/3/91）[2]

A. 甲的债权确定期届至

B. 甲应先就抵押物优先受偿，不足部分再要求丙承担保证责任

C. 甲可先要求丙承担保证责任

D. 如甲未申报债权，丙可参加破产财产分配，预先行使追偿权

【考点】最高额抵押权担保债权的确定

【答案解析】根据《民法典》第 423 条，有下列情形之一的，抵押权人的债权确定：债务人、抵押人被宣告破产或者解散。故 A 选项正确。

《民法典》第 392 条规定："被担保的债权既有物的担保又有人的担保的，债务人不履行到期债务或者发生当事人约定的实现担保物权的情形，债权人应当按照约定实现债权；没有约定或者约定不明确，债务人自己提供物的担保的，债权人应当先就该物的担保实现债权；第三人提供物的担保的，债权人可以就物的担保实现债权，也可以请求保证人承担保证责任。提供担保的第三人承担担保责任后，有权向债务人追偿。"混合担保，应当先执行债务人乙的物保，故 B 选项正确，C 选项错误。

人民法院受理债务人破产案件后，债权人未申报债权的，保证人可以参加破产财产分配，预先行使追偿权。故 D 选项正确。

5. 甲向某银行贷款，甲、乙和银行三方签订抵押协议，由乙提供房产抵押担保。乙把房本交给银行，因登记部门原因导致银行无法办理抵押物登记。乙向登记部门申请挂失房本后换得新房本，将房屋卖给知情的丙并办理了过户手续。甲届期未还款，关于贷款、房屋抵押和买卖，下列哪些说法是正确的？（2015/3/53）[3]

A. 乙应向银行承担违约责任

B. 丙应代为向银行还款

C. 如丙代为向银行还款，可向甲主张相应款项

D. 因登记部门原因未办理抵押登记，但银行占有房本，故取得抵押权

【考点】抵押权的设立；抵押物的转让；区分原则

---

[1] C　[2] ABD　[3] AC

【答案解析】选项A正确、D错误。根据《民法典》第395条，债务人或者第三人有权处分的下列财产可以抵押：（一）建筑物和其他土地附着物。本题中，抵押财产为房屋，因未办理抵押登记，抵押权未设立。故选项D错误。虽然抵押权未设立，根据区分原则，抵押合同仍然有效，因抵押物已为买受人丙取得所有权，无法办理抵押登记，因此乙应向银行承担违约责任。

选项B错误。《民法典》第406条规定："抵押期间，抵押人可以转让抵押财产。当事人另有约定的，按照其约定。抵押财产转让的，抵押权不受影响。抵押人转让抵押财产的，应当及时通知抵押权人。抵押权人能够证明抵押财产转让可能损害抵押权的，可以请求抵押人将转让所得的价款向抵押权人提前清偿债务或者提存。"转让抵押物的不需要经过抵押权人同意，不动产抵押权的设立应当办理抵押登记。不动产抵押权自登记时设立，未登记的抵押权未设立，本题中，由于抵押权并未设立，乙转让房屋无须征得银行同意，受让人丙亦无须代为清偿债务。

选项C正确。丙并无代甲向银行还款的法定或约定义务，因此丙代为向银行还款构成无因管理，当然可向甲主张偿还相应款项。

6. 2014年7月1日，甲公司、乙公司和张某签订了《个人最高额抵押协议》，张某将其房屋抵押给乙公司，担保甲公司在一周前所欠乙公司货款300万元，最高债权额400万元，并办理了最高额抵押登记，债权确定期间为2014年7月2日到2015年7月1日。债权确定期间内，甲公司因从乙公司分批次进货，又欠乙公司100万元。甲公司未还款。关于有抵押担保的债权额和抵押权期间，下列哪些选项是正确的？（2015/3/54）[1]

A. 债权额为100万元　　　　　　　B. 债权额为400万元

C. 抵押权期间为1年　　　　　　　D. 抵押权期间为主债权诉讼时效期间

【考点】最高额抵押

【答案解析】选项A错误、B正确。根据民法典第420条，为担保债务的履行，债务人或者第三人对一定期间内将要连续发生的债权提供担保财产的，债务人不履行到期债务或者发生当事人约定的实现抵押权的情形，抵押权人有权在最高债权额限度内就该担保财产优先受偿。最高额抵押权设立前已经存在的债权，经当事人同意，可以转入最高额抵押担保的债权范围。本题中，最高额抵押成立之前的300万元债权以及最高额抵押期间发生的100万元债权均属于被担保的债权范围。故被担保的债权额为400万元，而非100万元。

选项C错误、D正确。《民法典》第419条规定："抵押权人应当在主债权诉讼时效期间行使抵押权；未行使的，人民法院不予保护。"最高额抵押权除适用本节规定外，适用一般抵押权的规定。因此，抵押权期间为主债权诉讼时效期间。

7. 甲公司欠乙公司货款100万元，先由甲公司提供机器设备设定抵押权、丙公司担任保证人，后由丁公司提供房屋设定抵押权并办理了抵押登记。甲公司届期不支付货款，下列哪一表述是正确的？（2014/3/8）[2]

A. 乙公司应先行使机器设备抵押权　　B. 乙公司应先行使房屋抵押权

C. 乙公司应先行请求丙公司承担保证责任　D. 丙公司和丁公司可相互追偿

【考点】混合担保

【答案解析】《民法典》第392条规定："被担保的债权既有物的担保又有人的担保的，债务人不履行到期债务或者发生当事人约定的实现担保物权的情形，债权人应当按照约定实现债

_____

〔1〕 BD　〔2〕 A

权；没有约定或者约定不明确，债务人自己提供物的担保的，债权人应当先就该物的担保实现债权；第三人提供物的担保的，债权人可以就物的担保实现债权，也可以请求保证人承担保证责任。提供担保的第三人承担担保责任后，有权向债务人追偿。"依此法条规定，本题应选 A 项，其他选项均错误。

8. 2013 年 2 月 1 日，王某以一套房屋为张某设定了抵押，办理了抵押登记。同年 3 月 1 日，王某将该房屋无偿租给李某 1 年，以此抵王某欠李某的借款。房屋交付后，李某向王某出具了借款还清的收据。同年 4 月 1 日，李某得知房屋上设有抵押后，与王某修订租赁合同，把起租日改为 2013 年 1 月 1 日。张某实现抵押权时，要求李某搬离房屋。下列哪些表述是正确的？(2014/3/57) [1]

A. 王某、李某的借款之债消灭　　　　　B. 李某的租赁权可对抗张某的抵押权
C. 王某、李某修订租赁合同行为无效　　D. 李某可向王某主张违约责任

【考点】租赁权与抵押权的关系

【答案解析】选项 A 正确。本题中，王某与李某之间通过协议将无偿租住房屋代替支付借款，这种情况在法律上被称之为以物抵债。以物抵债的构成要件及其法律效果在我国法律中并无规定，实务中将当事人之间的约定按照无名合同来处理。就本题而言，双方均有以无偿租住房屋代替原来借款之债的意思，王某、李某的借款之债消灭。

选项 B 错误。李某的租赁权在张某的抵押权之后产生，《民法典》第 405 条规定："抵押权设立前，抵押财产已经出租并转移占有的，原租赁关系不受该抵押权的影响。"抵押权设立后抵押财产出租的，该租赁关系不得对抗已登记的抵押权。据此，李某的租赁权不可对抗张某的抵押权。

选项 C 正确。李某得知房屋上设有抵押后，与王某修订租赁合同，把起租日改为 2013 年 1 月 1 日，这是恶意串通损害第三人利益的违法行为，应属无效。

选项 D 正确。王某将房屋无偿给李某租住 1 年，在租期未届满的情况下，因张某实现抵押权而导致李某无法正常使用房屋，故李某可基于有效的租赁合同向王某主张违约责任。

9. 甲向乙借款，丙与乙约定以自有房屋担保该笔借款。丙仅将房本交给乙，未按约定办理抵押登记。借款到期后甲无力清偿，丙的房屋被法院另行查封。下列哪些表述是正确的？(2013/3/57) [2]

A. 乙有权要求丙继续履行担保合同，办理房屋抵押登记
B. 乙有权要求丙以自身全部财产承担担保义务
C. 乙有权要求丙以房屋价值为限承担担保义务
D. 乙有权要求丙承担损害赔偿责任

【考点】不动产抵押权的设立；区分原则；违约责任

【答案解析】选项 A 错误。《民法典》第 215 条规定："当事人之间订立有关设立、变更、转让和消灭不动产物权的合同，除法律另有规定或者当事人另有约定外，自合同成立时生效；未办理物权登记的，不影响合同效力。"此即物权变动与原因关系区分原则。本题中，丙以自己房屋为乙设立抵押权时，未办理抵押登记，故房屋抵押权未设立，但不因此影响丙、乙间房屋抵押合同的成立与生效。但是，根据《民法典》第 399 条，下列财产不得抵押：……（五）依法被查封、扣押、监管的财产……同时，根据《民法典》第 580 条："当事人一方不履行非金钱债务或者履行非金钱债务不符合约定的，对方可以请求履行，但是有下列情形之一的除

---

〔1〕　ACD　〔2〕　CD

外：（一）法律上或者事实上不能履行；（二）债务的标的不适于强制履行或者履行费用过高；（三）债权人在合理期限内未要求履行。"据此，尽管丙、乙间抵押合同有效，但由于抵押物已经被另行查封，给乙办理抵押登记陷于履行不能（法律不能），乙不得请求丙实际履行（办理抵押登记）。

选项B错误、C正确。本题中，当事人订立的合同是抵押合同，即双方约定以抵押人的特定财产（房屋）作为债权实现的担保，因此，在抵押合同履行不能的情况下，债权人无权要求丙以自身全部财产承担担保义务，而只能要求丙以房屋价值为限承担担保义务。

选项D正确。如前所述，丙、乙间房屋抵押合同已经生效，乙虽不能请求丙承担实际履行的违约责任，但仍可对丙主张其他违约责任（如违约损害赔偿）。当然，若乙对未办理抵押登记也有过错，应适用过错相抵，可以减轻或者免除丙的违约损害赔偿责任。

10. 甲向乙借款，欲以轿车作担保。关于担保，下列哪些项是正确的？（2013/3/58）[1]

A. 甲可就该轿车设立质权
B. 甲可就该轿车设立抵押权
C. 就该轿车的质权自登记时设立
D. 就该轿车的抵押权自登记时设立

【考点】动产质权；动产抵押权；物权变动

【答案解析】选项A正确。《民法典》第425条规定："为担保债务的履行，债务人或者第三人将其动产出质给债权人占有的，债务人不履行到期债务或者发生当事人约定的实现质权的情形，债权人有权就该动产优先受偿。"因此，轿车作为动产，可依法设立动产质权。

选项B正确。根据《民法典》第395条，动产、交通运输工具可以设立动产抵押权。因而轿车作为动产可以设立抵押权。

选项C错误。《民法典》第429条规定："质权自出质人交付质押财产时设立。"因此，动产质权的设立以交付为生效要件。

选项D错误。《民法典》第403条规定："以动产抵押的，抵押权自抵押合同生效时设立；未经登记，不得对抗善意第三人。"正在建造的船舶、航空器抵押的，抵押权自抵押合同生效时设立；未经登记，不得对抗善意第三人。动产抵押权的设立无需公示，登记只是动产抵押权的对抗要件而非生效要件。

11. 甲公司向乙银行借款100万元，丙、丁以各自房产分别向乙银行设定抵押，戊、己分别向乙银行出具承担全部责任的担保函，承担保证责任。下列哪些表述是正确的？（2012/3/55）[2]

A. 乙银行可以就丙或者丁的房产行使抵押权
B. 丙承担担保责任后，可向甲公司追偿，也可要求丁清偿其应承担的份额
C. 乙银行可以要求戊或者己承担全部保证责任
D. 戊承担保证责任后，可向甲公司追偿，也可要求己清偿其应承担的份额

【考点】连带共同抵押；连带共同保证

【答案解析】选项A、B正确。同一债权有两个以上抵押人的，当事人对其提供的抵押财产所担保的债权份额或者顺序没有约定或者约定不明的，抵押权人可以就其中任一或者各个财产行使抵押权。抵押人承担担保责任后，可以向债务人追偿，也可以要求其他抵押人清偿其应当承担的份额。本题中，丙、丁构成连带共同抵押，抵押权人乙行使抵押权无先后顺序限制。由于在连带共同抵押中，共同抵押人承担担保责任后，其追偿权的行使也无顺序限制。丙承担担保责任后，可向甲公司追偿，也可要求丁清偿其应承担的份额。

---

[1] AB　[2] ABC

选项 C 正确。连带共同保证的债务人在主合同规定的债务履行期届满没有履行债务的，债权人可以要求债务人履行债务，也可以要求任何一个保证人承担全部保证责任。本题中，戊、己构成连带共同保证。在连带共同保证中，债权人乙行使保证债权没有顺序限制，可以请求任一保证人或者全部保证人承担保证责任。

选项 D 错误。连带共同保证的保证人承担保证责任后，向债务人不能追偿的部分，由各连带保证人按其内部约定的比例分担。没有约定的，平均分担。据此，在连带共同保证中，某一保证人承担保证责任后，其追偿权具有顺序限制，其应先向债务人全额追偿，向债务人不能追偿的部分，按照连带共同保证人内部的份额按比例追偿。

12. 甲以自有房屋向乙银行抵押借款，办理了抵押登记。丙因甲欠钱不还，强行进入该房屋居住。借款到期后，甲无力偿还债务。该房屋由于丙的非法居住，难以拍卖，甲怠于行使对丙的返还请求权。乙银行可以行使下列哪些权利？（2012/3/57）[1]

A. 请求甲行使对丙的返还请求权，防止抵押财产价值的减少

B. 请求甲将对丙的返还请求权转让给自己

C. 可以代位行使对丙的返还请求权

D. 可以依据抵押权直接对丙行使返还请求权

【考点】 抵押权保全请求权；代位权；返还原物请求权

【答案解析】 选项 A 正确。丙强行进入甲的房屋居住，属于侵夺甲对房屋的占有，甲对丙享有《民法典》第 462 条规定的占有回复请求权。同时，丙对甲的房屋的占有属于无权占有，甲对丙享有以及《民法典》第 235 条要求返还原物请求权。根据《民法典》第 408 条："抵押人的行为足以使抵押财产价值减少的，抵押权人有权请求抵押人停止其行为。抵押财产价值减少的，抵押权人有权要求恢复抵押财产的价值，或者提供与减少的价值相应的担保。抵押人不恢复抵押财产的价值，也不提供担保的，抵押权人有权请求债务人提前清偿债务。"抵押权人乙享有保全请求权。如果甲怠于对丙行使前述权利，则甲的不作为（不作为也是行为的一种）会导致抵押财产价值降低。因此，抵押权人乙可以行使保全请求权，请求甲停止不作为的行为并对丙行使返还请求权。

选项 B 正确。本题中，甲对乙的欠款已经到期，抵押权人乙可行使其抵押权。同时，乙银行可以请求甲将对丙的返还请求权转让给自己。

选项 C 错误。代位权的构成要件有四：①债权人对债务人的债权合法、有效、到期；②债务人对次债务人的金钱债权合法、有效、到期；③债务人怠于行使对次债务人的金钱债权，并因此损害债权人的债权；④债务人对次债务人的权利不具有专属性。本题中，甲对丙享有的权利是占有回复请求权和返还原物请求权，不是"金钱债权"，乙对丙不得行使代位权。

选项 D 错误。乙银行并非房屋所有权人，不享有原物返还请求权。故乙银行不得依据抵押权向丙行使返还请求权。

13. 甲超市与乙公司存在长期的进货关系，丙公司以其办公用房在 300 万元的额度范围内为甲超市在未来 5 个月内连续发生的货款债权提供抵押担保，并办理了抵押登记。两个月后，乙公司将其中一笔 30 万元的货款债权转让给丁公司，并通知了甲公司。就以上事实，下列哪些表述是不正确的？（2018 年回忆版）[2]

A. 若抵押权设定前，甲超市另欠乙公司 50 万元债权，当事人可以约定将之纳入抵押担保的范围

---

[1] AB [2] BCD

B. 30 万元债权转让有效，丁公司有权主张抵押权

C. 若 30 万元债权转让未通知甲公司，丁公司将因此而无权主张抵押权

D. 在本题所述的 5 个月内，丙公司不得转让其办公用房

【答案解析】首先，根据《民法典》第 420 条第 2 款的规定，最高额抵押权设立前已经存在的债权，经当事人同意，可以转入最高额抵押担保的债权范围。故 A 项表述正确，不当选。

其次，根据《民法典》第 421 条的规定，最高额抵押担保的债权确定前，部分债权转让的，最高额抵押权不得转让，但是当事人另有约定的除外。本题中，当事人之间不存在特别约定，因此，30 万债权转让有效，但最高额抵押权并不随之转移。因此，无论是否通知甲公司，丁公司均无权主张抵押权。故 B、C 项表述均错误，当选。

最后，丙公司以办公用房提供抵押担保并办理抵押登记手续，仅使乙公司（债权人）取得优先受偿权。办公用房的所有权依然属于丙公司所有。因此，丙公司当然有权转让其办公用房。故 D 项表述错误，当选。

综上所述，本题的正确答案为 BCD。

14. 甲向乙借款 100 万元，借期 2 年，欲以自己的房屋 1 套作担保，双方于 2018 年 6 月 1 日签订了不动产抵押合同，乙一直催促甲办理抵押登记，均无效果。一月后，乙要求甲以自己的汽车作抵押，双方于 2018 年 7 月 1 日签订了动产抵押合同，但一直未将汽车交付于乙。现因甲不能清偿到期欠款，乙要求实现抵押权。下列哪一选项是错误的？（2018 年回忆版）[1]

A. 甲乙之间的不动产抵押合同由于一直没有办理抵押登记而无效

B. 甲乙之间的不动产抵押合同于 2018 年 6 月 1 日成立并生效，但不动产抵押权未设立

C. 甲既能就汽车设立抵押权，又能就汽车设立质押权

D. 乙有权请求将甲的汽车拍卖，并就所得价款行使优先受偿权

【答案解析】本题综合考查区分原则、优先受偿权和抵押权的设立和生效，难度较大，错误率较高。

首先，根据《民法典》第 402 条，以本法第 395 条第 1 款第 1 项至第 3 项规定的财产或者第 5 项规定的正在建造的建筑物抵押的，应当办理抵押登记。抵押权自登记时设立。同时，根据《民法典》第 215 条，当事人之间订立有关设立、变更、转让和消灭不动产物权的合同，除法律另有规定或者当事人另有约定外，自合同成立时生效；未办理物权登记的，不影响合同效力。本题中，甲乙虽未办理抵押登记手续，不动产抵押权未设立，但二者间的抵押合同合法有效。故 A 项错误，当选；B 项正确，不当选。

其次，根据民法典确定的基本原理，对于动产而言，既可以设立抵押权，又可以设立质押权。故 C 项正确，不当选。

最后，根据《民法典》第 403 条，以动产抵押的，抵押权自抵押合同生效时设立；未经登记，不得对抗善意第三人。同时，根据《民法典》第 394 条，为担保债务的履行，债务人或者第三人不转移财产的占有，将该财产抵押给债权人的，债务人不履行到期债务或者发生当事人约定的实现抵押权的情形，债权人有权就该财产优先受偿。前款规定的债务人或者第三人为抵押人，债权人为抵押权人，提供担保的财产为抵押财产。故 D 项正确，不当选。

综上所述，本题的正确答案为 A。

---

[1] A

考点二　质　权

1. 2016 年 3 月 3 日，甲向乙借款 10 万元，约定还款日期为 2017 年 3 月 3 日。借款当日，甲将自己饲养的市值 5 万元的名贵宠物鹦鹉质押交付给乙，作为债务到期不履行的担保；另外，第三人丙提供了连带责任保证。关于乙的质权，下列哪些说法是正确的？（2017/3/56）[1]

A. 2016 年 5 月 5 日，鹦鹉产蛋一枚，市值 2000 元，应交由甲处置

B. 因乙照管不善，2016 年 10 月 1 日鹦鹉死亡，乙需承担赔偿责任

C. 2017 年 4 月 4 日，甲未偿还借款，乙未实现质权，则甲可请求乙及时行使质权

D. 乙可放弃该质权，丙可在乙丧失质权的范围内免除相应的保证责任

【考点】质押权

【答案解析】本题考查质押权、混合共同担保。《民法典》第 430 条规定："质权人有权收取质押财产的孳息，但是合同另有约定的除外。"前款规定的孳息应当先充抵收取孳息的费用。据此，鹦鹉于 2016 年 5 月 5 日产蛋一枚，应由质权人乙收取，并由乙根据法律规定进行处置，即优先充抵收取孳息的费用，而不应交由甲处置，A 错误。

《民法典》第 432 条规定："质权人负有妥善保管质押财产的义务；因保管不善致使质押财产毁损、灭失的，应当承担赔偿责任。"因此，因乙照管不善而导致鹦鹉于 2016 年 10 月 1 日死亡的，乙需承担赔偿责任，B 正确。

《民法典》第 437 条规定："出质人可以请求质权人在债务履行期限届满后及时行使质权；质权人不行使的，出质人可以请求人民法院拍卖、变卖质押财产。"因此，如果 2017 年 4 月 4 日甲仍未偿还借款，乙未实现质权，则甲可请求乙及时行使质权，C 正确。

《民法典》第 435 条规定："质权人可以放弃质权。债务人以自己的财产出质，质权人放弃该质权的，其他担保人在质权人丧失优先受偿权益的范围内免除担保责任；但是，其他担保人承诺仍然提供担保的除外。"据此，乙可放弃其质权，此时保证人丙在乙丧失质权的范围内免除相应的保证责任，D 正确。

2. 乙欠甲货款，二人商定由乙将一块红木出质并签订质权合同。甲与丙签订委托合同授权丙代自己占有红木。乙将红木交付与丙。下列哪一说法是正确的？（2015/3/8）[2]

A. 甲乙之间的担保合同无效

B. 红木已交付，丙取得质权

C. 丙经甲的授权而占有，甲取得质权

D. 丙不能代理甲占有红木，因而甲未取得质权

【考点】质权的设立

【答案解析】选项 A 错误。《民法典》第 425 条规定："为担保债务的履行，债务人或者第三人将其动产出质给债权人占有的，债务人不履行到期债务或者发生当事人约定的实现质权的情形，债权人有权就该动产优先受偿。"本题中，债务人乙与债权人甲之间订立的质押合同是双方真实意思的表达，自成立之日起即生效。

选项 B 错误。质权是意定担保物权，只有当事人就质押担保达成合意才可能成立。本题

中，乙将红木交付与丙，但乙、丙之间并没有达成以红木设立质押的合意，故丙没有取得质权。

选项C正确，D错误。《民法典》第429条规定："质权自出质人交付质押财产时设立。"本题中，虽然乙将红木交付与丙，但根据甲与丙之间达成的委托占有协议，甲仍然间接占有质物。因此，甲已经取得质权。

3. 甲公司通知乙公司将其对乙公司的10万元债权出质给了丙银行，担保其9万元贷款。出质前，乙公司对甲公司享有2万元到期债权。如乙公司提出抗辩，关于丙银行可向乙公司行使质权的最大数额，下列哪一选项是正确的？（2014/3/7）[1]

A. 10万元　　　　B. 9万元　　　　C. 8万元　　　　D. 7万元

【考点】债权质权

【答案解析】债权质押是指以可让与之债权为标的设定质权，当债务人届期不履行债务时，质权人可依法向质押债权的债务人主张债权。由此可见，债权出质其实是一种附条件的债权转让，即以"被担保的债权届期未获实现"为条件。因此，债权出质可参考适用债权让与的规则。根据《民法典》第549条，债务人接到债权转让通知时，债务人对让与人享有债权，并且债务人的债权先于转让的债权到期或者同时到期的，债务人可以向受让人主张抵销。将这一规则移植到债权出质中，即为：设质债权的债务人接到债权出质通知时，其对质押人享有债权，且该债权先于设质债权到期或者同时到期的，设质债权的债务人可向质权人主张抵销。此即债权让与中的"抵销权延伸"。本题中，丙银行是质权人，甲公司是质押人，乙公司是设质债权的债务人。丙银行向乙公司行使质权时，乙公司向甲公司主张的抵销权可向丙银行主张，故丙银行向乙公司行使质权的最大数额为10 - 2 = 8万元。因此，选项C正确。

4. 甲公司以其机器设备为乙公司设立了质权。10日后，丙公司向银行贷款100万元，甲公司将机器设备又抵押给银行，担保其中40万元贷款，但未办理抵押登记。同时，丙公司将自有房产抵押给银行，担保其余60万元贷款，办理了抵押登记。20日后，甲将机器设备再抵押给丁公司，办理了抵押登记。丙公司届期不能清偿银行贷款。下列哪一表述是正确的？（2013/3/8）[2]

A. 如银行主张全部债权，应先拍卖房产实现抵押权

B. 如银行主张全部债权，可选择拍卖房产或者机器设备实现抵押权

C. 乙公司的质权优先于银行对机器设备的抵押权

D. 丁公司对机器设备的抵押权优先于乙公司的质权

【考点】按份共同抵押；动产担保物权的竞合

【答案解析】选项A、B错误。同一债权有2个以上抵押人的，当事人对其提供的抵押财产所担保的债权份额或者顺序没有约定或者约定不明的，抵押权人可以就任一或者各个财产行使抵押权。为了担保丙公司对银行的100万元债务，甲以其机器设备设立抵押，丙以其房屋抵押，甲、丙构成共同抵押。因为甲、丙分别与银行约定了各自抵押担保的数额，故甲、丙构成按份共同抵押。因此，银行因主张其100万元债权而行使抵押权时，只能按照确定的份额行使抵押权，即就甲抵押的机器设备行使抵押权受偿40万元，同时就丙抵押的房产行使抵押权受偿60万元。

选项C正确，D错误。甲公司的机器设备上同时并存3个担保物权，即乙公司的质权、银行的（未登记）抵押权、丁公司的（已登记）抵押权，构成动产担保物权竞合。根据物权优

---

[1]　C　[2]　C

先原则，一物之上存在 2 个物权时，成立在先的物权要优于成立在后的物权。另根据《民法典》第 414 条，已登记的抵押权优先于未登记的抵押权。因此，甲公司的机器设备上的 3 个动产担保物权优先受偿的顺序是：乙公司的质权优先于丁公司的（已登记）抵押权；丁公司的抵押权优先于银行的（未登记）抵押权。

5. 甲对乙享有 10 万元的债权，甲将该债权向丙出质，借款 5 万元。下列哪一表述是错误的？（2012/3/7）[1]

A. 将债权出质的事实通知乙不是债权质权生效的要件

B. 如未将债权出质的事实通知乙，丙即不得向乙主张权利

C. 如将债权出质的事实通知了乙，即使乙向甲履行了债务，乙不得对丙主张债已消灭

D. 乙在得到债权出质的通知后，向甲还款 3 万元，因还有 7 万元的债权额作为担保，乙的部分履行行为对丙有效

【考点】债权质权

【答案解析】选项 A、B 表述正确，不当选。债权出质，适用债权转让的基本规则。《民法典》第 546 条规定："债权人转让债权，未通知债务人的，该转让对债务人不发生效力。"据此，在债权出质的情况下，质权之成立也不以通知设质债权的债务人为要件；但未经通知，该质权对设质债权的债务人不生效，也就是说，质权人不得向设质债权的债务人主张权利。

选项 C 表述正确，不当选。将债权出质的事实通知了乙，则丙的债权质权对乙发生效力。如乙仍向甲履行债务，则不得对丙主张债已消灭。

选项 D 表述错误，当选。担保物权具有不可分性，即担保物权所担保的债权的债权人得就担保物的全部行使其权利。故乙在获悉债权出质事实后，部分或者全部履行行为均不得对质权人丙发生效力。

考点三　留置权

1. 甲借用乙的山地自行车，刚出门就因莽撞骑行造成自行车链条断裂，甲将自行车交给丙修理，约定修理费 100 元。乙得知后立刻通知甲解除借用关系并告知丙，同时要求丙不得将自行车交给甲。丙向甲核实，甲承认。自行车修好后，甲、乙均请求丙返还。对此，下列哪一选项是正确的？（2016/3/7）[2]

A. 甲有权请求丙返还自行车

B. 丙如将自行车返还给乙，必须经过甲当场同意

C. 乙有权要求丙返还自行车，但在修理费未支付前，丙就自行车享有留置权

D. 如乙要求丙返还自行车，即使修理费未付，丙也不得对乙主张留置权

【考点】留置权的成立、返还原物请求权

【答案解析】《民法典》第 235 条规定："无权占有不动产或者动产的，权利人可以请求返还原物。"甲不是物权人，不能行使返还原物请求权；甲是修理合同的当事人，本可以根据修理合同要求返还山地自行车，但题目交代，乙通知甲解除借用关系并告知丙，同时要求丙不得将自行车交给甲，丙向甲核实，甲承认。故甲无权请求丙返还自行车，A 选项错误。

乙是山地自行车的所有权人，向丙主张返还原物请求权，无须甲的同意，B 选项错误。

《民法典》第447条规定："债务人不履行到期债务，债权人可以留置已经合法占有的债务人的动产，并有权就该动产优先受偿。"

债权人合法占有债务人交付的动产时，不知债务人无处分该动产的权利，债权人可以按照《民法典》第447条的规定行使留置权。故 C 选项正确，D 选项错误。

2. 下列哪些情形下权利人可以行使留置权？（2015/3/55）[1]

A. 张某为王某送货，约定货物送到后一周内支付运费。张某在货物运到后立刻要求王某支付运费被拒绝，张某可留置部分货物

B. 刘某把房屋租给方某，方某退租搬离时尚有部分租金未付，刘某可留置方某部分家具

C. 何某将丁某的行李存放在火车站小件寄存处，后丁某取行李时认为寄存费过高而拒绝支付，寄存处可留置该行李

D. 甲公司加工乙公司的机器零件，约定先付费后加工。付费和加工均已完成，但乙公司尚欠甲公司借款，甲公司可留置机器零件

【考点】留置权的构成

【答案解析】《民法典》第447条规定："债务人不履行到期债务，债权人可以留置已经合法占有的债务人的动产，并有权就该动产优先受偿。前款规定的债权人为留置权人，占有的动产为留置财产。"债权人留置的动产，应当与债权属于同一法律关系，但企业之间留置的除外。可见，留置权的成立需要具备的要件包括：（1）客体必须是动产；（2）债权人已合法占有债务人的动产；（3）债务履行期届满，债务未履行；（4）债权人对动产的占有与其所担保的债权基于同一法律关系。

选项 A 错误。债务人王某支付运费的债务尚未到期，因此，张某不可行使留置权。

选项 B 错误。刘某所欲留置的家具并非刘某已经合法占有的债务人动产，故刘某不能行使留置权。

选项 C 正确。寄存处留置丁某行李的行为符合留置权的构成要件。

选项 D 不正确。企业之间行使留置权虽然不要求"债权人留置的动产与债权属于同一法律关系"，但是根据特别注意：《最高人民法院关于适用〈中华人民共和国民法典〉有关担保制度的解释》第62条："债务人不履行到期债务，债权人因同一法律关系留置合法占有的第三人的动产，并主张就该留置财产优先受偿的，人民法院应予支持。第三人以该留置财产并非债务人的财产为由请求返还的，人民法院不予支持。企业之间留置的动产与债权并非同一法律关系，债务人以该债权不属于企业持续经营中发生的债权为由请求债权人返还留置财产的，人民法院应予支持。"

企业之间留置的动产与债权并非同一法律关系，债权人留置第三人的财产，第三人请求债权人返还留置财产的，人民法院应予支持。"

3. 同升公司以一套价值100万元的设备作为抵押，向甲借款10万元，未办理抵押登记手续。同升公司又向乙借款80万元，以该套设备作为抵押，并办理了抵押登记手续。同升公司欠丙货款20万元，将该套设备出质给丙。丙不小心损坏了该套设备送丁修理，因欠丁5万元修理费，该套设备被丁留置。关于甲、乙、丙、丁对该套设备享有的担保物权的清偿顺序，下列哪一排列是正确的？（2011/3/7）[2]

A. 甲乙丙丁　　　　B. 乙丙丁甲　　　　C. 丙丁甲乙　　　　D. 丁乙丙甲

【考点】留置权与其他担保物权的竞存

---

[1] 原答案为 CD，修订后答案应为 C　[2] D

【答案解析】甲、乙之间。甲的抵押权（未登记）先成立，乙的抵押权（已登记）后成立。但是，根据《民法典》第414条规定的抵押权顺位，不管成立先后，登记的动产抵押权优先于未登记的动产抵押权。此时，不讲"先来后到"。乙的抵押权优先于甲的抵押权。

甲、乙、丙之间。甲、乙的抵押权先成立，丙的质权后成立。《民法典》第403条规定："以动产抵押的，抵押权自抵押合同生效时设立；未经登记，不得对抗善意第三人。"甲的抵押权未登记，不得对抗善意第三人丙，所以，丙的质权优先于甲未登记的抵押权。乙的抵押权已登记，可以对抗善意第三人丙，乙的抵押权优先于丙的质权。甲、乙、丙间的排序是：乙优先于丙，丙优先于甲。

甲、乙、丙、丁之间。《民法典》第456条规定："同一动产上已经设立抵押权或者质权，该动产又被留置的，留置权人优先受偿。"据此，丁的留置权最优先，排在第一位。甲、乙、丙、丁间的排序是：丁第一；乙第二；丙第三；甲第四。故D项正确；A、B、C项错误。

1. 甲、乙就乙手中的一枚宝石戒指的归属发生争议。甲称该戒指是其在 2015 年 10 月 1 日外出旅游时让乙保管，属甲所有，现要求乙返还。乙称该戒指为自己所有，拒绝返还。甲无法证明对该戒指拥有所有权，但能够证明在 2015 年 10 月 1 日前一直合法占有该戒指，乙则拒绝提供自 2015 年 10 月 1 日后从甲处合法取得戒指的任何证据。对此，下列哪一说法是正确的？（2016/3/9）[1]

　　A. 应推定乙对戒指享有合法权利，因占有具有权利公示性

　　B. 应当认定甲对戒指享有合法权利，因其证明了自己的先前占有

　　C. 应当由甲、乙证明自己拥有所有权，否则应判决归国家所有

　　D. 应当认定由甲、乙共同共有

【考点】占有推定

【答案解析】占有的权利推定效力。如果占有人在占有物上行使权利，则推定其享有此项权利。这就是占有的权利推定效力。根据占有的权利推定效力，在没有相反证据的情况下即推定占有人享有相应的物权。甲能够证明在 2015 年 10 月 1 日前一直合法占有该戒指，乙则拒绝提供自 2015 年 10 月 1 日后从甲处合法取得戒指的任何证据。故推定甲对戒指享有合法权利，故 A 选项错误，B 选项正确。C 选项认为判决归国家所有，并无法律依据，错误；D 选项认定甲、乙共有，并无法律依据，错误。

2. 甲拾得乙的手机，以市价卖给不知情的丙并交付。丙把手机交给丁维修。修好后丙拒付部分维修费，丁将手机扣下。关于手机的占有状态，下列哪些选项是正确的？（2015/3/56）[2]

　　A. 乙丢失手机后，由直接占有变为间接占有

　　B. 甲为无权占有、自主占有

　　C. 丙为无权占有、善意占有

　　D. 丁为有权占有、他主占有

【考点】占有的分类

【答案解析】①在法考的历史上，本题 A 选项是关于"间接占有成立要件"的一个分水岭。此前，依照通说观点（至今仍为通说观点），成立间接占有需要三个条件：第一，和直接占有人具有租赁、承揽、保管等"约定占有媒介关系"；第二，对直接占有人享有返还请求权；第三，直接占有人以他主占有的意思占有。准此而言，甲拾得乙的手机并侵占的，甲固然是手机的占有人，但乙不是手机的间接占有人，因为乙和直接占有人甲之间缺乏"约定占有媒

介关系"。但是，按照出题人在设计此题 A 选项时所持观点，成立间接占有仅需两个条件：第一，和直接占有人具有租赁、承揽、保管等"约定占有媒介关系"或者和直接占有人具有不当得利、无因管理、返还原物、占有返还、监护等"法定占有媒介关系"；第二，对直接占有人享有返还请求权。准此而言，甲拾得乙的手机并侵占的，甲系直接占有人，而乙系间接占有人，因为乙、甲间虽无"约定占有媒介关系"，但存在返还原物之"法定占有媒介关系"，且乙对甲享有返还原物请求权。故 A 选项正确。

②甲拾得乙的手机并侵占，甲对手机的占有欠缺占有的本权（无占有的权源），为无权占有；从甲将该手机作为己有出卖给丙的行为可以判定，甲对手机系以据为己有的意思而占有，为自主占有。故 B 选项正确。

③甲将手机出卖给善意的丙并完成现实交付，因手机系"遗失物"，根据《民法典》第312 条，原则上，善意的丙不能善意取得该手机的所有权，手机仍归乙所有。相对于所有权人乙，丙对手机的占有欠缺占有的本权，系无权占有；但丙误以为自己系所有权人，不知对手机无权占有的权源，系善意占有人。故 C 选项正确。

④留置权成立的要件有四：第一，不存在留置权成立的消极事由（消极事由，如约定不得留置，又如留置有违善良风俗）；第二，债权到期（"紧急留置权"除外）；第三，留置的动产与担保的债权属于同一法律关系（"商事留置权"除外）；第四，债权人合法占有属于债务人所有权的动产。本题中，债权人丁合法占有的手机不归债务人丙所有（而系乙所有），这一点不符合前述条件。根据《担保制度解释》第62 条规定："债务人不履行到期债务，债权人因同一法律关系留置合法占有的第三人的动产，并主张就该留置财产优先受偿的，人民法院应予支持。第三人以该留置财产并非债务人的财产为由请求返还的，人民法院不予支持。"据此，只要丁自丙处受让手机占有时不知该手机不归债务人丙所有，丁即可"善意取得对手机的留置权"，本题正是如此。问题还在于，手机是遗失物，丁能对作为遗失物的手机善意取得吗？根据《民法典》第312 条，盗赃、遗失物的善意受让人不能善意取得，但有例外，根据通说观点，只要丁自丙处受让手机占有时一方面"不知该手机不归债务人丙所有"，另一方面"又不知手机系遗失物"，而留置权成立的其他条件都具备，则丁仍可善意取得对手机的所有权。本题亦如此，丁善意取得对手机的留置权，相对于所有权人乙系有权占有、他主占有。故 D 选项正确。

3. 张某拾得王某的一只小羊拒不归还，李某将小羊从张某羊圈中抱走交给王某。下列哪一表述是正确的？（2014/3/9）[1]

A. 张某拾得小羊后因占有而取得所有权

B. 张某有权要求王某返还占有

C. 张某有权要求李某返还占有

D. 李某侵犯了张某的占有

【考点】拾得遗失物；占有的保护

【答案解析】选项 A 错误。《民法典》第314 条规定："拾得遗失物，应当返还权利人。拾得人应当及时通知权利人领取，或者送交公安等有关部门。"张某拾得小羊后不能因占有而取得所有权。

选项 B 错误。王某系失主，即小羊的所有权人，其对小羊的占有失而复得，属于有权占有，张某无权要求王某返还占有。

---

[1] D

选项 C 错误、D 正确。《民法典》第 462 条规定："占有的不动产或者动产被侵占的，占有人有权请求返还原物；对妨害占有的行为，占有人有权请求排除妨害或者消除危险；因侵占或者妨害造成损害的，占有人有权依法请求损害赔偿。"本题中李某侵犯了张某对小羊的占有，李某将小羊交给王某，李某对小羊的占有已经丧失，李某不再是小羊的占有人（既非直接占有人，也非间接占有人），因此，张某对李某不再享有《民法典》第 462 条规定的占有返还请求权。

4. 某小区徐某未获得规划许可证和施工许可证便在自住房前扩建一个门面房，挤占小区人行通道。小区其他业主多次要求徐某拆除未果后，将该门面房强行拆除，毁坏了徐某自住房屋的墙砖。关于拆除行为，下列哪些表述是正确的？（2014/3/58）[1]

A. 侵犯了徐某门面房的所有权

B. 侵犯了徐某的占有

C. 其他业主应恢复原状

D. 其他业主应赔偿徐某自住房屋墙砖毁坏的损失

【考点】 物权的保护；占有的保护

【答案解析】 选项 A 错误。《民法典》第 231 条规定："因合法建造、拆除房屋等事实行为设立或者消灭物权的，自事实行为成就时发生效力。"据此，只有"合法建造"的房屋上才能成立所有权。本题中，徐某未经许可而扩建门面房，该房屋系违章建筑，不可能因此而取得房屋的所有权。

选项 B 正确、C 错误。《民法典》第 462 条规定："占有的不动产或者动产被侵占的，占有人有权请求返还原物；对妨害占有的行为，占有人有权请求排除妨害或者消除危险；因侵占或者妨害造成损害的，占有人有权依法请求损害赔偿。"本题中，虽然徐某对违章建造的"门面房"不享有所有权，但其对门面房的占有仍然受到法律保护，小区业主将门面房强行拆除的行为显然侵害了徐某的占有。但根据法律规定，侵犯占有的救济方式不包括恢复原状，而且本题中，由于门面房是非法建造的，其他业主将其恢复原状还构成违法。

选项 D 正确。业主强拆门面房的行为导致徐某自住房屋的墙砖毁损，构成侵权，应赔偿徐某因此所受的损失。

5. 张某遗失的名表被李某拾得。1 年后，李某将该表卖给了王某。再过 1 年，王某将该表卖给了郑某。郑某将该表交给不知情的朱某维修，因郑某不付维修费与朱某发生争执，张某方知原委。下列哪一表述是正确的？（2013/3/9）[2]

A. 张某可请求李某返还手表　　　　B. 张某可请求王某返还手表

C. 张某可请求郑某返还手表　　　　D. 张某可请求朱某返还手表

【考点】 拾得遗失物返还请求权；善意取得

【答案解析】《民法典》第 312 条规定："所有权人或者其他权利人有权追回遗失物。该遗失物通过转让被他人占有的，权利人有权向无处分权人请求损害赔偿，或者自知道或者应当知道受让人之日起二年内向受让人请求返还原物；但是受让人通过拍卖或者向具有经营资格的经营者购得该遗失物的，权利人请求返还原物时应当支付受让人所付的费用。权利人向受让人支付所付费用后，有权向无处分权人追偿。"可见，遗失物不适用所有权的善意取得。因此，本题中，购买名表的王某、郑某均不能依据善意取得制度取得该表所有权，该表仍然归张某所有。根据《民法典》第 235 条的规定："无权占有不动产或者动产的，权利人可以请求返还原

---

[1] BD　〔2〕D

物。"需要注意的是，返还原物请求权只能向现实的无权占有人行使。本题中，李某、王某、郑某都不再是现实的无权占有人，故张某只能向朱某请求返还。因此，选项D正确，当选。

6. 甲、乙是邻居。乙出国2年，甲将乙的停车位占为己用。期间，甲将该停车位出租给丙，租期1年。期满后丙表示不再续租，但仍继续使用该停车位。下列哪一表述是错误的？(2012/3/8)[1]

A. 甲将乙的停车位占为己用，甲属于恶意、无权占有人

B. 丙的租期届满前，甲不能对丙主张占有返还请求权

C. 乙可以请求甲返还原物。在甲为间接占有人时，可以对甲请求让与其对丙的占有返还请求权

D. 无论丙是善意或恶意的占有人，乙都可以对其行使占有返还请求权

【考点】占有返还请求权；返还原物请求权

【答案解析】选项A表述正确，不当选。无权占有又称为非法占有，是指没有法律上的根据或者原因的占有，如对盗赃物、遗失物的占有。本题中，甲将乙的停车位占为己用，由于没有合法根据，属于无权占有。善意占有和恶意占有，是依据占有人的心态对无权占有的进一步划分。善意占有是指不知也不应知其占有无合法权源而为的占有；恶意占有是指明知或应知其占有没有合法权源而为的占有。本题中，甲明知停车位为乙所有仍然占为己用，属于恶意占有。

选项B表述正确，不当选。甲将乙的停车位出租给丙的行为，在性质上属于负担行为，而非处分行为，应为有效。《民法典》第723条规定："因第三人主张权利，致使承租人不能对租赁物使用、收益的，承租人可以请求减少租金或者不支付租金。第三人主张权利的，承租人应当及时通知出租人。"也可以看出，出租人对租赁物无处分权不会影响租赁合同的效力。既然租赁合同有效，在租期届满前，丙可向甲主张其对停车位的占有为有权占有，甲不能对丙主张占有返还请求权。

选项C表述正确，不当选。甲将停车位出租给丙，甲由直接占有人变为间接占有人，当租期届满时，甲可对丙行使占有返还请求权。由于此时甲作为侵占人的地位仍然存在，乙可以请求甲返还原物，在甲为间接占有人时，可以对甲请求让与其对丙的占有返还请求权。

选项D表述错误，当选。《民法典》第235条规定："无权占有不动产或者动产的，权利人可以请求返还原物。"甲侵占乙的停车位，甲的占有属于无权占有，甲将停车位出租给丙的情况下，由于承租人基于租赁权而取得的有权占有只能向出租人主张，故相对于乙而言，丙的占有也是无权占有，不论丙系善意还是恶意占有，乙都可以所有权人身份主张物上请求权请求返还原物。问题是，乙能否对丙行使占有返还请求权？占有返还请求权与返还原物请求权虽然内容基本相同，却属于两个不同的权利，返还原物请求权保护的是物权人，占有返还请求权保护的是占有人。占有返还请求权必须由占有人行使，对非占有人纵使对于占有物有合法权源，也不得行使。本题中，甲侵占了乙的占有，乙并非间接占有人，也就是说，在甲将停车位出租给丙之前，乙已经丧失了占有，故乙并不享有对丙的占有返还请求权。此外，根据《民法典》第462条："占有人返还原物的请求权，自侵占发生之日起一年内未行使的，该请求权消灭。"本题所提供的信息显示已过该期限，因此，即便理论上乙可对丙行使占有返还请求权，也已过了法定的期限。

---

[1] D

7. 甲将1套房屋出卖给乙，已经移转占有，没有办理房屋所有权移转登记。现甲死亡，该房屋由其子丙继承。丙在继承房屋后又将该房屋出卖给丁，并办理了房屋所有权移转登记。下列哪些表述是正确的？（2012/3/56）[1]

    A. 乙虽然没有取得房屋所有权，但是基于甲的意思取得占有，乙为有权占有

    B. 乙可以对甲的继承人丙主张有权占有

    C. 在丁取得房屋所有权后，乙可以以占有有正当权利来源对丁主张有权占有

    D. 在丁取得房屋所有权后，丁可以基于其所有权请求乙返还房屋

【考点】 占有

【答案解析】 解析：A项考查占有的分类。根据占有人是否存在占有的本权（权源），将占有分为有权占有和无权占有。有权占有，又称有权源占有，是指基于合法原因而取得的占有。其中的合法原因可以理解为法律规定或民事法律行为等。本题中，甲将1套房屋出卖给乙，已经移转占有。乙基于房屋买卖合同而占有房屋，属于有权占有。故A项正确，当选。

B项考查限定继承原则。继承遗产应当清偿被继承人依法应当缴纳的税款和债务，缴纳税款和清偿债务以他的遗产实际价值为限。超过遗产实际价值部分，继承人自愿偿还的不在此限。继承人放弃继承的，对被继承人依法应当缴纳的税款和债务可以不负偿还责任。本题中，甲死亡后，作为继承人的丙应继受甲（被继承人）的义务。因此，乙可以对甲的继承人丙主张有权占有。故B项正确，当选。

C、D项考查物权变动和物权请求权。C项，丁作为房屋所有权人，基于物权请求权（返还原物请求权）向乙主张返还房屋时，乙可以以占有有正当权利来源对丁"主张"有权占有，但显然不能产生法律效果。因为丁享有房屋所有权，系最完整的物权（使用价值＋交换价值），乙仅是有权占有人（基于债权而产生）。但是，需要注意的是，C项说的是乙有权"主张"。乙能否主张和主张后能否产生法律效果是两个法律问题，不能混淆。总之，乙可以向丁"主张"有权占有，但不能产生法律效果，必须返还房屋给丁，乙的损失向丙主张赔偿。故C项正确，当选。

D项，继承取得物权的，自继承开始时发生效力。本题中，甲死亡后，作为继承人的丙立即取得房屋的所有权（是否办理了过户登记手续在所不问）。同时，不动产物权的设立、变更、转让和消灭，经依法登记，发生效力；未经登记，不发生效力，但法律另有规定的除外。本题中，丙在继承房屋后又将该房屋出卖给丁，属于有权处分，其与丁签订的房屋买卖合同合法有效，并"办理了"（该关键词表明已经完成公示）房屋所有权移转登记，丁继受取得房屋所有权。在丁取得房屋所有权后，丁当然可以基于其所有权请求乙返还房屋。故D项正确，当选。

综上所述，本题的正确答案为ABCD。

8. 丙找甲借自行车，甲的自行车与乙的很相像，均放于楼下车棚。丙错认乙车为甲车，遂把乙车骑走。甲告知丙骑错车，丙未理睬。某日，丙骑车购物，将车放在商店楼下，因墙体倒塌将车砸坏。下列哪些表述是正确的？（2012/3/58）[2]

    A. 丙错认乙车为甲车而占有，属于无权占有人

    B. 甲告知丙骑错车前，丙修车的必要费用，乙应当偿还

    C. 无论丙是否知道骑错车，乙均有权对其行使占有返还请求权

    D. 对于乙车的毁损，丙应当承担赔偿责任

---

[1] ABCD 　[2] ABCD

【考点】 占有

【答案解析】 选项 A 正确。无权占有又称为非法占有，是指没有法律上的根据或者原因的占有。本题中，丙借用甲的自行车，但错取乙的自行车，丙对乙的自行车的占有没有任何合法依据，属于无权占有。

选项 B 正确。《民法典》第 460 条规定："不动产或者动产被占有人占有的，权利人可以请求返还原物及其孳息；但是应当支付善意占有人因维护该不动产或者动产支出的必要费用。"本题中，丙对乙的自行车虽属无权占有，但在甲告知丙骑错车之前，丙对其拿错车的事实并不知情，而且根据题干信息，丙也不应当知道自己拿错车，故丙对乙的自行车构成善意占有。修理费用属于必要费用，所以丙有权请求乙偿还。

选项 C 正确。丙擅自取走乙的自行车，构成乙对其自行车占有的侵夺，原占有人乙（同时也是所有权人）可依据《民法典》第 462 条对丙行使占有返还请求权。占有返还请求权与侵夺人丙主观上善意还是恶意无关。

选项 D 正确。《民法典》第 461 条规定："占有的不动产或者动产毁损、灭失，该不动产或者动产的权利人请求赔偿的，占有人应当将因毁损、灭失取得的保险金、赔偿金或者补偿金等返还给权利人；权利人的损害未得到足够弥补的，恶意占有人还应当赔偿损失。"恶意占有人占有期间，其占有的标的物毁损灭失的，不论恶意占有人对标的物的毁损灭失是否具有过错，权利人均有权请求恶意占有人承担赔偿责任。本题中，当甲告知丙骑错车时，丙对自行车的占有由善意占有转化为恶意占有，故对于乙车的毁损，丙应当承担赔偿责任。

9. 2018 年春节前夕，孟某的妻子刘某收拾房间时发现一件孟某穿了 5 年的旧大衣。刘某欲购买一件新衣服给孟某，遂将孟某的旧大衣扔到楼下的垃圾箱里。第二天，孟某问妻子刘某自己的大衣为何不见了。刘某说已经扔掉啦。孟某说："大衣里价值 27500 元的欧米茄手表拿出来了么？"。刘某说没有。经查，该大衣连同手表被同小区捡拾垃圾的徐老太捡走。关于本案，下列哪一说法是正确的？（2018 年回忆版）[1]

A. 刘某将孟某大衣扔掉的行为属于事实行为

B. 大衣属于遗失物，徐老太应当返还

C. 手表属于无主物，徐老太可以先占

D. 徐老太应当返还手表，但大衣可以先占

【答案解析】 本题综合考查民事法律行为的分类、动产遗失物的拾得和先占制度。

首先，根据民事法律行为成立所需意思表示的数量和合意形成的方式的不同，可以将民事法律行为分为单方民事法律行为、多方民事法律行为和决议行为。其中，单方民事法律行为，是指依一方当事人的意思表示而成立的民事法律行为。典型的单方民事法律行为包括动产所有权的抛弃、订立遗嘱和遗赠。本题中，刘某将孟某大衣扔掉的行为系动产所有权的抛弃，属于典型的单方民事法律行为而非事实行为。故 A 项说法错误，不当选。

其次，先占制度虽然在我国现行法律中并无明文规定，但无论是学理上还是司法实践中，均承认先占可以发生物权变动。所谓"先占"是指以所有的意思，先于他人占有无主的动产，从而取得其所有权的法律事实。对于先占而言，应当具备三个要件：（1）需以所有的意思占有无主物；（2）对象是无主物；（3）标的物为动产。本题中，孟某的大衣被刘某抛弃后即属于无主动产。徐老太可以基于先占而取得大衣的所有权。故 B 项说法错误，不当选。

最后，根据《民法典》第三百一十四条："拾得遗失物，应当返还权利人。拾得人应当及

---

[1] D

时通知权利人领取，或者送交公安等有关部门。"本题中，刘某将孟某大衣扔掉时不存在抛弃27500 元的欧米茄手表的单方意思表示。因此，手表属于遗失物。徐老太拾得遗失物，依法应当返还。故 C 项说法错误，不当选；D 项说法正确，当选。

综上所述，本题的正确答案为 D。

第三编　合同

第一分编　通则

考点一　一般规定

1. 甲、乙与丙就交通事故在交管部门的主持下达成《调解协议书》，由甲、乙分别赔偿丙5万元。甲当即履行，乙赔了1万元，余下4万元给丙打了欠条。乙到期后未履行，丙多次催讨未果，遂持《调解协议书》与欠条向法院起诉。下列哪一表述是正确的？（2013/3/12）[1]

A. 本案属侵权之债

B. 本案属合同之债

C. 如丙获得工伤补偿，乙可主张相应免责

D. 丙可要求甲继续赔偿4万元

【考点】债的分类；第三人侵权造成工伤的责任承担；按份之债

【答案解析】选项A错误，B正确。机动车发生道路交通事故致人损害的，成立侵权之债。若赔偿权利人与加害人对损害赔偿达成调解协议，则侵权之债转化为合同之债，侵权之债因此消灭。不能达成调解协议，或者调解协议无效、被撤销的，仍按侵权之债处理。本题中，侵权发生后，甲、乙与丙达成了《调解协议书》，侵权之债转化为合同之债。

选项C错误。《人身损害赔偿解释》第3条规定："依法应当参加工伤保险统筹的用人单位的劳动者，因工伤事故遭受人身损害，劳动者或者其近亲属向人民法院起诉请求用人单位承担民事赔偿责任的，告知其按《工伤保险条例》的规定处理。因用人单位以外的第三人侵权造成劳动者人身损害，赔偿权利人请求第三人承担民事赔偿责任的，人民法院应予支持。"其规范内容是：依法应当参加工伤保险统筹的用人单位的劳动者，因用人单位以外的第三人实施侵权行为遭受工伤损害的，受害人不仅可以请求获得工伤保险金，还可以对第三人主张侵权损害赔偿，二者并行不悖。

选项D错误。根据该《调解协议书》，甲、乙分别赔偿丙5万元，因此甲、乙对丙承担的是按份之债，即甲、乙各自只对自己的份额承担责任。丙只能请求乙继续赔偿4万元。

2. 甲公司向银行贷款1000万元，乙公司和丙公司向银行分别出具担保函："在甲公司不按时偿还1000万元本息时，本公司承担保证责任。"关于乙公司和丙公司对银行的保证债务，

下列哪一表述是正确的？（2011/3/10）[1]

A. 属于选择之债　　　　　　　　B. 属于连带之债
C. 属于按份之债　　　　　　　　D. 属于多数人之债

【考点】债的分类

【答案解析】选择之债是在同一个债务人的不同给付中进行选择（债权的标的有多项），本题就是一笔货币（金钱）之债，不存在可以选择的问题，故 A 选项错误。

乙公司和丙公司分别向债权人出具担保函，但任何一方都未与债权人约定各自担保的份额，根据《民法典》第699条以及《担保制度解释》第13条（第13条规定，同一债务有两个以上第三人提供担保，担保人之间约定相互追偿及分担份额，承担了担保责任的担保人请求其他担保人按照约定分担份额的，人民法院应予支持；担保人之间约定承担连带共同担保，或者约定相互追偿但是未约定分担份额的，各担保人按照比例分担向债务人不能追偿的部分。同一债务有两个以上第三人提供担保，担保人之间未对相互追偿作出约定且未约定承担连带共同担保，但是各担保人在同一份合同书上签字、盖章或者按指印，承担了担保责任的担保人请求其他担保人按照比例分担向债务人不能追偿部分的，人民法院应予支持。除前两款规定的情形外，承担了担保责任的担保人请求其他担保人分担向债务人不能追偿部分的，人民法院不予支持。）的规定，该共同保证为连带共同保证，B 选项正确，C 选项错误。

本题中存在三个债，即甲与银行的借贷之债、乙与银行的保证之债、丙与银行的保证之债，这三个债都是一个当事人与另一当事人之间的单一之债，并非多数人之债，故 D 项错误。

另外，本题的 D 项错误的判断值得商榷。在民法学理上，先有单一之债与多数人之债之分，然后在多数人之债之下，方有按份和连带之债之分。单一之债是指债权人和债务人均为一人的债，多数人之债是指债权人或者债务人为二人以上的债。本题显然是多数人之债。如果以"甲与银行的借贷之债、乙与银行的保证之债、丙与银行的保证之债，这三个债都是单一之债"为由否定其为多数人之债，那么为何又要乙、丙承担连带之债责任？那么在这个连带之债的关系中显然只有银行是债权人，而另一方是乙、丙，这不就是多数人之债吗？命题者显然忽视了这一问题，本题中的三个债都是约定的单一之债，但是由于乙公司和丙公司并未与债权人约定各自担保的份额，依照法律规定乙、丙双方应对银行承担连带责任，这是法定的连带之债，而在这一法定的连带之债中，乙、丙是多人，显然不是单一之债而是多数人之债，因此，D 项亦正确。综上，本书认为本题排除 D 项的选择是值得商榷的。

本题答案为 B、D。（司法部答案 B）

3. 婷婷满一周岁，其父母将某影楼摄影师请到家中为其拍摄纪念照，并要求影楼不得保留底片用作他途。相片洗出后，影楼违反约定将婷婷相片制成挂历出售，获利颇丰。本案中存在哪些债的关系？（2008/3/56）[2]

A. 承揽合同之债　　　　　　　　B. 委托合同之债
C. 侵权行为之债　　　　　　　　D. 不当得利之债

【考点】债的分类

【答案解析】《民法典》第770条规定："承揽合同是承揽人按照定作人的要求完成工作，交付工作成果，定作人支付报酬的合同。承揽包括加工、定作、修理、复制、测试、检验等工作。"由于照相馆必须交付合格的冲洗照片即要交付成果，婷婷的父母与影楼之间成立的是承揽合同之，故 A 正确。

---

[1]　BD（司法部原答案为 B）　　[2]　ACD

《民法典》第919条规定："委托合同是委托人和受托人约定，由受托人处理委托人事务的合同。"据此，委托合同只是强调由受托人处理委托人事务，并不强调工作成果，因此本题不符合委托合同特点，故 B 错误。

《民法典》第1019条规定："任何组织或者个人不得以丑化、污损，或者利用信息技术手段伪造等方式侵害他人的肖像权。未经肖像权人同意，不得制作、使用、公开肖像权人的肖像，但是法律另有规定的除外。未经肖像权人同意，肖像作品权利人不得以发表、复制、发行、出租、展览等方式使用或者公开肖像权人的肖像。"本题中，影楼擅自将婷婷相片制成挂历出售的行为构成对婷婷肖像权的侵害，构成侵权，所以 C 项正确。

影楼违反约定将婷婷相片制成挂历出售，获利颇丰，影楼获得利益缺乏法律上的根据，婷婷遭受损失（婷婷父母利用婷婷的肖像获利的潜在可能性遭受侵犯，不管其是否具有利用其肖像营利的打算），故成立不当得利之债，D 正确。

考点二　合同相对性原则

1. 甲单独邀请朋友乙到家中吃饭，乙爽快答应并表示一定赴约。甲为此精心准备，还因炒菜被热油烫伤。但当日乙因其他应酬而未赴约，也未及时告知甲，致使甲准备的饭菜浪费。关于乙对甲的责任，下列哪一说法是正确的？（2016/3/10）[1]

A. 无须承担法律责任　　　　　　B. 应承担违约责任
C. 应承担侵权责任　　　　　　　D. 应承担缔约过失责任

【考点】 情谊行为、民事责任的承担

【答案解析】 情谊行为又称为好意施惠关系指，当事人之间无意设定法律上的权利义务关系，而由当事人一方基于良好的道德风尚实施的使另一方受恩惠的关系。其旨在增进情谊。甲邀请乙到家吃饭，属于好意施惠，不属于合同行为，故 B 选项错误，无缔约行为，当然无缔约过失责任的承担，故 D 选项错误。

根据《民法典》第1165条第1款的规定："行为人因过错侵害他人民事权益造成损害的，应当承担侵权责任。"乙无过错，无须承担侵权责任，故 C 选项错误。

综上所述，乙无须承担法律责任，故 A 选项正确。

2. 方某为送汤某生日礼物，特向余某定做一件玉器。订货单上，方某指示余某将玉器交给汤某，并将订货情况告知汤某。玉器制好后，余某委托朱某将玉器交给汤某，朱某不慎将玉器碰坏。下列哪一表述是正确的？（2014/3/11）[2]

A. 汤某有权要求余某承担违约责任　　B. 汤某有权要求朱某承担侵权责任
C. 方某有权要求朱某承担侵权责任　　D. 方某有权要求余某承担违约责任

【考点】 合同相对性原则

【答案解析】 选项 A 错误，D 正确。《民法典》第522条第1款约定："当事人约定由债务人向第三人履行债务，债务人未向第三人履行债务或者履行债务不符合约定的，应当向债权人承担违约责任。"第523条规定："当事人约定由第三人向债权人履行债务，第三人不履行债务或者履行债务不符合约定的，债务人应当向债权人承担违约责任。"本题中，方某与余某存在合同关系，双方约定由余某向第三人汤某履行，汤某不是合同当事人。余某委托朱某将玉器交

---

[1]　A　[2]　D

给汤某，朱某只是履行第三人，也不是合同当事人。因此，在朱某不慎将玉器碰坏的情况下，根据合同相对性原理，只能由余某向方某承担违约责任。

选项 B、C 错误。《民法典》第 209 条规定："不动产物权的设立、变更、转让和消灭，经依法登记，发生效力；未经登记，不发生效力，但是法律另有规定的除外。依法属于国家所有的自然资源，所有权可以不登记。"同时第 224 条规定："动产物权的设立和转让，自交付时发生效力，但是法律另有规定的除外。"因此，标的物的所有权自标的物交付时起转移，但法律另有规定或者当事人另有约定的除外。本题中，在尚未完成交付的情况下，玉器所有权仍归属于余某，因此，只有余某才有权请求朱某承担侵权责任。

3. 甲将自己的一套房屋租给乙住，乙又擅自将房屋租给丙住。丙是个飞镖爱好者，因练飞镖将房屋的墙面损坏。下列哪些选项是正确的？（2009/3/60）[1]

A. 甲有权要求解除与乙的租赁合同

B. 甲有权要求乙赔偿墙面损坏造成的损失

C. 甲有权要求丙搬出房屋

D. 甲有权要求丙支付租金

【考点】合同的相对性

【答案解析】A 项考查出租人的解除权。承租人未经出租人同意转租的，出租人可解除合同。本题中，乙（承租人）"未经"（该关键词表明行为人无权）甲（出租人）同意"擅自"（该关键词表明行为人无权）将房屋转租，甲（出租人）有权要求解除与乙（承租人）的租赁合同。故 A 项正确，当选。

B 项考查转租。承租人经出租人同意，可以将租赁物转租给第三人。承租人转租的，承租人与出租人之间的租赁合同继续有效；第三人造成租赁物损失的，承租人应当赔偿损失。本题中，乙（承租人）未经甲（出租人）同意转租给丙，就丙对墙面的损害，甲（出租人）有权要求乙（承租人）承担损害赔偿责任。故 B 项正确，当选。

C 项考查物权的保护。无权占有不动产或动产的，权利人可以请求返还原物。本题中，甲（出租人）解除与乙（承租人）之间的租赁合同后，将导致乙（承租人）与丙（次承租人）之间的租赁合同因履行不能而终止。甲（出租人）基于房屋所有权人的身份，可以向丙主张物权请求权，要求丙搬出房屋。故 C 项正确，当选。

D 项考查租赁合同的性质。租赁合同系典型的束己合同，须严守合同相对性原理。基于合同相对性原理，甲与丙之间并不存在直接的租赁合同关系。因此，甲无权要求丙支付租金。故 D 项错误，不当选。

综上所述，本题的正确答案为 ABC。

考点三　合同的订立

1. 甲与同学打赌，故意将一台旧电脑遗留在某出租车上，看是否有人送还。与此同时，甲通过电台广播悬赏，称捡到电脑并归还者，付给奖金 500 元。该出租汽车司机乙很快将该电脑送回，主张奖金时遭拒。下列哪一表述是正确的？（2012/3/4）[2]

A. 甲的悬赏属于要约　　　　　　　B. 甲的悬赏属于单方允诺

---

[1]　ABC　[2]　B

C. 乙归还电脑的行为是承诺   D. 乙送还电脑是义务，不能获得奖金

【考点】要约、承诺；悬赏广告

【答案解析】《民法典》第499条规定："悬赏人以公开方式声明对完成特定行为的人支付报酬的，完成该行为的人可以请求其支付。"乙按照悬赏广告的要求送还电脑，因此可以请求甲支付报酬。单方允诺，是指表意人向相对人作出的为自己设定某种义务，使对方取得某种权利的意思表示。依据意思自治原则，民事主体可以为自己设定单方义务，此可引起债的发生。悬赏广告属于单方允诺，这既有利于保护不知道悬赏广告存在的情况下完成悬赏广告要求的当事人的利益，也有利于保护完成悬赏广告要求行为的无民事行为能力人的合法权益。悬赏广告基于单方的意思表示已经发生法律效力，不需要对方当事人的承诺，也不需要对方当事人具有相应的民事行为能力，因其基于事实行为的完成即可向悬赏广告发布人主张相应的报酬。同时民法中也有观点认为：悬赏广告属于要约。

综上，本题应选B项。

考点四　合同的效力

1. 甲隐瞒了其所购别墅内曾发生恶性刑事案件的事实，以明显低于市场价的价格将其转卖给乙；乙在不知情的情况下，放弃他人以市场价出售的别墅，购买了甲的别墅。几个月后乙获悉实情，向法院申请撤销合同。关于本案，下列哪些说法是正确的？（2016/3/59）[1]

A. 乙须在得知实情后一年内申请法院撤销合同

B. 如合同被撤销，甲须赔偿乙在订立及履行合同过程当中支付的各种必要费用

C. 如合同被撤销，乙有权要求甲赔偿主张撤销时别墅价格与此前订立合同时别墅价格的差价损失

D. 合同撤销后乙须向甲支付合同撤销前别墅的使用费

【考点】可撤销合同

【答案解析】《民法典》第152条规定："有下列情形之一的，撤销权消灭：（1）当事人自知道或者应当知道撤销事由之日起一年内、重大误解的当事人自知道或者应当知道撤销事由之日起九十日内没有行使撤销权；（2）当事人受胁迫，自胁迫行为终止之日起一年内没有行使撤销权；（3）当事人知道撤销事由后明确表示或者以自己的行为表明放弃撤销权。当事人自民事法律行为发生之日起五年内没有行使撤销权的，撤销权消灭。"甲有欺诈行为，乙作为受欺诈一方享有撤销权，故A选项正确。

《民法典》第500条规定："当事人在订立合同过程中有下列情形之一，造成对方损失的，应当承担赔偿责任：（1）假借订立合同，恶意进行磋商；（2）故意隐瞒与订立合同有关的重要事实或者提供虚假情况；（3）有其他违背诚信原则的行为。"本题属于故意隐瞒与订立合同有关的重要事实，乙撤销合同后，可以要求甲承担缔约过失责任。缔约过失赔偿责任的范围，应以对方的缔约过失造成的实际损失为标准，包括为缔约合同的支出，由于违反先合同义务而受有的损失，以及由于对方的过失而造成的订约机会丧失而受有的损失。乙在订立及履行合同过程当中支付的各种必要费用属于缔约合同的支出，甲须赔偿，故B选项正确。

别墅价格与此前订立合同时别墅价格的差价损失属于由于对方的过失而造成的订约机会丧

失而受有的损失，故 C 选项正确。

《民法典》第157条规定："民事法律行为无效、被撤销或者确定不发生效力后，行为人因该行为取得的财产，应当予以返还；不能返还或者没有必要返还的，应当折价补偿。有过错的一方应当赔偿对方由此所受到的损失；各方都有过错的，应当各自承担相应的责任。法律另有规定的，依照其规定。"第122条规定："因他人没有法律根据，取得不当利益，受损失的人有权请求其返还不当利益。"合同撤销前使用别墅，合同撤销后，没有法律上的原因，属于不当得利，应当返还，故 D 选项正确。

2. 张某和李某设立的甲公司伪造房产证，以优惠价格与乙企业（国有）签订房屋买卖合同，以骗取钱财。乙企业交付房款后，因甲公司不能交房而始知被骗。关于乙企业可以采取的民事救济措施，下列哪一选项是正确的？（2015/3/3）[1]

A. 以甲公司实施欺诈损害国家利益为由主张合同无效

B. 只能请求撤销合同

C. 通过乙企业的主管部门主张合同无效

D. 可以请求撤销合同，也可以不请求撤销合同而要求甲公司承担违约责任

【考点】欺诈；合同无效

【答案解析】选项 A、C 错误。一方以欺诈、胁迫的手段订立的合同，为可撤销的合同。本题中，甲公司的行为构成欺诈，故该房屋买卖合同属于可撤销的合同。

选项 B 错误，D 正确。根据《民法典》第148条规定，一方以欺诈手段，使对方在违背真实意思的情况下订立的合同，受损害方有权请求人民法院或者仲裁机构者撤销。本题中甲公司对乙企业实施了欺诈行为，该房屋买卖合同为可撤销，乙企业享有撤销权。乙企业可选择行使撤销权使合同归于无效，亦可选择不行使撤销权使合同有效，并向甲公司主张违约责任。

3. 甲公司与15周岁的网络奇才陈某签订委托合同，授权陈某为甲公司购买价值不超过50万元的软件。陈某的父母知道后，明确表示反对。关于委托合同和代理权授予的效力，下列哪一表述是正确的？（2015/3/4）[2]

A. 均无效，因陈某的父母拒绝追认

B. 均有效，因委托合同仅需简单智力投入，不会损害陈某的利益，其父母是否追认并不重要

C. 是否有效，需确认陈某的真实意思，其父母拒绝追认，甲公司可向法院起诉请求确认委托合同的效力

D. 委托合同因陈某的父母不追认而无效，但代理权授予是单方法律行为，无需追认即有效

【考点】效力待定合同；追认权

【答案解析】《民法典》第145条规定："限制民事行为能力人实施的纯获利益的民事法律行为或者与其年龄、智力、精神健康状况相适应的民事法律行为有效；实施的其他民事法律行为经法定代理人同意或者追认后有效。相对人可以催告法定代理人自收到通知之日起三十日内予以追认。法定代理人未作表示的，视为拒绝追认。民事法律行为被追认前，善意相对人有撤销的权利。撤销应当以通知的方式作出。"根据该条，限制行为能力人超出其行为能力独立订立的合同，效力待定，须经其法定代理人追认后方为有效。本题中，陈某（15周岁）与甲公司签订的委托合同（标的额为50万）显然超出了其行为能力范围，由于未获其父母追认，

---

[1] D [2] D

故该合同无效。而代理权授予行为属于单方法律行为，只需授予主体具有行为能力即可有效。故只有 D 选项正确，当选。

4. 某旅游地的纪念品商店出售秦始皇兵马俑的复制品，价签标名为"秦始皇兵马俑"，2800 元一个。王某购买了一个，次日，王某以其购买的"秦始皇兵马俑"为复制品而非真品属于欺诈为由，要求该商店退货并赔偿。下列哪些表述是错误的？（2015/3/52）[1]

A. 商店的行为不属于欺诈，真正的"秦始皇兵马俑"属于法律规定不能买卖的禁止流通物

B. 王某属于重大误解，可请求撤销买卖合同

C. 商店虽不构成积极欺诈，但构成消极欺诈，因其没有标明为复制品

D. 王某有权请求撤销合同，并可要求商店承担缔约过失责任

【考点】 欺诈

【答案解析】 选项 A 正确，不当选；选项 C 错误，当选。根据《民法典》第 147 条的规定，因重大误解订立的合同，双方当事人可请求法院或仲裁机构变更或者撤销。根据《民法典》第 148 条的规定，一方以欺诈的手段，使对方在违背真实意思的情况下订立的合同，受损害方有权请求人民法院或者仲裁机构变更或者撤销。本题中，真正的"秦始皇兵马俑"是众所周知的禁止流通物，因此，买卖双方应当明知所买卖的"秦始皇兵马俑"是复制品。因此，商店并无欺诈之故意，商店的行为不构成欺诈。

选项 B 错误，当选。根据《民法典》第 147 条的规定，因重大误解订立的合同，当事人一方有权请求人民法院或者仲裁机构者撤销。行为人因对行为的性质、对方当事人、标的物的品种、质量、规格和数量等的错误认识，使行为的后果与自己的意思相悖，并造成较大损失的，可以认定为重大误解。本题中，既然真正的"秦始皇兵马俑"是众所周知的禁止流通物，王某也不应对标的物的性质发生误解，也就是说王某应当明知其购买的"兵马俑"为复制品，即便王某确实不知其购买的"秦始皇兵马俑"为复制品，王某也属于重大过失，因重大过失而导致的误解并不构成重大误解。

选项 D 错误，当选。《民法典》第 500 条规定："当事人在订立合同过程中有下列情形之一，造成对方损失的，应当承担赔偿责任：（1）假借订立合同，恶意进行磋商；（2）故意隐瞒与订立合同有关的重要事实或者提供虚假情况；（3）有其他违背诚信原则的行为。"本题中，既然商店的行为不构成欺诈，该合同有效，王某无权撤销合同，不可要求商店承担缔约过失责任。

5. 下列哪一情形下，甲对乙不构成胁迫？（2013/3/3）[2]

A. 甲说，如不出借 1 万元，则举报乙犯罪。乙照办，后查实乙构成犯罪

B. 甲说，如不将藏獒卖给甲，则举报乙犯罪。乙照办，后查实乙不构成犯罪

C. 甲说，如不购甲即将报废的汽车，将公开乙的个人隐私。乙照办

D. 甲说，如不赔偿乙撞伤甲的医疗费，则举报乙醉酒驾车。乙照办，甲取得医疗费和慰问金

【考点】 胁迫

【答案解析】 胁迫的构成要件有四：（1）故意预告实施危害；（2）对方因此陷入恐惧（要求胁迫与恐惧具有因果关系）；（3）对方因恐惧作出意思表示（要求恐惧与意思表示的作出具有因果关系）；（4）胁迫具有不正当性。胁迫的不正当性包括三种：①目的不正当。②手段不

正当。③目的与手段结合的不正当（因目的与手段不具有牵连性）。

本题中，A项和B项中存在"目的与手段结合的不正当性"；C项中存在"胁迫的目的不正当"及"胁迫的手段不正当"。故A、B、C项均符合胁迫的构成要件，均不当选。D项中的威胁是为了维护自己的正当利益，并非具有不正当性，因此不构成胁迫。故D项当选。

6. 甲用伪造的乙公司公章，以乙公司名义与不知情的丙公司签订食用油买卖合同，以次充好，将劣质食用油卖给丙公司。合同没有约定仲裁条款。关于该合同，下列哪一表述是正确的？（2013/3/4）[1]

A. 如乙公司追认，则丙公司有权通知乙公司撤销

B. 如乙公司追认，则丙公司有权请求法院撤销

C. 无论乙公司是否追认，丙公司均有权通知乙公司撤销

D. 无论乙公司是否追认，丙公司均有权要求乙公司履行

【考点】欺诈；无权代理；撤销权的行使

【答案解析】选项A、C错误。根据《民法典》第171条的规定可知，甲用伪造的乙公司公章以乙公司名义签订合同，属于无权代理的行为，该合同效力待定。对于因无权代理而效力待定的合同，未经被代理人追认，对被代理人不发生效力。合同被追认之前，善意之相对人有撤销权，撤销应当以通知的形式作出。因此撤销权的行使应在合同被追认之前作出，因为一经追认，合同即为有效，即使是善意相对人也不再享有以通知的方式撤销合同的权利。

选项B正确。甲以次充好，将劣质食用油卖给丙公司的行为，构成欺诈。《民法典》第148条规定："一方以欺诈手段，使对方在违背真实意思的情况下实施的民事法律行为，受欺诈方有权请求人民法院或者仲裁机构予以撤销。"因此，对于受欺诈而订立的合同，受害方可以行使撤销权，该撤销权的行使需请求法院或仲裁机构为之。本题中，合同没有约定仲裁条款，故丙公司有权请求法院进行撤销。

选项D错误。如果乙公司追认，该合同中的代理权瑕疵得到弥补，但丙公司仍然可以甲欺诈为由撤销合同，当然，丙公司的撤销权可以放弃。如果丙公司选择放弃合同撤销权，该合同即为有效，丙公司有权要求乙公司履行。如果乙公司不追认，该合同对被代理人乙公司不发生效力，丙公司无要求乙公司履行的权利。

7. 甲与乙教育培训机构就课外辅导达成协议，约定甲交费5万元，乙保证甲在接受乙的辅导后，高考分数能达到二本线。若未达到该目标，全额退费。结果甲高考成绩仅达去年二本线，与今年高考二本线尚差20分。关于乙的承诺，下列哪一表述是正确的？（2012/3/11）[2]

A. 属于无效格式条款　　　　　　　B. 因显失公平而可变更

C. 因情势变更而可变更　　　　　　D. 虽违背教育规律但属有效

【考点】合同的效力；显失公平；情势变更

【答案解析】选项A错误。《民法典》第497条规定："有下列情形之一的，该格式条款无效：（1）具有本法第一编第六章第三节和本法第五百零六条规定的无效情形；（2）提供格式条款一方不合理地免除或者减轻其责任、加重对方责任、限制对方主要权利；3三）提供格式条款一方排除对方主要权利。"本题不具有其中的任何一种情形，并且提供格式条款的一方乙似乎还加重了自己责任。

选项B错误。显失公平有三个要件：（1）双务合同双方的权利义务明显不对等，有违等价有偿原则；（2）显失公平发生在合同成立之时；（3）主观要件：一方利用了自己的优势或

---

[1] B　[2] D

者利用了对方急迫、轻率、无经验的窘迫境况。本题不符合显失公平的构成要件。

选项 C 错误。根据《民法典》第 533 条的规定："情势变更是指合同成立后，合同的基础条件发生了当事人在订立合同时无法预见的、不属于商业风险的重大变化，继续履行合同对于当事人一方明显不公平的，受不利影响的当事人可以与对方重新协商；在合理期限内协商不成的，当事人可以请求人民法院或者仲裁机构变更或者解除合同。人民法院或者仲裁机构应当结合案件的实际情况，根据公平原则变更或者解除合同。"本题中乙因未履行约定的义务而需承担全额退费的义务，不属于情势变更（如国家废止高考制度，那就是情势变更了），属于违约的问题。

选项 D 正确。违反法律、行政法规的强制性规定的"强制性规定"，是指效力性强制性规定。从教育学理论上说，学习效果最主要的取决于学习者本人，外在的因素只是起到一定程度上的辅助作用，因此，甲、乙的约定违反了教育规律，但并不存在无效情形，因此合同还是有效的。

8. 下列哪些情形属于无效合同？（2012/3/52）[1]

A. 甲医院以国产假肢冒充进口假肢，高价卖给乙

B. 甲乙双方为了在办理房屋过户登记时避税，将实际成交价为 100 万元的房屋买卖合同价格写为 60 万元

C. 有妇之夫甲委托未婚女乙代孕，约定事成后甲补偿乙 50 万元

D. 甲父患癌症急需用钱，乙趁机以低价收购甲收藏的 1 幅名画，甲无奈与乙签订了买卖合同

【考点】合同的效力

【答案解析】选项 A 不当选。甲医院的行为构成欺诈（但尚未损害国家利益），根据《民法典》第 147 条至 151 条有关民事法律行为效力的规定，甲、乙间的买卖合同属于可撤销的合同。

选项 B 当选。《民法典》第 146 条规定："行为人与相对人以虚假的意思表示实施的民事法律行为无效。以虚假的意思表示隐藏的民事法律行为的效力，依照有关法律规定处理。"甲、乙间标的额为 60 万元的买卖合同系以合法形式掩盖非法目的的合同（逃税），应为无效合同。亦可换一个角度看：甲、乙间房屋买卖合同属于"阴阳合同"。标的额为 60 万元的买卖合同（阳合同）属于双方虚假行为，无效。标的额 100 万元的买卖合同（阴合同）属于隐藏行为，并无无效事由，是有效的。

选项 C 当选。《民法典》第 153 条第 2 款规定："违背公序良俗的民事法律行为无效。"损害社会公共利益。从民法原理来说，民事法律行为中的身份行为，因其专属性，不得委托，怀孕生子涉及家庭伦理道德，代孕合同有违公序良俗，属于损害公共利益的合同，应为无效。

选项 D 不当选。乙趁甲父患癌症急需用钱，以低价收购甲收藏的 1 幅名画，该行为构成显失公平，甲、乙间的买卖合同属于可撤销的合同。

9. 甲委托乙采购一批电脑，乙受丙诱骗高价采购了一批劣质手机。丙一直以销售劣质手机为业，甲对此知情。关于手机买卖合同，下列哪些表述是正确的？（2012/3/54）[2]

A. 甲有权追认   B. 甲有权撤销

C. 乙有权以甲的名义撤销   D. 丙有权撤销

【考点】无权代理；代理中的欺诈

---

[1] BC   [2] ABC

【答案解析】选项 A 正确。《民法典》第 171 条第 1 款、第 2 款规定："行为人没有代理权、超越代理权或者代理权终止后，仍然实施代理行为，未经被代理人追认的，对被代理人不发生效力。相对人可以催告被代理人自收到通知之日起三十日内予以追认。被代理人未作表示的，视为拒绝追认。行为人实施的行为被追认前，善意相对人有撤销的权利。撤销应当以通知的方式作出。"本题中，甲委托乙采购一批电脑，乙却采购了一批手机，乙的行为属于超越代理权的无权代理。对于乙的无权代理行为，甲可以追认。

选项 B 正确。根据《民法典》第 143～154 条的相关内容可知，下列合同，当事人一方有权请求人民法院或者仲裁机构者撤销：（1）因重大误解订立的；（2）在订立合同时显失公平的；（3）一方以欺诈、胁迫的手段或者乘人之危，使对方在违背真实意思的情况下订立的合同。本题中，乙代理甲与相对人丙之间达成交易，该交易意思表示瑕疵有无的判断，应以代理人乙为准，而非以被代理人甲为准。甲虽然明知丙一直在行骗，但乙并不知情，故甲有权以丙构成欺诈为由撤销手机买卖合同。

选项 C 正确。甲、乙之间是委托代理关系，乙是甲的委托代理人，其以甲的名义对丙主张撤销是行使代理权的应有之义。

选项 D 错误。根据《民法典》第 171 条的内容可知，对于因无权代理而效力待定的合同，未经被代理人追认，对被代理人不发生效力。合同被追认之前，善意之相对人有撤销权，撤销应当以通知的形式作出。可见，无权代理中，只有相对人是善意的，才享有撤销权。本题中，就无权代理而言，丙公司显然不属于善意相对人，故不享有在甲追认之前撤销手机买卖合同的权利；就欺诈而言，丙是欺诈人，不得主张撤销。

10. 甲公司在城市公园旁开发预售期房，乙、丙等近百人一次性支付了购房款，总额近 8000 万元。但甲公司迟迟未开工，按期交房无望。乙、丙等购房人多次集体去甲公司交涉无果，险些引发群体性事件。面对疯涨房价，乙、丙等购房人为另行购房，无奈与甲公司签订《退款协议书》，承诺放弃数额巨大利息、违约金的支付要求，领回原购房款。经咨询，乙、丙等购房人起诉甲公司。下列哪一说法准确体现了公平正义的有关要求？（2011/3/1）[1]

A.《退款协议书》虽是当事人真实意思表示，但为兼顾情理，法院应当依据购房人的要求变更该协议，由甲公司支付利息和违约金

B.《退款协议书》是甲公司胁迫乙、丙等人订立的，为确保合法合理，法院应当依据购房人的要求宣告该协议无效，由甲公司支付利息和违约金

C.《退款协议书》的订立显失公平，为保护购房人的利益，法院应当依据购房人的要求撤销该协议，由甲公司支付利息和违约金

D.《退款协议书》损害社会公共利益，为确保利益均衡，法院应当依据购房人的要求撤销该协议，由甲公司支付利息和违约金

【考点】合同的效力；胁迫；显失公平

【答案解析】选项 A 错误。根据题目交代，《退款协议书》属于订立合同时显失公平的合同，亦可认定为乘人之危的合同，并非购房人的真实意思表示。换一个角度看，若《退款协议书》系当事人真实的意思表示，合同已经有效成立，根据契约必须严守的原则，法院不得为了兼顾情理，擅自对有效成立的合同予以变更。在法律对可撤销合同作出穷尽式列举的前提下，情理不得作为法院变更合同的依据。

选项 B 错误。《民法典》第 150 条规定："一方或者第三人以胁迫手段，使对方在违背真

---

[1] C

实意思的情况下实施的民事法律行为，受胁迫方有权请求人民法院或者仲裁机构予以撤销。"因而，因胁迫订立合同的效力，属可撤销的合同。此外，《退款协议书》可认定为因乘人之危订立的合同，但不能认定为因胁迫订立的合同。胁迫与乘人之危的核心区别之一在于：在胁迫中，妨碍表意人自由判断之外部环境由胁迫人造就——制造恐惧气氛；在乘人之危中，行为人未参与危难状态的形成，仅仅是对该状态加以恶意利用而已。

选项 C 正确。显失公平的构成要件有三：第一，双务合同（注意：显失公平制度不适用于单务合同）中双方当事人的权利义务明显不对等，有违等价有偿原则；第二，显失公平发生的时间为合同成立之时；第三，显失公平发生的原因为一方利用了自己的优势或者利用了对方急迫、轻率、无经验等窘迫境况。照此标准，《退款协议书》属于显失公平的合同，受损害的一方享有撤销权，可诉至法院请求撤销该合同。

选项 D 错误。根据《民法典》有关民事法律行为效力认定的规定，损害社会公共利益的合同无效。所谓"公共利益"，指不特定多数人的利益，学理上一般予以类型化，包括损害公共秩序与善良风俗两项。《退款协议书》虽侵害了乙、丙等近百人的利益，且险些引发群体性事件，但仅侵害了特定多数人的利益，尚不构成对公共利益的侵害。

11. 关于意思表示法律效力的判断，下列哪些选项是正确的？（2011/3/53）[1]

A. 甲在商场购买了一台液晶电视机，回家后发现其妻乙已在另一商场以更低折扣订了一台液晶电视机。甲认为其构成重大误解，有权撤销买卖

B. 甲向乙承诺，以其外籍华人身份在婚后为乙办外国绿卡。婚后，乙发现甲是在逃通缉犯。乙有权以甲欺诈为由撤销婚姻

C. 甲向乙银行借款，乙银行要求甲提供担保。丙为帮助甲借款，以举报丁偷税漏税相要挟，迫使其为甲借款提供保证，乙银行对此不知情。丁有权以其受到胁迫为由撤销保证

D. 甲患癌症，其妻乙和医院均对甲隐瞒其病情。经与乙协商，甲投保人身保险，指定身故受益人为乙。保险公司有权以乙欺诈为由撤销合同

【考点】重大误解；胁迫；欺诈；可撤销的婚姻

【答案解析】选项 A 错误。重大误解的构成要件有三：（1）表意人对合同的要素发生重大误解（例如对行为的性质、对方当事人、标的物的品种、质量、规格和数量等的错误认识均为重大误解）；（2）因为误解，致使表意人表示出来的意思与其内心真意不一致；（3）表意人因误解遭受较大损失。注意：重大误解的对象是有要求的，须为对交易事项（当事人、权利义务、标的等合同要素）的误解。若表意人的错误与合同要素无关，仅对作出意思表示的内心起因发生错误，则属于"狭义的动机错误"，狭义的动机错误不属于重大误解。A 项中，甲购买液晶电视机时，不知家中已不需要再购买电视机了，甲的错误与买卖合同的要素无关，属于狭义的动机错误，不构成重大误解，甲不享有撤销该买卖合同的权利。

选项 B 项错误。《民法典》第 1052 条规定："因胁迫结婚的，受胁迫的一方可以向人民法院请求撤销婚姻。请求撤销婚姻的，应当自胁迫行为终止之日起一年内提出。被非法限制人身自由的当事人请求撤销婚姻的，应当自恢复人身自由之日起一年内提出。"这是封闭式规定，可撤销的婚姻仅限于因胁迫而结婚。选项 B 属于因欺诈而结婚，不属于可撤销的婚姻。

选项 C 正确。如果合同当事人并未实施胁迫行为，而是合同之外的第三人对当事人一方的行为符合胁迫的构成要件（即"第三人胁迫"），受胁迫人是否享有撤销权呢？无论受胁迫者的合同相对人于合同成立时是否知道或者是否应当知道第三人的胁迫行为，受胁迫人均享有撤

〔1〕 CD

销权。选项 C 中，保证合同的当事人系保证人丁和债权人乙，第三人丙对丁的行为构成胁迫。虽然相对人乙在合同成立时不知道也不应当知道丙实施了胁迫行为，受胁迫的丁仍享有撤销权。

选项 D 正确。如果合同当事人并未实施欺诈行为，而是合同之外的第三人对当事人一方的行为符合欺诈的构成要件（即"第三人欺诈"），受欺诈人是否享有撤销权呢？（1）若受欺诈方的相对人于合同成立时知道或者应当知道第三人实施欺诈，受欺诈人享有撤销权；若受欺诈方的相对人于合同成立时不知道也不应当知道第三人实施欺诈，受欺诈人不享有撤销权。（2）在"利益第三人合同"中，第三人的行为构成欺诈的，若利益第三人于合同成立时知道或者应当知道第三人欺诈的，受欺诈人享有撤销权。D 项中，保险合同的当事人是甲和保险公司，第三人医院对保险公司实施了欺诈，虽然甲于合同成立时对第三人的欺诈并不知情，但受益人乙于合同成立时知道第三人的欺诈行为，受欺诈的保险公司仍享有撤销权。

12. 下列甲与乙签订的哪些合同有效？（2011/3/58）[1]

A. 甲与乙签订商铺租赁合同，约定待办理公证后合同生效。双方未办理合同公证，甲交付商铺后，乙支付了第 1 个月的租金

B. 甲与乙签署股权转让协议，约定甲将其对丙公司享有的 90% 股权转让给乙，乙支付 1 亿元股权受让款。但此前甲已将该股权转让给丁

C. 甲与乙签订相机买卖合同，相机尚未交付，也未付款。后甲又就出卖该相机与丙签订买卖合同

D. 甲将商铺出租给丙后，将该商铺出卖给乙，但未通知丙

【考点】合同的变更；合同的效力

【答案解析】选项 A 当选。根据《民法典》第 159 条规定的内容可知，甲、乙约定，其房屋租赁合同以办理公证为生效条件。若未办理公证，其生效条件未成就，租赁合同虽已成立，但不能生效。《民法典》第 490 条第 1 款规定："当事人采用合同书形式订立合同的，自当事人均签名、盖章或者按指印时合同成立。在签名、盖章或者按指印之前，当事人一方已经履行主要义务，对方接受时，该合同成立。"这是关于"实际履行弥补合同形式瑕疵"的规定，是鼓励交易原则的体现。甲、乙虽未办理公证，但甲、乙均已向对方履行了主要义务，对方也予以接受，应认定甲、乙间的租赁合同已经生效。

选项 B 当选。因无权处分订立的买卖合同，若无其他效力瑕疵，买卖合同有效。B 项中，甲将股权转让给乙属于无权处分，甲、乙间的转让合同有效，仅股权移转效力待定（若符合善意取得的要件，乙善意取得该股权；若不符合善意取得的要件，须经权利人追认或甲对股权取得处分权，并给乙办理股权变更登记后，乙才能取得股权）。故 B 项当选。当初公布的答案不选 B，现在要选，因为法律规则变了。

选项 C 当选。根据区分原则，基于法律行为的物权变动，未发生物权变动的（不动产未登记的，动产未交付的），不因此影响法律行为的效力。甲将相机出卖给乙，相机尚未交付，相机的所有权未移转，但只要甲、乙就相机买卖的主要条款意思表示一致，相机买卖合同就已经成立并生效。此外，甲此后的一物二卖的行为，对甲、乙间买卖合同的效力无任何影响（债权的平等性）。

选项 D 当选。《民法典》第 728 条规定："出租人未通知承租人或者有其他妨害承租人行使优先购买权情形的，承租人可以请求出租人承担赔偿责任。但是，出租人与第三人订立的房

_____

[1] ABCD（原答案为 ACD）

屋买卖合同的效力不受影响。"甲虽侵害了房屋承租人丙的优先购买权，但甲乙间的房屋买卖合同并不因此而无效。

考点五　合同的履行

1. 甲与乙公司签订的房屋买卖合同约定："乙公司收到首期房款后，向甲交付房屋和房屋使用说明书；收到二期房款后，将房屋过户给甲。"甲交纳首期房款后，乙公司交付房屋但未立即交付房屋使用说明书。甲以此为由行使先履行抗辩权而拒不支付二期房款。下列哪一表述是正确的？（2015/3/10）[1]

A. 甲的做法正确，因乙公司未完全履行义务

B. 甲不应行使先履行抗辩权，而应行使不安抗辩权，因乙公司有不能交付房屋使用说明书的可能性

C. 甲可主张解除合同，因乙公司未履行义务

D. 甲不能行使先履行抗辩权，因甲的付款义务与乙公司交付房屋使用说明书不形成主给付义务对应关系

【考点】先履行抗辩权；不安抗辩权；合同解除

【答案解析】选项 A 错误，D 正确。《民法典》第 526 条规定："当事人互负债务，有先后履行顺序，应当先履行债务一方未履行的，后履行一方有权拒绝其履行请求。先履行一方履行债务不符合约定的，后履行一方有权拒绝其相应的履行请求。"由此可见，先履行抗辩权行使中，后履行一方当事人只能拒绝先履行方"相应的"履行要求，也就是说，权利人能否享有抗辩权以及在多大范围内行使抗辩权，要视先履行方的履行情况而定。本题中，根据合同约定，乙公司交付房屋和房屋使用说明书的义务要先于甲支付二期房款的义务履行。然而，乙公司已经履行主要义务（交付房屋），甲不能以乙公司未履行从义务（交付房屋使用说明书）为由拒绝其主合同义务（支付购房款）。因此，甲不能行使先履行抗辩权。

选项 B 错误。《民法典》第 527 条规定："应当先履行债务的当事人，有确切证据证明对方有下列情形之一的，可以中止履行：（1）经营状况严重恶化；（2）转移财产、抽逃资金，以逃避债务；（3）丧失商业信誉；（4）有丧失或者可能丧失履行债务能力的其他情形。当事人没有确切证据中止履行的，应当承担违约责任。"本题中，甲不能行使不安抗辩权，理由在于：其一，甲并无确切证据证明乙公司具有上述所列法定情形，正如选项 B 所言，乙公司仅有不能交付房屋使用说明书的"可能性"；其二，即便甲有确切证据证明乙公司不能交付房屋使用说明书，由于乙公司的这一义务为从义务，与甲的付款义务不形成主给付义务对应关系，甲亦不能以此为由根据进行抗辩。

选项 C 错误。《民法典》第 563 条的第 3 项规定，当事人一方迟延履行主要债务，经催告后在合理期限内仍未履行的，另一方可解除合同。第 4 项规定，当事人一方迟延履行债务或者有其他违约行为致使不能实现合同目的的，另一方可解除合同。本题中，乙公司的行为虽然构成违约，但并不符合上述两种法定解除情形，因此，甲不可主张解除合同。

2. 胡某于 2006 年 3 月 10 日向李某借款 100 万元，期限 3 年。2009 年 3 月 30 日，双方商议再借 100 万元，期限 3 年。两笔借款均先后由王某保证，未约定保证方式和保证期间，李某

---

[1]　D

未向胡某和王某催讨。胡某仅于 2010 年 2 月归还借款 100 万元。关于胡某归还的 100 万元，下列哪一表述是正确的？（2014/3/13）[1]

    A. 因 2006 年的借款已到期，故归还的是该笔借款

    B. 因 2006 年的借款无担保，故归还的是该笔借款

    C. 因 2006 年和 2009 年的借款数额相同，故按比例归还该两笔借款

    D. 因 2006 年和 2009 年的借款均有担保，故按比例归还该两笔借款

【考点】 债务抵充

【答案解析】 根据《民法典》第 560 条的规定，债务人的给付不足以清偿其对同一债权人所负的数笔相同种类的全部债务，应当优先抵充已到期的债务；几项债务均到期的，优先抵充对债权人缺乏担保或者担保数额最少的债务；担保数额相同的，优先抵充债务负担较重的债务；负担相同的，按照债务到期的先后顺序抵充；到期时间相同的，按比例抵充。但是，债权人与债务人对清偿的债务或者清偿抵充顺序有约定的除外。由题意可见，2006 年的借款已经到期，而 2009 年的借款尚未到期，据此，选项 A 正确。

    3. 甲公司对乙公司负有交付葡萄酒的合同义务。丙公司和乙公司约定，由丙公司代甲公司履行，甲公司对此全不知情。下列哪一表述是正确的？（2012/3/12）[2]

    A. 虽然甲公司不知情，丙公司的履行仍然有法律效力

    B. 因甲公司不知情，故丙公司代为履行后对甲公司不得追偿代为履行的必要费用

    C. 虽然甲公司不知情，但如丙公司履行有瑕疵的，甲公司需就此对乙公司承担违约责任

    D. 虽然甲公司不知情，但如丙公司履行有瑕疵从而承担违约责任的，丙公司可就该违约赔偿金向甲公司追偿

【考点】 代为清偿（履行）

【答案解析】 本题考的是第三人代为清偿，我国法律未设明文，属于理论题。第三人代为清偿的要件有四：（1）债务的性质允许第三人代为清偿。具有专属性的债务，第三人不得代为清偿。（2）无禁止第三人代为清偿的约定。若债务人与债权人约定禁止第三人代为清偿，则不可。（3）须经债权人同意。注意：第三人清偿时，若债权人拒绝，则第三人不得清偿；但是，若第三人就债务的清偿具有法律上的利害关系，债权人不得拒绝。（4）须第三人具有为债务人清偿的意思。

    选项 A 正确，B 错误。丙公司代为履行，甲公司不知晓，丙公司的代为履行行为构成无因管理，除甲公司事先明确反对，或者与乙公司特别约定不得由第三人代为履行，或者债务的性质不允许第三人代为履行的以外，丙公司的代为履行行为有效。同时就履行的内容和费用，丙公司可以向甲公司进行追偿。

    选项 C 错误。如果丙公司的履行有瑕疵从而导致违约责任的，甲公司对乙公司不承担违约责任，因为甲公司对丙公司的代为履行行为并不知晓，任何人不得通过自己的行为，在未征得他人同意的情况下使他人承担额外的债务。此时乙公司只能向丙公司主张违约责任，但是乙也可以选择向甲公司主张履行原来的债务，因为乙公司对甲公司的债权并没有消失。

    选项 D 错误。丙公司承担违约责任以后，致使甲公司对乙公司的债务消灭的，丙公司可在原债务的范围内，基于无因管理的规定向甲公司进行追偿。但是因违约产生的费用，只能由丙公司自己承担，因为作为无因管理人，在管理的过程中应尽到善良管理人的义务，未尽到此义务对第三人造成损害的，应由其自己承担责任。

---

[1] A   [2] A

4. 2011 年 5 月 6 日，甲公司与乙公司签约，约定甲公司于 6 月 1 日付款，乙公司 6 月 15 日交付"连升"牌自动扶梯。合同签订后 10 日，乙公司销售他人的"连升"牌自动扶梯发生重大安全事故，质监局介入调查。合同签订后 20 日，甲、乙、丙公司三方合意，由丙公司承担付款义务。丙公司 6 月 1 日未付款。下列哪一表述是正确的？（2011/3/14）[1]

A. 甲公司有权要求乙公司交付自动扶梯

B. 丙公司有权要求乙公司交付自动扶梯

C. 丙公司有权行使不安抗辩权

D. 乙公司有权要求甲公司和丙公司承担连带债务

【考点】顺序履行抗辩权；不安抗辩权；债务承担

【答案解析】选项 A 错误。《民法典》第 526 条规定："当事人互负债务，有先后履行顺序，应当先履行债务一方未履行的，后履行一方有权拒绝其履行请求。先履行一方履行债务不符合约定的，后履行一方有权拒绝其相应的履行请求。"按照约定，甲先付款，后乙交付电梯。甲未付款即请求乙交付电梯，乙可对甲行使顺序履行抗辩。

选项 B 错误。甲、乙、丙三方合意的效力：甲将对乙的付款义务移转给丙承担。但甲请求乙交付电梯的债权并未移转，故丙无请求乙交付电梯的债权。

选项 C 正确。《民法典》第 527 条规定："应当先履行债务的当事人，有确切证据证明对方有下列情形之一的，可以中止履行：（1）经营状况严重恶化；（2）转移财产、抽逃资金，以逃避债务；（3）丧失商业信誉；（4）有丧失或者可能丧失履行债务能力的其他情形。当事人没有确切证据中止履行的，应当承担违约责任。"由此可知，若应当先履行的甲确有证据证明应当后履行的乙具有丧失履行债务能力的情形，甲可对乙行使不安抗辩权，中止履行自己对乙的合同义务。《民法典》第 553 条规定："债务人转移债务的，新债务人可以主张原债务人对债权人的抗辩；原债务人对债权人享有债权的，新债务人不得向债权人主张抵销。"据此，丙承担了甲对乙的付款义务后，甲对乙的有效抗辩，丙可对乙主张。

选项 D 错误。本题中，丙承担甲对乙的付款义务，属于免责的债务承担。对于丙承担的债务，甲免除债务，乙不再享有请求甲付款的权利。

5. 甲、乙订立一份价款为十万元的图书买卖合同，约定甲先支付书款，乙两个月后交付图书。甲由于资金周转困难只交付五万元，答应余款尽快支付，但乙不同意。两个月后甲要求乙交付图书，遭乙拒绝。对此，下列哪一表述是正确的？（2010/3/13）[2]

A. 乙对甲享有同时履行抗辩权

B. 乙对甲享有不安抗辩权

C. 乙有权拒绝交付全部图书

D. 乙有权拒绝交付与五万元书款价值相当的部分图书

【考点】合同履行抗辩权的行使

【答案解析】甲负有先支付书款的义务，乙享有顺序履行抗辩权而非同时履行抗辩权，选项 A 错误。甲不存在可能丧失履行能力的情形，乙不享有不安抗辩权，故选项 B 错误。《民法典》第 526 条规定："当事人互负债务，有先后履行顺序，应当先履行债务一方未履行的，后履行一方有权拒绝其履行请求。先履行一方履行债务不符合约定的，后履行一方有权拒绝其相应的履行请求。"乙虽然享有顺序抗辩权，但其只能拒绝其相应的履行要求而不能拒绝任何履行要求，因此选项 C 错误，选项 D 正确。

---

[1] C [2] D

考点六　合同的保全

1. 甲欠乙 30 万元到期后，乙多次催要未果。甲与丙结婚数日后即办理离婚手续，在《离婚协议书》中约定将甲婚前的一处住房赠与知悉甲欠乙债务的丙，并办理了所有权变更登记。乙认为甲侵害了自己的权益，聘请律师向法院起诉，请求撤销甲的赠与行为，为此向律师支付代理费 2 万元。下列哪些选项是正确的？（2017/3/58）[1]

A.《离婚协议书》因恶意串通损害第三人利益而无效

B. 如甲证明自己有稳定工资收入及汽车等财产可供还债，法院应驳回乙的诉讼请求

C. 如乙仅以甲为被告，法院应追加丙为被告

D. 如法院认定乙的撤销权成立，应一并支持乙提出的由甲承担律师代理费的请求

【考点】 债权人撤销权

【答案解析】 本题考查撤销权。甲与丙在签订《离婚协议书》时，丙知悉甲欠乙债务，只能表明丙是恶意的，但恶意与恶意串通并非同一概念，题干中并未说明双方有串通的过程，故 A 错误。

《民法典》第 538 条规定："债务人以放弃其债权、放弃债权担保、无偿转让财产等方式无偿处分财产权益，或者恶意延长其到期债权的履行期限，影响债权人的债权实现的，债权人可以请求人民法院撤销债务人的行为。"据此，行使撤销权，以债务人的行为对债权人造成损害为条件。因此，如果甲能证明自己有稳定工资收入及汽车等财产可供还债，即表明其有足够的还债能力，故其向丙赠与住房并不损害乙的利益，此时乙行使撤销权不能获得法律支持，B 正确。

债权人依照规定提起撤销权诉讼时只以债务人为被告，未将受益人或者受让人列为第三人的，人民法院可以追加该受益人或者受让人为第三人。据此，如乙仅以甲为被告，法院可以追加丙为第三人，C 错误。

债权人行使撤销权所支付的律师代理费、差旅费等必要费用，由债务人负担；第三人有过错的，应当适当分担。因此，如果法院认定乙的撤销权成立，因律师代理费属于必要费用范畴，故应一并支持乙提出的由甲承担律师代理费的请求，D 正确。

2. 乙向甲借款 20 万元，借款到期后，乙的下列哪些行为导致无力偿还甲的借款时，甲可申请法院予以撤销？（2016/3/58）[2]

A. 乙将自己所有的财产用于偿还对他人的未到期债务

B. 乙与其债务人约定放弃对债务人财产的抵押权

C. 乙在离婚协议中放弃对家庭共有财产的分割

D. 乙父去世，乙放弃对父亲遗产的继承权

【考点】 债权人撤销权

【答案解析】《民法典》第 538 条规定："债务人以放弃其债权、放弃债权担保、无偿转让财产等方式无偿处分财产权益，或者恶意延长其到期债权的履行期限，影响债权人的债权实现的，债权人可以请求人民法院撤销债务人的行为。"乙将自己所有的财产用于偿还对他人的未到期债务，对债权人造成损害，可以撤销，故 A 选项正确。

---

[1]　BD　[2]　ABC

根据《民法典》第538条规定："债务人以放弃其债权、放弃债权担保、无偿转让财产等方式无偿处分财产权益，或者恶意延长其到期债权的履行期限，影响债权人的债权实现的，债权人可以请求人民法院撤销债务人的行为。"乙与其债务人约定放弃对债务人财产的抵押权，损害债权人债权，可以撤销，故B选项正确。

乙在离婚协议中放弃对家庭共有财产的分割，共有财产中有部分属于自己的财产，故损害债权人的债权，可以撤销，C选项正确。

债权人撤销权的功能在于恢复债务人的责任财产，而不是增加债务人的责任财产，故D选项错误，不能撤销。

3. 杜某拖欠谢某100万元。谢某请求杜某以登记在其名下的房屋抵债时，杜某称其已把房屋作价90万元卖给赖某，房屋钥匙已交，但产权尚未过户。该房屋市值为120万元。关于谢某权利的保护，下列哪些表述是错误的？（2014/3/54）[1]

    A. 谢某可请求法院撤销杜某、赖某的买卖合同

    B. 因房屋尚未过户，杜某、赖某买卖合同无效

    C. 如谢某能举证杜某、赖某构成恶意串通，则杜某、赖某买卖合同无效

    D. 因房屋尚未过户，房屋仍属杜某所有，谢某有权直接取得房屋的所有权以实现其债权

【考点】债权人撤销权；合同的无效

【答案解析】选项A表述错误，当选。根据《民法典》第538条的相关内容可知，因债务人放弃其到期债权或者无偿转让财产，对债权人造成损害的，债权人可以请求人民法院撤销债务人的行为。债务人以明显不合理的低价转让财产，对债权人造成损害，并且受让人知道该情形的，债权人也可以请求人民法院撤销债务人的行为。《最高人民法院关于印发〈全国法院贯彻实施民法典工作会议纪要〉的通知》第9条规定，转让价格达不到交易时交易地的指导价或者市场交易价70%的，一般可以视为明显不合理的低价；对转让价格高于当地指导价或者市场交易价30%的，一般可以视为明显不合理的高价。本题中，杜某转让房屋的价格为市值的75%，尚不构成明显不合理的低价。

选项B表述错误，当选。《民法典》第215条规定："当事人之间订立有关设立、变更、转让和消灭不动产物权的合同，除法律另有规定或者当事人另有约定外，自合同成立时生效；未办理物权登记的，不影响合同效力。"此即物权变动的区分原则。本题中，当事人双方未办理过户手续，只会影响到房屋所有权的变动，不影响买卖合同的效力。

选项C表述正确，不当选。《民法典》第154条规定："行为人与相对人恶意串通，损害他人合法权益的民事法律行为无效。"由此可知，双方恶意串通，损害国家、集体或者第三人利益的合同无效，双方恶意串通损害他人利益是合同无效情形之一。

选项D表述错误，当选。D项的表述错误比较明显，债权的核心是请求权，其行使尚需债务人的配合，因此不能像物权等支配权那样行使。

4. 甲公司对乙公司享有5万元债权，乙公司对丙公司享有10万元债权。如甲公司对丙公司提起代位权诉讼，则针对甲公司，丙公司的下列哪些主张具有法律依据？（2012/3/59）[2]

    A. 有权主张乙公司对甲公司的抗辩

    B. 有权主张丙公司对乙公司的抗辩

    C. 有权主张代位权行使中对甲公司的抗辩

    D. 有权要求法院追加乙公司为共同被告

---

[1] ABD [2] ABC

【答案解析】 在代位权诉讼中，次债务人对债务人的抗辩，可以向债权人主张。债务人在代位权诉讼中对债权人的债权提出异议，经审查异议成立的，法院应当裁定驳回债权人的起诉。这就意味着，在代位权诉讼中，次债务人得向债权人主张债务人对债权人的抗辩，也可以向债权人主张次债务人对债务人的抗辩。故 A、B 项均正确，当选。

在代位权诉讼中，作为诉讼关系中的直接当事人，次债务人对债权人自然也能主张抗辩，比如行使代位权的数额超出主债权的数额等。故 C 项正确，当选。

债权人以次债务人为被告向法院提起代位权诉讼，未将债务人列为第三人的，法院可以追加债务人为第三人。因此，在本题中丙有权请求追加乙公司为第三人，而不是共同被告。故 D 项错误，不当选。

综上所述，本题的正确答案为 ABC。

5. 甲公司在 2011 年 6 月 1 日欠乙公司货款 500 万元，届期无力清偿。2010 年 12 月 1 日，甲公司向丙公司赠送一套价值 50 万元的机器设备。2011 年 3 月 1 日，甲公司向丁基金会捐赠 50 万元现金。2011 年 12 月 1 日，甲公司向戊希望学校捐赠价值 100 万元的电脑。甲公司的 3 项赠与行为均尚未履行。下列哪一选项是正确的？(2012/3/15)[1]

A. 乙公司有权撤销甲公司对丙公司的赠与

B. 乙公司有权撤销甲公司对丁基金会的捐赠

C. 乙公司有权撤销甲公司对戊学校的捐赠

D. 甲公司有权撤销对戊学校的捐赠

【考点】 债权人撤销权

【答案解析】 选项 A、B 错误。根据《民法典》第 538 条，债权人撤销权的构成要件有三：(1) 债权人对债务的债权合法、有效；(2) 债务人对债权人负担债务之后实施了有效法律行为（须为财产行为，不能是身份行为），且该法律行为损害到债权人的债权；(3) 若债务人实施的法律行为系有偿行为，需要债务人与受益人（或者受让人）对债权人遭受的损害具有恶意。债权人撤销权的功能在于恢复债务人的一般责任财产，而不在于增加债务人的责任财产。所以，债权人有权（依照债权人撤销权）撤销债务人的处分行为，须在债务人对债权人负担债务之后而不能在债务人对债权人负担债务之前行使。A 项中，甲公司对丙公司赠与价值 50 万元机器设备的行为发生在甲对乙负担债务之前，乙公司无权撤销。同理，B 项中，甲公司对丁基金会的捐赠行为也发生在甲对乙负担债务之前，乙公司无权撤销。

选项 C 正确，D 错误。《民法典》第 658 条规定："赠与人在赠与财产的权利转移之前可以撤销赠与。经过公证的赠与合同或者依法不得撤销的具有救灾、扶贫、助残等公益、道德义务性质的赠与合同，不适用前款规定。"甲公司向戊希望小学的赠与属于具有社会公益性质的赠与合同，赠与人甲公司不享有任意撤销权。虽赠与人甲不享有任意撤销权，但甲公司向戊希望小学的赠与行为损害到乙的债权，并符合债权人撤销权的构成要件，故乙公司有权行使债权人撤销权，撤销甲公司向戊希望小学的赠与合同。

6. 甲公司对乙公司享有 10 万元债权，乙公司对丙公司享有 20 万元债权。甲公司将其债权转让给丁公司并通知了乙公司，丙公司未经乙公司同意，将其债务转移给戊公司。如丁公司对戊公司提起代位权诉讼，戊公司下列哪一抗辩理由能够成立？(2011/3/12)[2]

A. 甲公司转让债权未获乙公司同意

---

[1] C [2] B

B. 丙公司转移债务未经乙公司同意

C. 乙公司已经要求戊公司偿还债务

D. 乙公司、丙公司之间的债务纠纷有仲裁条款约束

【考点】债权转让；债务承担；代位权

【答案解析】A项中的关键词为"未获"和"同意"。债权人转让债权的，应当通知债务人。未经通知，该转让对债务人不发生效力。本题中，甲公司将其债权转让给丁公司"通知了"（该关键词表明已经产生外部效力）乙公司，无须获得乙公司的同意。故A项的抗辩理由不能够成立。故A项错误，不当选。

B项中的关键词为"未经"和"同意"。债务人将债务的全部或者部分转移给第三人的，应当经债权人同意。本题中，丙公司（债务人）将自己对乙公司（债权人）的全部债务转让给戊公司需要得到乙公司（债权人）的同意，否则该转让无效，丙公司仍然为债务人，丁公司不能直接向戊公司行使代位权。故B项的抗辩理由是能够成立的。故B项正确，当选。

C项中的关键词为"已经要求"。如乙公司（债权人）已经要求戊公司偿还债务，则乙公司（债权人）以"行为方式"（要求偿还债务）表明其同意债务转移，戊公司成为债务人，丁公司当然可以向其主张代位权。因此，C项的抗辩理由不能够成立。故C项错误，不当选。

D项中的关键词为"仲裁条款"。基于仲裁条款的相对性原理，乙公司、丙公司之间的仲裁条款仅约束乙公司和丙公司，并非丁公司行使代位权的阻却事由。因此，D项中的抗辩理由亦不能够成立。故D项错误，不当选。

综上所述，本题的正确答案为B。

7. 甲公司与乙公司签订10万元建材买卖合同后，乙交付建材，甲公司未付建材款。甲公司将该建材用于丙公司办公楼装修，丙公司需向甲公司支付15万元装修款，其中5万元已经支付完毕。丙公司给乙公司出具《担保函》："本公司同意以欠甲公司的10万元装修款担保甲公司欠乙公司的10万元建材款。"乙公司对此并无异议。后来，甲公司对乙公司的债务、丙公司对甲公司的债务均届期未偿，且甲公司怠于向丙公司主张债权。下列哪些表述是正确的？(2011/3/59)[1]

A. 乙公司对丙公司享有应收账款质权

B. 丙公司应对乙公司承担保证责任

C. 乙公司可以对丙公司提起代位权诉讼

D. 乙公司可以要求并存债务承担人丙公司清偿债务

【考点】保证合同的成立；代位权

【答案解析】选项A错误。《民法典》第445条规定："以应收账款出质的，质权自办理出质登记时设立。应收账款出质后，不得转让，但是经出质人与质权人协商同意的除外。出质人转让应收账款所得的价款，应当向质权人提前清偿债务或者提存。"据此，应收账款质权，指出质人以自己对他人享有的应收账款债权为客体设立的质权。应收账款质权自办理出质登记时设立。出质人只能以自己享有的债权设立质权，而不能以自己负担的债务设立质权。本题中，丙公司并未将自己对他人的应收账款债权为乙公司设立质权，故乙公司对丙公司不享有应收账款质权。同时，丙系以保证人身份担保甲对乙的付款义务，但约定了保证范围（丙的保证责任以10万元为限），这与应收账款质权显有不同，系属二事。

选项B正确。第三人单方以书面形式向债权人出具担保书，债权人接受且未提出异议的，

---

[1] BC

保证合同成立。本题中，丙公司单方面向乙公司出具担保函，乙公司接受且未提出异议，应认定丙、乙间的保证合同成立。

选项 C 正确。代位权的成立要件有四：（1）债权人对债务人的债权合法、有效（未过诉讼时效）、到期；（2）债务人对次债务人的金钱债权合法、有效、到期；（3）债务人怠于行使对次债务人的金钱债权，并因此损害债权人的债权；（4）债务人对次债务人的债权不具有专属性。本题中，除了丙是乙的保证人（保证范围为 10 万元）这一关系外，乙公司为债权人，甲公司为债务人，丙公司为次债务人（债务人甲公司的债务人），且三者之间的法律关系符合代位权的构成要件，故乙公司可对丙公司提起代位权之诉。

选项 D 错误。所谓并存的债务承担，指债务人以外的第三人加入债的关系，与债务人就债务的清偿承担连带责任，原债务人并不退出债务关系。本题中，不存在丙公司加入甲、乙间的债务关系，故甲对乙的债务与甲承担连带清偿责任的约定，不能成立并存的债务承担。

考点七　合同的变更与转让

1. 甲公司为乙公司向银行贷款 100 万元提供保证，乙公司将其基于与丙公司签订的供货合同而对丙公司享有的 100 万元债权出质给甲公司作反担保。下列哪一表述是正确的？（2013/3/7）[1]

A. 如乙公司依约向银行清偿了贷款，甲公司的债权质权仍未消灭

B. 如甲公司、乙公司将出质债权转让给丁公司但未通知丙公司，则丁公司可向丙公司主张该债权

C. 甲公司在设立债权质权时可与乙公司约定，如乙公司届期不清偿银行贷款，则出质债权归甲公司所有

D. 如乙公司将债权出质的事实通知了丙公司，则丙公司可向甲公司主张其基于供货合同而对乙公司享有的抗辩

【考点】债权质权；担保物权的从属性；流质条款

【答案解析】选项 A 错误。根据《民法典》第 393 条，主债权消灭时，担保物权随之消灭。乙公司将其基于与丙公司签订的供货合同而对丙公司享有的 100 万元债权出质给甲公司作反担保，该质押所担保的债是甲公司对银行的保证之债。同时，甲公司向银行提供的保证所担保的债是乙公司欠银行的贷款，若乙公司依约向银行清偿了贷款，则甲的保证债务全部消灭，甲所享有的权利质权也随之消灭。

选项 B 错误。《民法典》第 546 条第 1 款规定："债权人转让债权，未通知债务人的，该转让对债务人不发生效力。"据此，即使经过甲的同意，乙可将对丙的债权转让给丁，但因未通知债务人丙，故该债权转让对债务人丙不发生效力，丁无权请求丙对自己履行。

选项 C 错误。《民法典》第 428 条规定："质权人在债务履行期届满前，与出质人约定债务人不履行到期债务时质押财产归债权人所有的，只能依法就质押财产优先受偿。"

选项 D 正确。《民法典》第 548 条规定："债务人接到债权转让的通知后，债务人对让与人的抗辩，可以向受让人主张。"因此，若乙公司将债权出质的事实通知了丙公司，丙公司可向甲公司主张其基于供货合同而对乙公司享有的抗辩。

---

[1]　D

2. 债的法定移转指依法使债权债务由原债权债务人转移给新的债权债务人。下列哪些项属于债的法定移转的情形？（2013/3/59）[1]

A. 保险人对第三人的代位求偿权

B. 企业发生合并或者分立时对原债权债务的承担

C. 继承人在继承遗产范围内对被继承人生前债务的清偿

D. 根据买卖不破租赁规则，租赁物的受让人对原租赁合同的承受

【考点】债的法定移转

【答案解析】选项 A 正确。《保险法》第 60 条规定："因第三者对保险标的的损害而造成保险事故的，保险人自向被保险人赔偿保险金之日起，在赔偿金额范围内代位行使被保险人对第三者请求赔偿的权利。前款规定的保险事故发生后，被保险人已经从第三者取得损害赔偿的，保险人赔偿保险金时，可以相应扣减被保险人从第三者已取得的赔偿金额。保险人依照本条第 1 款规定行使代位请求赔偿的权利，不影响被保险人就未取得赔偿的部分向第三者请求赔偿的权利。"由此可知，保险人自向被保险人赔偿保险金之日起，被保险人对第三人的请求权法定移转给保险人，保险人在赔偿金额范围内可以代位行使被保险人对第三人请求赔偿的权利。

选项 B 正确。《民法典》第 67 条规定："法人合并的，其权利和义务由合并后的法人享有和承担。法人分立的，其权利和义务由分立后的法人享有连带债权，承担连带债务，但是债权人和债务人另有约定的除外。"企业发生合并或者分立时，合并或分立之前的债权债务转移给合并或分立后的企业，属于法定债权债务转移的情形。

选项 C 正确。《民法典》第 1163 条规定："既有法定继承又有遗嘱继承、遗赠的，由法定继承人清偿被继承人依法应当缴纳的税款和债务；超过法定继承遗产实际价值部分，由遗嘱继承人和受遗赠人按比例以所得遗产清偿。"因此，继承人必须在遗产范围内清偿被继承人生前的债务后才享有遗产的继承权。换句话说，被继承人生前的债务在遗产范围内法定移转给了继承人。

选项 D 正确。《民法典》第 725 条规定："租赁物在承租人按照租赁合同占有期限内发生所有权变动的，不影响租赁合同的效力。"这是关于买卖不破租赁的规定，租赁物的受让人承担了原出租人对承租人的债权和债务，属于债权债务法定移转的情形。

3. 甲将其对乙享有的 10 万元货款债权转让给丙，丙再转让给丁，乙均不知情。乙将债务转让给戊，得到了甲的同意。丁要求乙履行债务，乙以其不知情为由抗辩。下列哪一表述是正确的？（2012/3/13）[2]

A. 甲将债权转让给丙的行为无效

B. 丙将债权转让给丁的行为无效

C. 乙将债务转让给戊的行为无效

D. 如乙清偿 10 万元债务，则享有对戊的求偿权

【考点】债的转让

【答案解析】选项 A、B 错误。《民法典》第 546 条第 1 款规定："债权人转让债权，未通知债务人的，该转让对债务人不发生效力。"通知义务人为债权人，而非受让人或者再次受让人。因此，甲将债权转让给丙，丙将债权转让给丁，甲丙均未通知乙，故该两项转让对乙不发生效力。但是债权让与协议不因此无效。

---

[1] ABCD　[2] D

选项 C 错误。既然债权两次转让都没有通知债务人乙，债权转让对乙不发生效力，对于乙而言，甲仍然是债权人，在乙将债务转让给戊取得甲同意的情况下，该债务承担有效，而且还是免责的债务承担。

选项 D 正确。乙既已退出，若乙清偿 10 万元债务，构成代为清偿。乙和戊之间无委托合同也无其他履行上的利害关系，乙可依无因管理或不当得利的规定求偿。

考点八　合同的终止

1. 2016 年 8 月 8 日，玄武公司向朱雀公司订购了一辆小型客用汽车。2016 年 8 月 28 日，玄武公司按照当地政策取得本市小客车更新指标，有效期至 2017 年 2 月 28 日。2016 年底，朱雀公司依约向玄武公司交付了该小客车，但未同时交付机动车销售统一发票、合格证等有关单证资料，致使玄武公司无法办理车辆所有权登记和牌照。关于上述购车行为，下列哪些说法是正确的？（2017/3/57）[1]

A. 玄武公司已取得该小客车的所有权

B. 玄武公司有权要求朱雀公司交付有关单证资料

C. 如朱雀公司一直拒绝交付有关单证资料，玄武公司可主张购车合同解除

D. 朱雀公司未交付有关单证资料，属于从给付义务的违反，玄武公司可主张违约责任，但不得主张合同解除

【考点】合同的解除

【答案解析】特殊动产买卖、合同的解除。《民法典》第 224 条规定："动产物权的设立和转让，自交付时发生效力，但是法律另有规定的除外"；第 225 条规定："船舶、航空器和机动车等物权的设立、变更、转让和消灭，未经登记，不得对抗善意第三人。"据此，机动车买卖中，交付可以转移所有权，登记的目的是用于对抗善意第三人。本题中，朱雀公司依约向玄武公司交付了该小客车，所有权即发生转移，A 正确。

朱雀公司未同时交付机动车销售统一发票、合格证等有关单证资料，构成违约，玄武公司有权要求朱雀公司交付有关单证资料，B 正确。

根据《民法典》第 563 条，当事人一方迟延履行债务或者有其他违约行为致使不能实现合同目的，当事人可以解除合同。本题中，命题者特别强调因朱雀公司"未同时交付机动车销售统一发票、合格证等有关单证资料，致使玄武公司无法办理车辆所有权登记和牌照"，因此，玄武公司虽然取得了小客车的所有权，但因无法办理登记，也不能获取牌照，其合同目的不能实现，故其有权主张解除合同，C 正确，D 错误。需要注意的是，一般情况下交付有关单证资料确属于从给付义务，不会影响合同目的的实现，但本题比较特殊，题干中已明确表明了从给付义务的履行与否直接影响到合同目的的实现。

2. 冯某与丹桂公司订立商品房买卖合同，购买了该公司开发的住宅楼中的一套住房。合同订立后，冯某发现该房屋存在问题，要求解除合同。就冯某提出的解除合同的理由，下列哪些选项是正确的？（2017/3/59）[2]

A. 房屋套内建筑面积与合同约定面积误差比绝对值超过 5% 的

B. 商品房买卖合同订立后，丹桂公司未告知冯某又将该住宅楼整体抵押给第三人的

---

[1]　ABC　[2]　ABC

C. 房屋交付使用后，房屋主体结构质量经核验确属不合格的

D. 房屋存在质量问题，在保修期内丹桂公司拒绝修复的

【考点】合同的解除

【答案解析】出卖人交付使用的房屋套内建筑面积或建筑面积与商品房买卖合同约定面积不符，合同有约定的，按照约定处理；合同没有约定或约定不明确的，按照以下原则处理：面积误差比绝对值超出 3%，买受人请求解除合同、返还已付购房款及利息的，应予支持。A 项中，房屋套内建筑面积与合同约定面积误差比绝对值超过 5% 的，冯某可以要求解除合同，故 A 项正确，当选。

商品房买卖合同订立后，出卖人未告知买受人又将该房屋抵押给第三人，导致商品房买卖合同目的不能实现的，无法取得房屋的买受人可以请求解除合同、返还已付购房款及利息、赔偿损失，并可以请求出卖人承担不超过已付购房款一倍的赔偿责任。B 项中，商品房买卖合同订立后，丹桂公司未告知冯某又将该住宅楼整体抵押给第三人的，冯某可以要求解除合同。故 C 项正确，当选。

因房屋主体结构质量不合格不能交付使用，或房屋交付使用后，房屋主体结构质量经核验确属不合格，买受人请求解除合同和赔偿损失的，应予支持。B 项中，房屋交付使用后，房屋主体结构质量经核验确属不合格的，买受人冯某可以要求解除合同，但如仅存在质量问题，在保修期内丹桂公司拒绝修复的，冯某可以追究丹桂公司的违约责任，但不可以解除合同。故 B 项正确，当选；D 项错误，不当选。

综上所述，本题的正确答案为 ABC。

3. 甲公司向乙公司购买小轿车，约定 7 月 1 日预付 10 万元，10 月 1 日预付 20 万元，12 月 1 日乙公司交车时付清尾款。甲公司按时预付第一笔款。乙公司于 9 月 30 日发函称因原材料价格上涨，需提高小轿车价格。甲公司于 10 月 1 日拒绝，等待乙公司答复未果后于 10 月 3 日向乙公司汇去 20 万元。乙公司当即拒收，并称甲公司迟延付款构成违约，要求解除合同，甲公司则要求乙公司继续履行。下列哪一表述是正确的？(2014/3/12)[1]

A. 甲公司不构成违约　　　　　　　B. 乙公司有权解除合同

C. 乙公司可行使先履行抗辩权　　　D. 乙公司可要求提高合同价格

【考点】解除合同的条件；先履行抗辩权；不安抗辩权

【答案解析】选项 A 正确。《民法典》第 527 条规定，应当先履行债务的当事人，有确切证据证明对方有下列情形之一的，可以中止履行：（1）经营状况严重恶化；（2）转移财产、抽逃资金，以逃避债务；（3）丧失商业信誉；（4）有丧失或者可能丧失履行债务能力的其他情形。当事人没有确切证据中止履行的，应当承担违约责任。本题中，根据合同约定，甲公司负有先付款义务，然而，乙公司无故提高汽车价格，属于"丧失商业信誉"的情形，故甲公司可以行使不安抗辩权，中止付款义务的履行。因此，甲公司迟延付款不构成违约。

选项 B 错误。《民法典》第 563 条第 1 款规定，有下列情形之一的，当事人可以解除合同：（1）因不可抗力致使不能实现合同目的；（2）在履行期限届满之前，当事人一方明确表示或者以自己的行为表明不履行主要债务；（3）当事人一方迟延履行主要债务，经催告后在合理期限内仍未履行；（4）当事人一方迟延履行债务或者有其他违约行为致使不能实现合同目的；（5）法律规定的其他情形。本题中，既然甲公司不构成违约，乙公司自无单方解除合同的权利。

————————————

[1] A

选项 C 错误。《民法典》第 526 条规定，当事人互负债务，有先后履行顺序，先履行一方未履行的，后履行一方有权拒绝其履行要求。先履行一方履行债务不符合约定的，后履行一方有权拒绝其相应的履行要求。本题中甲公司的迟延付款是由于乙公司的原因造成的，乙公司不享有先履行抗辩权。

选项 D 错误。提高合同价格，实际上是变更合同。本题中乙公司均不具备这些条件，因此 D 项错误。

4. 乙在甲提存机构办好提存手续并通知债权人丙后，将 2 台专业相机、2 台天文望远镜交甲提存。后乙另行向丙履行了提存之债，要求取回提存物。但甲机构工作人员在检修自来水管道时因操作不当引起大水，致乙交存的物品严重毁损。下列哪一选项是错误的？（2012/3/14）[1]

A. 甲机构构成违约行为　　　　　　　　　B. 甲机构应承担赔偿责任
C. 乙有权主张赔偿财产损失　　　　　　　D. 丙有权主张赔偿财产损失

【考点】提存

【答案解析】选项 A 和 B 表述正确，不当选。作为合同消灭事由之一的提存，是指由于债权人的原因而无法向其交付债的标的物时，债务人将该标的物交给提存部门而消灭债务的制度。《民法典》第 572 条规定："标的物提存后，债务人应当及时通知债权人或者债权人的继承人、遗产管理人、监护人、财产代管人。"标的物提存之后，提存部门有保管提存标的物的义务，提存部门应当采取适当的方法妥善保管提存标的物，以防毁损、变质或灭失。本题中，甲机构作为提存人，没有妥善保管提存标的物，构成违约，应承担赔偿责任。

选项 C 表述正确，不当选；选项 D 表述错误，当选。《民法典》第 573 条规定："标的物提存后，毁损、灭失的风险由债权人承担。提存期间，标的物的孳息归债权人所有。提存费用由债权人负担。"《民法典》第 574 条规定："债权人可以随时领取提存物，但是债权人对债务人负有到期债务的，在债权人未履行债务或者提供担保之前，提存部门根据债务人的要求应当拒绝其领取提存物。债权人领取提存物的权利，自提存之日起 5 年内不行使而消灭，提存物扣除提存费用后归国家所有。但是，债权人未履行对债务人的到期债务，或者债权人向提存部门书面表示放弃领取提存物权利的，债务人负担提存费用后有权取回提存物。"可见，在一般情况下，标的物提存之后，毁损、灭失的风险归债权人承担。但是，本题中，债务人乙另行向债权人丙履行了提存之债，故乙有权要求甲机构返还提存物。因为根据提存规则，提存人可以凭人民法院生效的判决、裁定或提存之债已经清偿的公证证明取回提存物。可见，乙有权主张赔偿财产损失，而丙无权主张赔偿财产损失。

5. 甲公司与乙公司签订并购协议："甲公司以 1 亿元收购乙公司在丙公司中 51% 的股权。若股权过户后，甲公司未支付收购款，则乙公司有权解除并购协议。"后乙公司依约履行，甲公司却分文未付。乙公司向甲公司发送一份经过公证的《通知》："鉴于你公司严重违约，建议双方终止协议，贵方向我方支付违约金；或者由贵方提出解决方案。"3 日后，乙公司又向甲公司发送《通报》："鉴于你公司严重违约，我方现终止协议，要求你方依约支付违约金。"下列哪一选项是正确的？（2011/3/13）[2]

A. 《通知》送达后，并购协议解除
B. 《通报》送达后，并购协议解除
C. 甲公司对乙公司解除并购协议的权利不得提出异议

<hr>

[1] D　[2] B

D. 乙公司不能既要求终止协议，又要求甲公司支付违约金

【考点】 约定解除权；解除权的行使；合同解除与违约金责任的承担

【答案解析】 选项 A 错误，B 正确。合同的解除分为协议解除、约定解除和法定解除。《民法典》第 562 条第 2 款规定："当事人可以约定一方解除合同的事由。解除合同的事由发生时，解除权人可以解除合同。"这是关于约定解除权的规定。约定解除，指合同当事人约定一方或者双方享有解除权的条件，条件成就时，一方或者双方享有解除权。本题中，按照甲、乙的约定，约定解除权的条件已经成就，乙享有约定解除权。根据《民法典》第 565 条规定，当事人一方依法主张解除合同的，应当通知对方。合同自通知到达对方时解除。据此，法定解除权或者约定解除权成立后，合同并不当然解除。解除权人尚须作出解除的行为（发出书面或口头的解除通知），自解除通知到达对方当事人时，合同才被解除。本题中，《通知》并非解除的通知；《通报》才是解除的通知。合同自《通报》到达甲公司时才解除。

选项 C 错误。根据《民法典》第 565 条，一方行使法定解除权或者约定解除权时，对方有权提出异议，但必须在异议期间内提出异议。合同解除或者债务抵销虽有异议，但在约定的异议期限届满后才提出异议并向人民法院起诉的，人民法院不予支持；当事人没有约定异议期间，在解除合同或者债务抵销通知到达之日起 3 个月以后才向人民法院起诉的，人民法院不予支持。可见，合同当事人行使解除权时，对方有权提出异议。

选项 D 错误。根据《民法典》第 566 条的规定："合同因违约解除的，解除权人可以请求违约方承担违约责任，但是当事人另有约定的除外。"法理基础在于，虽然合同解除将导致合同权利、义务终止，但违约金条款属于《民法典》第 567 条规定的清理和结算条款，合同的解除不影响违约金条款的效力。一句话，合同因违约被解除后，不影响违约责任的承担。

考点九　违约责任

1. 甲与乙公司订立美容服务协议，约定服务期为半年，服务费预收后逐次扣减，乙公司提供的协议格式条款中载明"如甲单方放弃服务，余款不退"（并注明该条款不得更改）。协议订立后，甲依约支付 5 万元服务费。在接受服务 1 个月并发生费用 8000 元后，甲感觉美容效果不明显，单方放弃服务并要求退款，乙公司不同意。甲起诉乙公司要求返还余款。下列哪一选项是正确的？（2017/3/11）[1]

A. 美容服务协议无效

B. "如甲单方放弃服务，余款不退"的条款无效

C. 甲单方放弃服务无须承担违约责任

D. 甲单方放弃服务应承担继续履行的违约责任

【考点】 违约责任

【答案解析】 本题考查格式条款及违约责任。根据《民法典》第 497 条，提供格式条款一方不合理地免除或者减轻其责任、加重对方责任、限制对方主要权利的，该条款无效。本题中，乙公司提供的格式条款内容为"如甲单方放弃服务，余款不退"，该条款是在排除甲的权利，故该条款应为无效，B 正确。

A 项的错误之处在于，双方的协议中仅有这一格式条款无效，而其他条款是有效的，故不

能直接将该协议认定为无效。

甲在签订合同后，单方放弃服务，属于违约行为，应承担违约责任，C错误。

《民法典》第580条第1款规定："当事人一方不履行非金钱债务或者履行非金钱债务不符合约定的，对方可以请求履行，但是有下列情形之一的除外：（1）法律上或者事实上不能履行；（2）债务的标的不适于强制履行或者履行费用过高；（3）债权人在合理期限内未要求履行。"所谓债务标的不适于强制履行，一般认为是指与劳务有关的债务，故甲单方放弃服务，不适用继续履行的违约责任，即不得强制其接受服务，故D错误。

2. 德凯公司拟为新三板上市造势，在无真实交易意图的情况下，短期内以业务合作为由邀请多家公司来其主要办公地点洽谈。其中，真诚公司安排授权代表往返十余次，每次都准备了详尽可操作的合作方案，德凯公司佯装感兴趣并屡次表达将签署合同的意愿，但均在最后一刻推脱拒签。期间，德凯公司还将知悉的真诚公司的部分商业秘密不当泄露。对此，下列哪一说法是正确的？（2017/3/12）[1]

A. 未缔结合同，则德凯公司就磋商事宜无需承担责任

B. 虽未缔结合同，但德凯公司构成恶意磋商，应赔偿损失

C. 未缔结合同，则商业秘密属于真诚公司自愿披露，不应禁止外泄

D. 德凯公司也付出了大量的工作成本，如被对方主张赔偿，则据此可主张抵销

【考点】缔约过失责任

【答案解析】本题考查缔约过失责任。《民法典》第500条规定："当事人在订立合同过程中有下列情形之一，造成对方造成损失的，应当承担损害赔偿责任：（1）假借订立合同，恶意进行磋商；（2）故意隐瞒与订立合同有关的重要事实或者提供虚假情况；（3）有其他违背诚信原则的行为。"本题中，德凯公司是在无真实交易意图的情况下而邀请多家公司来其主要办公地点洽谈，构成恶意磋商，故B正确，A错误。

《民法典》第501条规定："当事人在订立合同过程中知悉的商业秘密或者其他应当保密的信息，无论合同是否成立，不得泄露或者不正当地使用；泄露、不正当地使用该商业秘密或者信息造成对方损失的，应当承担赔偿责任。"据此，德凯公司还将知悉的真诚公司的部分商业秘密不当泄露，也应承担缔约过失责任，C错误。

《民法典》第568条规定，当事人互负债务，该债务的标的物种类、品质相同的，任何一方可以将自己的债务与对方的到期债务抵销；但是，根据债务性质、按照当事人约定或者依照法律规定不得抵销的除外。当事人主张抵销的，应当通知对方。通知自到达对方时生效。抵销不得附条件或者附期限。虽然德凯公司在实施恶意磋商时也付出了成本，但真诚公司并不因此对德凯公司负担相应的义务或责任（比如侵权责任、不当得利或者缔约过失责任等），不符合"双方互负义务"这一抵销的必要条件。因此，若真诚公司对德凯公司主张缔约过失，德凯公司不得主张抵销自己因磋商支出的成本。故D选项错误。

3. 甲、乙两公司约定：甲公司向乙公司支付5万元研发费用，乙公司完成某专用设备的研发生产后双方订立买卖合同，将该设备出售给甲公司，价格暂定为100万元，具体条款另行商定。乙公司完成研发生产后，却将该设备以120万元卖给丙公司，甲公司得知后提出异议。下列哪一选项是正确的？（2017/3/13）[2]

A. 甲、乙两公司之间的协议系承揽合同

B. 甲、乙两公司之间的协议系附条件的买卖合同

---

[1] B [2] D

C. 乙、丙两公司之间的买卖合同无效

D. 甲公司可请求乙公司承担违约责任

【考点】 违约责任

【答案解析】 本题考查违约责任、合同的认定以及附条件民事法律行为的理解。《民法典》第595条规定："买卖合同是出卖人转移标的物的所有权于买受人，买受人支付价款的合同。"《民法典》第770条第1款规定："承揽合同是承揽人按照定作人的要求完成工作，交付工作成果，定作人支付报酬的合同。"本题中，甲公司与乙公司约定：甲公司先向乙公司支付5万元研发费用，乙公司完成某专用设备的研发生产后双方订立买卖合同，将该设备出售给甲公司，价格暂定为100万元，具体条款另行商定。因双方并没有约定乙公司完成研发后直接交付研发设备，故不属于承揽合同。同时，双方只是约定乙公司完成某专用设备的研发生产后再订立买卖合同，而没有直接约定乙公司在完成研发后即将其所有权转移于甲公司，故也不属于买卖合同。因此，A、B两项均错误。

甲、乙公司之间的合同，以认定为预约合同最为适宜。《民法典》第495条规定："当事人约定在将来一定期限内订立合同的认购书、订购书、预订书等，构成预约合同。当事人一方不履行预约合同约定的订立合同义务的，对方可以请求其承担预约合同的违约责任。"本题中双方的约定，可理解为属于一种预订书，属于预约合同的表现形式。因乙公司完成研发生产后将该设备以120万元卖给丙公司，从而无法与甲再订立买卖合同，故甲可向其主张违约责任，D正确。

至于乙公司与丙公司之间的买卖合同，当然是有效的，C明显错误。

4. 甲乙签订一份买卖合同，约定违约方应向对方支付18万元违约金。后甲违约，给乙造成损失15万元。下列哪一表述是正确的？（2013/3/14）[1]

A. 甲应向乙支付违约金18万元，不再支付其他费用或者赔偿损失

B. 甲应向乙赔偿损失15万元，不再支付其他费用或者赔偿损失

C. 甲应向乙赔偿损失15万元并支付违约金18万元，共计33万元

D. 甲应向乙赔偿损失15万元及其利息

【考点】 赔偿性违约金与损害赔偿的关系；违约金数额的调整

【答案解析】 选项C错误。违约金分为惩罚性违约金和赔偿性违约金两种。惩罚性违约金，指法律规定或者合同债务人与债权人约定，债务人违约后，债务人除须支付违约金外，债务人负有的其他违约责任不受影响，债权人仍可请求债务人实际履行或者损害赔偿。因而惩罚性违约金可与损害赔偿并存适用。赔偿性违约金，是当事人预先估计的损害赔偿数额。此种违约金具有替代实际履行与损害赔偿的功能，债务人违约后，债权人只能请求债务人支付违约金，不得同时请求实际履行或损害赔偿（即赔偿性违约金与损害赔偿不能并用）。当事人依照合同编规定，请求人民法院增加违约金的，增加后的违约金不超过实际损失额为限。增加违约金后，当事人又请求对方赔偿损失的，人民法院不予支持。由此可知，在合同法上，违约金原则上应为赔偿性违约金，与损害赔偿不能并用。

选项A正确，B、D错误。《民法典》第585条第2款规定："……约定的违约金过分高于造成的损失的，人民法院或者仲裁机构可以根据当事人的请求予以适当减少。"另根据《全国法院贯彻实施民法典工作会议纪要》第11条第2款、第3款规定，（1）当事人请求增加违约金的，增加后的违约金数额以不超过损失为限；（2）当事人请求减少违约金的，约定的违约

---

[1] A

金超过损失的30%的，一般可以认定为"过分高于造成的损失"。本题中，因违约造成的实际损失为15万元，约定的违约金是18万元，违约金高于损失3万元，并未达到15万元的30%，不属于"过分高于"实际损失，因而甲无权要求调整。在赔偿乙实际损失15万元后，还应赔偿乙违约金与实际损失之间的差额3万元。此外，由于违约金和实际损失不能并存适用，甲向乙支付违约金18万元后，无需再向乙支付其他费用或赔偿损失。

5. 甲公司未取得商铺预售许可证，便与李某签订了《商铺认购书》，约定李某支付认购金即可取得商铺优先认购权，商铺正式认购时甲公司应优先通知李某选购。双方还约定了认购面积和房价，但对楼号、房型未作约定。李某依约支付了认购金。甲公司取得预售许可后，未通知李某前来认购，将商铺售罄。关于《商铺认购书》，下列哪一表述是正确的？（2012/3/10）[1]

A. 无效，因甲公司未取得预售许可证即对外销售

B. 不成立，因合同内容不完整

C. 甲公司未履行通知义务，构成根本违约

D. 甲公司须承担继续履行的违约责任

【考点】商品房买卖合同；根本违约；实际履行

【答案解析】选项A错误。《商品房买卖合同解释》第2条规定："出卖人未取得商品房预售许可证明，与买受人订立的商品房预售合同，应当认定无效，但是在起诉前取得商品房预售许可证明的，可以认定有效。"本题中，甲公司事后取得了预售许可证，享有了对商铺的处分权，则甲公司与李某之间签订的协议应当有效。

选项B错误。《商品房买卖合同解释》第5条规定："商品房的认购、订购、预订等协议具备《商品房销售管理办法》第16条规定的商品房买卖合同的主要内容，并且出卖人已经按照约定收受购房款的，该协议应当认定为商品房买卖合同。"同时，《合同法解释（二）》第1条规定："当事人对合同是否成立存在争议，人民法院能够确定当事人名称或者姓名、标的和数量的，一般应当认定合同成立。但法律另有规定或者当事人另有约定的除外。"本题中，甲公司与李某之间协议的对于商铺的认购面积和房价作出了规定，已经构成了合同的主要内容，合同成立。

选项C正确。甲公司未按约定履行通知义务，并将商铺销售一空，导致意向书中双方约定将来正式签订商铺买卖合同的目的无法实现，构成根本违约。

选项D错误。依据《民法典》第577条的规定，当事人一方不履行合同义务或者履行合同义务不符约定的，应当承担继续履行、采取补救措施或者赔偿损失等违约责任。本题中，因商铺已经卖完，李某只能要求甲公司承担补救措施或者赔偿损失等违约责任，而不能要求甲公司继续履行。

6. 甲公司与乙公司签订商品房包销合同，约定甲公司将其开发的10套房屋交由乙公司包销。甲公司将其中1套房屋卖给丙，丙向甲公司支付了首付款20万元。后因国家出台房地产调控政策，丙不具备购房资格，甲公司与丙之间的房屋买卖合同不能继续履行。下列哪些表述是正确的？（2012/3/60）[2]

A. 甲公司将房屋出卖给丙的行为属于无权处分

B. 乙公司有权请求甲公司承担违约责任

C. 丙有权请求解除合同

---

[1] C 〔2〕 BC

D. 甲公司只需将 20 万元本金返还给丙

【考点】商品房买卖合同；情势变更

【答案解析】选项 A 错误。《商品房买卖合同解释》第 16 条的规定："出卖人与包销人订立商品房包销合同，约定出卖人将其开发建设的房屋交由包销人以出卖人的名义销售的，包销期满未销售的房屋，由包销人按照合同约定的包销价格购买，但当事人另有约定的除外。"甲、乙虽然签订了商品房包销合同，甲公司仍为其开发商品房的所有权人，并且包销合同并不构成对甲房屋所有权处分权能的限制。甲将由乙包销的一套房屋出卖给丙的行为不属于无权处分。

选项 B 正确。《商品房买卖合同解释》第 17 条的规定："出卖人自行销售已经约定由包销人包销的房屋，包销人请求出卖人赔偿损失的，应予支持，但当事人另有约定的除外。"因此，乙公司有权请求甲公司承担违约责任。

选项 C 正确，D 错误。《商品房买卖合同解释》第 19 条的规定："商品房买卖合同约定，买受人以担保贷款方式付款，因当事人一方原因未能订立商品房担保贷款合同并导致商品房买卖合同不能继续履行的，对方当事人可以请求解除合同和赔偿损失。因不可归责于当事人双方的事由未能订立商品房担保贷款合同并导致商品房买卖合同不能继续履行的，当事人可以请求解除合同，出卖人应当将收受的购房款本金及利息或者定金返还买受人。"本题中，买方不具有购房资格，可类推适用本条规定，丙有权请求解除合同，且无须承担违约责任。

第二分编　典型合同

考点一　买卖合同、赠与合同、借款合同

1. 2015 年 5 月 10 日甲公司与方某签订房屋买卖合同，约定："2016 年 5 月 10 日办理房屋过户登记手续，房屋价款分 2 次付清"。2015 年 6 月 10 日，甲公司将该套房屋再次以 400 万元出卖给韩某，双方约定 2016 年 5 月 6 日交房，交房后 10 天内办理房屋过户登记手续。2016 年 5 月 10 日，甲公司未按约定与方某办理房屋过户登记手续。方某得知甲公司已于 2016 年 5 月 6 日将房屋交付韩某使用，遂产生纠纷。关于本案，下列哪一表述是错误的？（2018 年回忆版）[1]

A. 甲公司与方某签订的房屋买卖合同系分期付款买卖合同

B. 如方某举证证明甲公司与韩某构成恶意串通，则甲公司与韩某的购房合同无效

C. 2016 年 5 月 6 日后，房屋毁损、灭失的风险由韩某承担

D. 方某可以催告甲公司在 3 个月内办理房屋过户登记手续，逾期不履行的，方某可以解除合同

【答案解析】本题综合考查分期付款买卖合同、买卖合同的风险转移和合同解除权。

首先，根据《买卖合同司法解释》第 27 条的规定，《民法典》第 634 条第 1 款规定的"分期付款"，系指买受人将应付的总价款在一定期间内至少分 3 次向出卖人支付。故 A 项错误，当选。

其次，根据《商品房买卖合同司法解释》第 10 条的规定，买受人以出卖人与第三人恶意串通，另行订立商品房买卖合同并将房屋交付使用，导致其无法取得房屋为由，请求确认出卖人与第三人订立的商品房买卖合同无效的，应予支持。故 B 项正确，不当选。

再次，根据《商品房买卖合同司法解释》第 8 条第 2 款的规定，房屋毁损、灭失的风险，在交付使用前由出卖人承担，交付使用后由买受人承担；买受人接到出卖人的书面交房通知，无正当理由拒绝接收的，房屋毁损、灭失的风险自书面交房通知确定的交付使用之日起由买受人承担，但法律另有规定或者当事人另有约定的除外。故 C 项正确，不当选。

最后，根据《商品房买卖合同司法解释》第 11 条的规定，根据《民法典》第 563 条的规定，出卖人迟延交付房屋或者买受人迟延支付购房款，经催告后在三个月的合理期限内仍未履行，当事人一方请求解除合同的，应予支持，但当事人另有约定的除外。故 D 项正确，不当选。

---

[1]　A

综上所述，本题的正确答案为 A。

2. 2015 年 10 月 1 日，甲将自己的房屋以 350 万元卖给乙，双方约定 2016 年 1 月 1 日办理过户登记手续。同时，为了在办理房屋登记时避税，将实际成交价写为 150 万元。2015 年 11 月 1 日，乙将该房屋以 400 万元卖给丙，双方签订了书面房屋买卖合同，约定 2016 年 2 月 1 日办理过户登记手续。2015 年 12 月 1 日，甲乙签订的房屋买卖合同被认定为无效。关于本案，下列哪一说法是错误的？（2018 年回忆版）[1]

A. 丙以乙在缔约时对房屋没有所有权为由主张房屋买卖合同无效，法院不予支持

B. 乙丙的房屋买卖合同有效

C. 丙可以要求乙继续履行合同

D. 丙可以解除与乙的房屋买卖合同并主张损害赔偿

【答案解析】本题综合考查民事法律行为的效力、违约责任和合同解除权。

根据《民法典》第 597 条，因出卖人未取得处分权致使标的物所有权不能转移的，买受人可以解除合同并请求出卖人承担违约责任。法律、行政法规禁止或者限制转让的标的物，依照其规定。当事人一方以出卖人在缔约时对标的物没有所有权或处分权为由主张合同无效的，人民法院不予支持。故 A 项正确。不当选。本题中，乙系无权处分，合同有效。故 B 项正确，不当选。同时，根据《民法典》第五百八十条，当事人一方不履行非金钱债务或者履行非金钱债务不符合约定的，对方可以请求履行，但是有下列情形之一的除外：（1）法律上或者事实上不能履行；（2）债务的标的不适于强制履行或者履行费用过高；（3）债权人在合理期限内未请求履行。有前款规定的除外情形之一，致使不能实现合同目的的，人民法院或者仲裁机构可以根据当事人的请求终止合同权利义务关系，但是不影响违约责任的承担。本题中，甲乙的合同被认定为无效，乙不享有房屋所有权，无法继续履行，故 C 项错误，当选。最后，根据《民法典》第五百九十七条，因出卖人未取得处分权致使标的物所有权不能转移的，买受人可以解除合同并请求出卖人承担违约责任。法律、行政法规禁止或者限制转让的标的物，依照其规定。故 D 项正确，不当选。综上所述，本题的正确答案为 C。

3. 甲为出售一台挖掘机分别与乙、丙、丁、戊签订买卖合同，具体情形如下：2016 年 3 月 1 日，甲胁迫乙订立合同，约定货到付款；4 月 1 日，甲与丙签订合同，丙支付 20% 的货款；5 月 1 日，甲与丁签订合同，丁支付全部货款；6 月 1 日，甲与戊签订合同，甲将挖掘机交付给戊。上述买受人均要求实际履行合同，就履行顺序产生争议。关于履行顺序，下列哪一选项是正确的？（2016/3/12）[2]

A. 戊、丙、丁、乙　　　　　　　　B. 戊、丁、丙、乙

C. 乙、丁、丙、戊　　　　　　　　D. 丁、戊、乙、丙

【考点】动产多重买卖

【答案解析】《最高人民法院关于审理买卖合同纠纷案件适用法律问题的解释》第 6 条规定，出卖人就同一普通动产订立多重买卖合同，在买卖合同均有效的情况下，买受人均要求实际履行合同的，应当按照以下情形分别处理：（1）先行受领交付的买受人请求确认所有权已经转移的，人民法院应予支持；（2）均未受领交付，先行支付价款的买受人请求出卖人履行交付标的物等合同义务的，人民法院应予支持；（3）均未受领交付，也未支付价款，依法成立在先合同的买受人请求出卖人履行交付标的物等合同义务的，人民法院应予支持。本题的挖掘机，属于非机动车，属于普通动产。故第一步，应当看受领交付，C 选项错误、D 选项

――――――――――

[1] C　[2] A

错误。

丙、丁的顺序如何确定？"先行支付价款"，不管支付价款的多少。因此，A选项正确，B选项错误。

4. 2013年甲购买乙公司开发的商品房一套，合同约定面积为135平米。2015年交房时，住建部门的测绘报告显示，该房的实际面积为150平米。对此，下列哪一说法是正确的？（2016/3/13）[1]

    A. 房屋买卖合同存在重大误解，乙公司有权请求予以撤销
    B. 甲如在法定期限内起诉请求解除房屋买卖合同，法院应予支持
    C. 如双方同意房屋买卖合同继续履行，甲应按实际面积支付房款
    D. 如双方同意房屋买卖合同继续履行，甲仍按约定面积支付房款

【考点】商品房买卖合同

【答案解析】行为人因对行为的性质、对方当事人、标的物的品种、质量、规格和数量等的错误认识，使行为的后果与自己的意思相悖，并造成较大损失的，可以认定为重大误解。本题合同约定面积是135平米，不构成重大误解，故A选项错误。

根据《商品房买卖解释》第14条的规定，出卖人交付使用的房屋套内建筑面积或者建筑面积与商品房买卖合同约定面积不符，合同有约定的，按照约定处理；合同没有约定或者约定不明确的，按照以下原则处理：（1）面积误差比绝对值在3%以内（含3%），按照合同约定的价格据实结算，买受人请求解除合同的，不予支持；（2）面积误差比绝对值超出3%，买受人请求解除合同、返还已付购房款及利息的，应予支持。买受人同意继续履行合同，房屋实际面积大于合同约定面积的，面积误差比在3%以内（含3%）部分的房价款由买受人按照约定的价格补足，面积误差比超出3%部分的房价款由出卖人承担，所有权归买受人；房屋实际面积小于合同约定面积的，面积误差比在3%以内（含3%）部分的房价款及利息由出卖人返还买受人，面积误差比超过3%部分的房价款由出卖人双倍返还买受人。本题中面积误差比绝对值已经超过3%，买受人可以请求解除合同、返还已付购房款及利息，B选项正确，当选。

如双方同意房屋买卖合同继续履行，合理误差（即3%以内的部分）按合同价补钱；不合理误差，即超出3%的部分房屋价款由乙公司承担，故C选项错误，D选项错误。

5. 甲公司借用乙公司的一套设备，在使用过程中不慎损坏一关键部件，于是甲公司提出买下该套设备，乙公司同意出售。双方还口头约定在甲公司支付价款前，乙公司保留该套设备的所有权。不料在支付价款前，甲公司生产车间失火，造成包括该套设备在内的车间所有财物被烧毁。对此，下列哪些选项是正确的？（2016/3/57）[2]

    A. 乙公司已经履行了交付义务，风险责任应由甲公司负担
    B. 在设备被烧毁时，所有权属于乙公司，风险责任应由乙公司承担
    C. 设备虽然已经被烧毁，但甲公司仍然需要支付原定价款
    D. 双方关于该套设备所有权保留的约定应采用书面形式

【考点】买卖合同风险负担、观念交付

【答案解析】《民法典》第604条规定："标的物毁损、灭失的风险，在标的物交付之前由出卖人承担，交付之后由买受人承担，但是法律另有规定或者当事人另有约定的除外。"《民法典》第226条规定："动产物权设立和转让前，权利人已经占有该动产的，物权自民事法律行为生效时发生效力。"买卖合同的风险移转采取交付主义，本题甲公司提出买下该套设备，

---

[1] B　[2] AC

乙公司同意出售，乙公司以简易交付的方式将设备交付给甲公司，风险移转由甲公司承担，故 A 选项正确，B 选项错误。

因甲公司负担风险，故甲公司仍须支付价款，故 C 选项正确。

《民法典》第 641 条第 1 款规定："当事人可以在买卖合同中约定买受人未履行支付价款或者其他义务的，标的物的所有权属于出卖人。"并未强制保留所有权务必采取书面形式，故 D 选项错误。

6. 甲公司与小区业主吴某订立了供热合同。因吴某要出国进修半年，向甲公司申请暂停供热未果，遂拒交上一期供热费。下列哪些表述是正确的？（2014/3/60）[1]

A. 甲公司可以直接解除供热合同

B. 经催告吴某在合理期限内未交费，甲公司可以解除供热合同

C. 经催告吴某在合理期限内未交费，甲公司可以中止供热

D. 甲公司可以要求吴某承担违约责任

【考点】供用热力合同及其违约责任

【答案解析】选项 A、B 错误，C 正确。《民法典》第 654 条第 1 款规定："用电人应当按照国家有关规定和当事人的约定及时交付电费。用电人逾期不交付电费的，应当按照约定支付违约金。经催告用电人在合理期限内仍不交付电费和违约金的，供电人可以按照国家规定的程序中止供电。"第 656 条规定："供用水、供用气、供用热力合同，参照适用供用电合同的有关规定。"由此可见，本题中，在吴某未交供热费的情况下，只有在经催告吴某在合理期限内未交费，甲公司才可中止合同，而不能直接中止合同，更不能直接解除合同。

选项 D 正确。《民法典》第 577 条规定："当事人一方不履行合同义务或者履行合同义务不符约定的，应当承担继续履行、采取补救措施或者赔偿损失等违约责任。"

7. 甲有件玉器，欲转让，与乙签订合同，约好 10 日后交货付款；第二天，丙见该玉器，愿以更高的价格购买，甲遂与丙签订合同，丙当即支付了 80% 的价款，约好 3 天后交货；第三天，甲又与丁订立合同，将该玉器卖给丁，并当场交付，但丁仅支付了 30% 的价款。后乙、丙均要求甲履行合同，诉至法院。下列哪一表述是正确的？（2013/3/11）[2]

A. 应认定丁取得了玉器的所有权

B. 应支持丙要求甲交付玉器的请求

C. 应支持乙要求甲交付玉器的请求

D. 第一份合同有效，第二、三份合同均无效

【考点】多重买卖合同

【答案解析】选项 A 正确。《民法典》第 224 条规定："动产物权的设立和转让，自交付发生效力，但是法律另有规定的除外。"具体到本题，甲将玉器依据买卖合同已经交付给了丁，丁取得了玉器的所有权。

选项 B、C 错误。《最高人民法院关于审理买卖合同纠纷案件适用法律问题的解释》第 6 条规定，出卖人就同一普通动产订立多重买卖合同，在买卖合同均有效的情况下，买受人均要求实际履行合同的，应当按照以下情形分别处理：（1）先行受领交付的买受人请求确认所有权已经转移的，人民法院应予支持；（2）均未受领交付，先行支付价款的买受人请求出卖人履行交付标的物等合同义务的，人民法院应予支持；（3）均未受领交付，也未支付价款，依法成立在先合同的买受人请求出卖人履行交付标的物等合同义务的，人民法院应予支持。本题

中，既然丁已经取得了玉器所有权，乙、丙的诉求自然不能得到法院支持。

选项 D 错误。如无其他导致合同无效的情形，多重买卖合同本身都是有效的。

8. 甲乙约定卖方甲负责将所卖货物运送至买方乙指定的仓库。甲如约交货，乙验收收货，但甲未将产品合格证和原产地证明文件交给乙。乙已经支付 80% 的货款。交货当晚，因山洪暴发，乙仓库内的货物全部毁损。下列哪些表述是正确的？（2013/3/61）[1]

A. 乙应当支付剩余 20% 的货款

B. 甲未交付产品合格证与原产地证明，构成违约，但货物损失由乙承担

C. 乙有权要求解除合同，并要求甲返还已支付的 80% 货款

D. 甲有权要求乙支付剩余的 20% 货款，但应补交已经毁损的货物

【考点】风险负担；违约责任

【答案解析】选项 A 正确，D 错误。《民法典》第 604 条规定，"标的物毁损、灭失的风险，在标的物交付之前由出卖人承担，交付之后由买受人承担，但是法律另有规定或者当事人另有约定的除外。"因甲已向乙完成了货物交付，风险应由乙承担，乙应当支付剩余 20% 货款，甲也不用补交已经毁损的货物。故 A 项正确，D 项错误。

选项 B 正确。《民法典》第 599 条规定："出卖人应当按照约定或者交易习惯向买受人交付提取标的物单证以外的有关单证和资料。"《民法典》第 609 条规定："出卖人按照约定未交付有关标的物的单证和资料的，不影响标的物毁损、灭失风险的转移。"《民法典》第 611 条规定："标的物毁损、灭失的风险由买受人承担的，不影响因出卖人履行义务不符合约定，买受人请求其承担违约责任的权利。"由此可知，出卖人有交付单证和资料的义务，因此乙有权请求甲承担未交付有关单证的违约责任，但这并不影响货物的风险负担。

选项 C 错误。本题中，货物系因不可归责于甲、乙的原因毁损灭失，对于货物的毁损灭失，不属于甲的违约行为。未交付有关标的物的单证和资料虽构成违约，但并不能导致法定解除权的产生。因此，乙不享有法定解除权，不能要求解除合同。

9. 郭某意外死亡，其妻甲怀孕两个月。郭某父亲乙与甲签订协议："如把孩子顺利生下来，就送十根金条给孩子。"当日乙把八根金条交给了甲。孩子顺利出生后，甲不同意由乙抚养孩子，乙拒绝交付剩余的两根金条，并要求甲退回八根金条。下列哪些选项是正确的？（2015/3/60）[2]

A. 孩子为胎儿，不具备权利能力，故协议无效

B. 孩子已出生，故乙不得拒绝赠与

C. 八根金条已交付，故乙不得要求退回

D. 两根金条未交付，故乙有权不交付

【考点】附条件合同，赠与合同撤销

【答案解析】选项 A 错误。根据题目意思，赠与协议的当事人是乙与甲，而不是乙和孩子，因此，赠与协议有效。

选项 B 正确。《民法典》第 158 条规定："民事法律行为可以附条件，但是根据其性质不得附条件的除外。附生效条件的民事法律行为，自条件成就时生效。附解除条件的民事法律行为，自条件成就时失效。"本题中当事人所签订的是附生效条件的赠与合同。双方所约定的条件已成就，故赠与合同已生效，乙应当履行约定的赠与义务。

选项 C 正确。《民法典》第 663 条规定："受赠人有下列情形之一的，赠与人可以撤销赠

---

[1] AB　[2] BC

与：（1）严重侵害赠与人或者赠与人近亲属的合法权益；（2）对赠与人有扶养义务而不履行；（3）不履行赠与合同约定的义务。赠与人的撤销权，自知道或者应当知道撤销事由之日起一年内行使。"此即赠与人法定撤销权的规定。本题中，并不存在甲行使法定撤销权的上述情形，故乙不得要求退回已交付的八根金条。

选项 D 错误。《民法典》第 658 条规定："赠与人在赠与财产的权利转移之前可以撤销赠与。经过公证的赠与合同或者依法不得撤销的具有救灾、扶贫、助残等公益、道德义务性质的赠与合同，不适用前款规定。"本题中的赠与合同属于道德义务赠与，故不得撤销。

10. 甲公司员工魏某在公司年会抽奖活动中中奖，依据活动规则，公司资助中奖员工子女次年的教育费用，如员工离职，则资助失效。下列哪些表述是正确的？（2014/3/61）[1]

A. 甲公司与魏某成立附条件赠与

B. 甲公司与魏某成立附义务赠与

C. 如魏某次年离职，甲公司无给付义务

D. 如魏某次年未离职，甲公司在给付前可撤销资助

【考点】 附条件赠与与附义务赠与的区别；不定期租赁的法律效果

【答案解析】 选项 A 正确，B 错误。从题目的表述来看，本题中的赠与构成附条件的赠与。如果是附义务的赠与，应该表述为"公司资助中奖员工子女次年的教育费用，但员工不得离职"。

选项 C 正确。既然是附条件的赠与，由题意可见，这是一个附解除条件的赠与，员工离职，则所附解除条件生效，甲公司的给付义务也就解除了。

选项 D 错误。《民法典》第 658 条规定："赠与人在赠与财产的权利转移之前可以撤销赠与。经过公证的赠与合同或者依法不得撤销的具有救灾、扶贫、助残等公益、道德义务性质的赠与合同，不适用前款规定。"本题中，赠与财产用于"教育费用"属于公益性质的赠与，依法不得行使任意撤销权。据此，如魏某次年未离职，甲公司不可在给付前撤销资助。

考点二　保证合同

1. 根据甲公司的下列哪些《承诺（保证）函》，如乙公司未履行义务，甲公司应承担保证责任？（2015/3/57）[2]

A. 承诺："积极督促乙公司还款，努力将丙公司的损失降到最低"

B. 承诺："乙公司向丙公司还款，如乙公司无力还款，甲公司愿代为清偿"

C. 保证："乙公司实际投资与注册资金相符"。实际上乙公司实际投资与注册资金不符

D. 承诺："指定乙公司与丙公司签订保证合同"。乙公司签订了保证合同但拒不承担保证责任

【考点】 保证合同的成立

【答案解析】 选项 A、D 错误。根据《民法典》第 681 条："保证合同是为保障债权的实现，保证人和债权人约定，当债务人不履行债务或者发生当事人约定的情形时，保证人按照约定履行债务或者承担责任的合同。"可见，保证合同中，保证人需明确表达代为履行债务的意思。选项 A、D 中，甲公司均没有此种意思表示，故保证合同并未成立，甲公司无须承担保证

责任，故不当选。

选项 B 正确。根据《民法典》第 687 条："当事人在保证合同中约定，债务人不能履行债务时，由保证人承担保证责任的，为一般保证。"选项 B 中，甲公司的承诺表明甲公司对乙公司的债务承担一般保证责任。

选项 C 正确。保证人对债务人的注册资金提供保证的，债务人的实际投资与注册资金不符，或者抽逃转移注册资金的，保证人在注册资金不足或者抽逃转移注册资金的范围内承担连带保证责任。故选项 C 当选。

2. 甲公司与乙公司达成还款计划书，约定在 2012 年 7 月 30 日归还 100 万元，8 月 30 日归还 200 万元，9 月 30 日归还 300 万元。丙公司对三笔还款提供保证，未约定保证方式和保证期间。后甲公司同意乙公司将三笔还款均顺延 3 个月，丙公司对此不知情。乙公司一直未还款，甲公司仅于 2013 年 3 月 15 日要求丙公司承担保证责任。关于丙公司保证责任，下列哪一表述是正确的？（2014/3/10）[1]

　　A. 丙公司保证担保的主债权为 300 万元

　　B. 丙公司保证担保的主债权为 500 万元

　　C. 丙公司保证担保的主债权为 600 万元

　　D. 因延长还款期限未经保证人同意，丙公司不再承担保证责任

【考点】保证期间

【答案解析】《民法典》第 692 条第 2 款规定："债权人与保证人可以约定保证期间，但是约定的保证期间早于主债务履行期限或者与主债务履行期限同时届满的，视为没有约定；没有约定或者约定不明确的，保证期间为主债务履行期限届满之日起六个月。"《民法典》第 695 条第 2 款规定："债权人和债务人变更主债权债务合同履行期限，未经保证人书面同意的，保证期间不受影响。"也即债权人与债务人对主合同履行期限作了变动，未经保证人书面同意的，保证期间为原合同约定的或者法律规定的期间。根据题目所述事实，只有 9 月 30 日的 300 万元债权尚在保证期间内，据此，本题应选 A 项，其余三项皆错误。

3. 张某从甲银行分支机构乙支行借款 20 万元，李某提供保证担保。李某和甲银行又特别约定，如保证人不履行保证责任，债权人有权直接从保证人在甲银行及其支行处开立的任何账户内扣收。届期，张某、李某均未还款，甲银行直接从李某在甲银行下属的丙支行账户内扣划了 18 万元存款用于偿还张某的借款。下列哪一表述是正确的？（2014/3/15）[2]

　　A. 李某与甲银行关于直接在账户内扣划款项的约定无效

　　B. 李某无须承担保证责任

　　C. 乙支行收回 20 万元全部借款本金和利息之前，李某不得向张某追偿

　　D. 乙支行应以自己的名义向张某行使追索权

【考点】保证；银行分支机构的法律地位

【答案解析】选项 A 错误。保证人李某与甲银行之间的特别约定有利于乙支行的债权实现，又无其他导致合同无效的事由，故该约定有效。

选项 B 错误。李某不具备保证合同上的免责事由，故需要承担保证责任。

选项 C 错误。乙支行已经收回了部分款项，李某作为保证人已经承担了部分保证责任，其可以向债务人追偿。

选项 D 正确。乙支行虽然不具有法人资格，但是属于我国民诉法上可以以自己名义参加诉

---

〔1〕　A　〔2〕　D

讼的其他组织，故乙支行应以自己的名义向张某行使追索权。

4. 甲乙双方拟订的借款合同约定：甲向乙借款 11 万元，借款期限为 1 年。乙在签字之前，要求甲为借款合同提供担保。丙应甲要求同意担保，并在借款合同保证人一栏签字，保证期间为 1 年。甲将有担保签字的借款合同交给乙。乙要求从 11 万元中预先扣除 1 万元利息，同时将借款期限和保证期间均延长为 2 年。甲应允，双方签字，乙依约将 10 万元交付给甲。下列哪一表述是正确的？（2011/3/11）[1]

    A. 丙的保证期间为 1 年   B. 丙无须承担保证责任

    C. 丙应承担连带保证责任   D. 丙应对 10 万元本息承担保证责任

【考点】保证合同的成立；承诺规则

【答案解析】根据《民法典》第 681 条："保证合同是为保障债权的实现，保证人和债权人约定，当债务人不履行到期债务或者发生当事人约定的情形时，保证人履行债务或者承担责任的合同。"保证合同的当事人为保证人与债权人，保证合同自保证人与债权人就保证合同的主要条款达成一致时成立。若保证合同未成立，保证人即无须承担保证责任。保证合同是否成立，需要依照关于合同成立的规则判断。根据《民法典》第 488 条："承诺的内容应当与要约的内容一致。受要约人对要约的内容作出实质性变更的，为新要约。有关合同标的、数量、质量、价款或者报酬、履行期限、履行地点和方式、违约责任和解决争议方法等的变更，是对要约内容的实质性变更"。本题中，甲将有丙以保证人身份签字的借款合同交给乙时，乙面对的是两个生效的要约（甲借款的要约和丙提供保证的要约）。假设乙在合同上签字，则借款合同与保证合同均因乙的承诺并签名而成立。但乙的行为并非如此。一方面，乙对甲价款的要约作出实质性变更（将借款本金由 11 万元变更为 10 万元，将价款期限延长为 2 年），即乙对甲发出了新的借款要约，且甲予以承诺并签名，甲、乙 10 万元的借款合同因此成立。另一方面，乙对丙保证的要约也作出实质性变更（将保证期间延长为 2 年），即乙对丙发出了新的保证的要约，但该新的保证要约并未到达保证人丙（因为甲不是丙的代理人，甲也不是丙的受领使者，甲是乙的传达使者），丙也就未对乙作出的新的保证要约予以承诺并签名，乙、丙间的保证合同未成立，丙无须承担保证责任。故只有选项 B 是正确的，选项 A、C、D 均错误。

5. 甲公司从乙公司采购 10 袋菊花茶，约定："在乙公司交付菊花茶后，甲公司应付货款 10 万元。"丙公司提供担保函："若甲公司不依约付款，则由丙公司代为支付。"乙公司交付的菊花茶中有 2 袋经过硫磺熏蒸，无法饮用，价值 2 万元。乙公司要求甲公司付款未果，便要求丙公司付款 10 万元。下列哪些表述是正确的？（2011/3/54）[2]

    A. 如丙公司知情并向乙公司付款 10 万元，则丙公司只能向甲公司追偿 8 万元

    B. 如丙公司不知情并向乙公司付款 10 万元，则乙公司会构成不当得利

    C. 如甲公司付款债务诉讼时效已过，丙公司仍向乙公司付款 8 万元，则丙公司不得向甲公司追偿

    D. 如丙公司放弃对乙公司享有的先诉抗辩权，仍向乙公司付款 8 万元，则丙公司不得向甲公司追偿

【考点】顺序履行抗辩权；保证人的抗辩权

【答案解析】选项 A 正确。《民法典》第 526 条规定："当事人互负债务，有先后履行顺序，应当先履行债务一方未履行的，后履行一方有权拒绝其履行请求。先履行一方履行债务不符合约定的，后履行一方有权拒绝其相应的履行请求。"在甲、乙的买卖合同中，应先履行的

[1] B   [2]   ABC

乙交付的价值2万元的菊花茶不符合约定质量，若乙请求应当后履行的甲支付10万元价款，甲可行使顺序履行抗辩权，拒绝支付相应的2万元价款。即若甲对乙行使顺序履行抗辩权，甲对乙的付款义务仅有8万元。《民法典》第701条规定："保证人可以主张债务人对债权人的抗辩。债务人放弃抗辩的，保证人仍有权向债权人主张抗辩。"保证人自行履行保证责任时，其实际清偿额大于主债权范围的，保证人只能在主债权范围内对债务人行使追偿权。据此，保证人可援用债务人对债权人的抗辩权。本题中，"乙公司要求甲公司付款未果"，表明乙请求甲支付10万元货款时，甲已经对乙行使了顺序履行抗辩权，甲对乙的10万元付款义务因此缩减为8万元。与此相应，丙对乙的保证债务也由10万元缩减为8万元。此时，若乙请求丙承担10万元的保证责任，丙别无选择，必须援用甲的顺序履行抗辩权，只对8万元的债务承担保证责任。若丙不援用甲的顺序履行抗辩权，仍承担10万元的责任，超出的2万元并非保证责任的承担（因为保证债务只有8万元），丙就只能向甲追偿8万元。

选项B正确。如果丙不知甲享有并行使了顺序履行抗辩权，并对乙承担了10万元的责任，超出的2万元并非保证责任的范围，而属于"非债清偿"，构成不当得利，丙有权请求乙返还不当得利2万元。

选项C正确。《民法典》第700条规定："保证人承担保证责任后，除当事人另有约定外，有权在其承担保证责任的范围内向债务人追偿，享有债权人对债务人的权利，但是不得损害债权人的利益。"《诉讼时效规定》第18条规定："主债务诉讼时效期间届满，保证人享有主债务人的诉讼时效抗辩权。保证人未主张前述诉讼时效抗辩权，承担保证责任后向主债务人行使追偿权的，人民法院不予支持，但主债务人同意给付的情形除外。"如果主债务诉讼时效已过，保证人享有主债务人的诉讼时效抗辩权，如果保证人没有主张，则保证人在承担保证责任后不得对主债务人行使追偿权。

选项D错误。保证除了可以援用债务人对债权人的抗辩权之外，保证人对债权人可能还享有自己的抗辩权（如先诉抗辩权；保证债务诉讼时效期间经过的抗辩权）。注意的是，若丙公司为一般保证人，丙放弃对债权人乙公司享有的先诉抗辩权不会对债务人甲公司产生不利影响（此点与保证人丙放弃诉讼时效经过的抗辩并不相同），丙承担保证责任后，不丧失对债务人甲的追偿权。

6. 甲公司与乙公司约定，由甲公司向乙公司交付1吨药材，乙公司付款100万元。乙公司将药材转卖给丙公司，并约定由甲公司向丙公司交付，丙公司收货后3日内应向乙支付价款120万元。

张某以自有汽车为乙公司的债权提供抵押担保，未办理抵押登记。抵押合同约定："在丙公司不付款时，乙公司有权就出卖该汽车的价款清偿自己的债权。"李某为这笔货款出具担保函："在丙公司不付款时，由李某承担保证责任"。丙公司收到药材后未依约向乙公司支付120万元，乙公司向张某主张实现抵押权，同时要求李某承担保证责任。

张某见状，便将其汽车赠与刘某。刘某将该汽车作为出资，与钱某设立丁酒店有限责任公司，并办理完出资手续。

丁公司员工方某驾驶该车接送酒店客人时，为躲避一辆逆行摩托车，将行人赵某撞伤。方某自行决定以丁公司名义将该车放在戊公司维修，为获得维修费的八折优惠，方某以其名义在与戊公司相关的庚公司为该车购买一套全新坐垫。汽车修好后，方某将车取走交丁公司投入运营。戊公司要求丁公司支付维修费，否则对汽车行使留置权，丁公司回函请宽限一周。庚公司要求丁公司支付坐垫费，丁公司拒绝。请回答（1）～（6）题。（2011/3/86～91）

（1）关于乙公司与丙公司签订合同的效力，下列表述正确的是：[1]

A. 效力待定　　　　　　　　　　B. 为甲公司设定义务的约定无效

C. 有效　　　　　　　　　　　　D. 无效

【考点】无权处分合同；合同的相对性

【答案解析】选项 A、D 错误；选项 C 正确。因无权处分订立的买卖合同，出卖人无处分权不再对合同效力产生影响，也就是说，只要合同本身没有其他效力瑕疵，因无权处分订立的买卖合同有效，而非效力待定。本题中，乙将药材转卖给丙时，乙对药材还没有取得所有权，因而乙、丙间的买卖合同属于因无权处分订立的买卖合同，应为有效合同。

选项 B 错误。根据《民法典》第 523 条："当事人约定由第三人向债权人履行债务的，第三人不履行债务或者履行债务不符合约定的，债务人应当向债权人承担违约责任。"可见，合同当事人约定由合同以外的第三人向债权人履行债务的，违约责任的追究必须恪守合同相对性原则，即如果第三人不履行或不适当履行，由债务人（而非第三人）向债权人承担违约责任。这表明，合同当事人为第三人设定义务的，虽然对第三人不生效（除非经过其同意），但在合同当事人之间仍然是有效的，其效力表现为：债务人须对第三人的履行向债权人负责。因此，"为甲公司设定义务的约定无效"的说法过于笼统。

（2）关于乙公司要求担保人承担责任，下列表述正确的是：[2]

A. 乙公司不得向丙公司和李某一并提起诉讼

B. 李某对乙公司享有先诉抗辩权

C. 乙公司应先向张某主张实现抵押权

D. 乙公司可以选择向张某主张实现抵押权或者向李某主张保证责任

【考点】一般保证人的先诉抗辩权；混合担保

【答案解析】选项 B 正确。《民法典》第 687 条规定："当事人在保证合同中约定，债务人不能履行债务时，由保证人承担保证责任的，为一般保证。一般保证的保证人在主合同纠纷未经审判或者仲裁，并就债务人财产依法强制执行仍不能履行债务前，有权拒绝向债权人承担保证责任。"可见，一般保证中的保证人享有先诉抗辩权。本题中的保证方式为一般保证，因此，保证人李某对债权人乙公司享有先诉抗辩权。

选项 A 错误。一般保证的债权人向债务人和保证人一并提起诉讼的，人民法院可以将债务人和保证人列为共同被告参加诉讼。但是，应当在判决书中明确在对债务人财产依法强制执行后仍不能履行债务时，由保证人承担保证责任。由此可见，在一般保证中，尽管保证人享有先诉抗辩权，但不影响债权人将债务人与保证人作为共同被告一并起诉，其目的在于提高诉讼效率，以免在起诉债务人主张债权未果后，再以保证人为被告另行起诉。但即便如此，仍然应当在执行程序中对保证人的先诉抗辩权予以保障。

选项 C 错误；选项 D 正确。《民法典》第 392 条规定："被担保的债权既有物的担保又有人的担保的，债务人不履行到期债务或者发生当事人约定的实现担保物权的情形，债权人应当按照约定实现债权；没有约定或者约定不明确，债务人自己提供物的担保的，债权人应当先就该物的担保实现债权；第三人提供物的担保的，债权人可以就物的担保实现债权，也可以请求保证人承担保证责任。提供担保的第三人承担担保责任后，有权向债务人追偿。"本题，乙公司的债权有两个担保，即张某的汽车抵押和李某的保证担保，构成混合担保。而且，当事人并没有对债权人行使担保权的顺序与份额作出约定。故当债务人丙不履行到期债务时，乙公司既可以就张某的汽车行使抵押权，也可以要求李某承担保证责任。

（3）在刘某办理出资手续后，关于汽车所有权人，下列选项正确的是：[1]

A. 乙公司　　　　　B. 张某　　　　　C. 刘某　　　　　D. 丁公司

【考点】**动产抵押权的效力**

【答案解析】选项 D 正确；选项 A、B、C 错误。《民法典》第 403 条规定："以动产抵押的，抵押权自抵押合同生效时设立；未经登记，不得对抗善意第三人。"需要注意的是，此处的第三人必须是通过交易行为取得抵押物所有权的买受人。因此，本题中，汽车抵押权没有登记，在抵押期间，抵押人张某未经抵押权人乙同意，将汽车赠与给刘某，并不影响乙的优先受偿权，但所有权也已转移至刘某。刘某将汽车作为出资设立丁公司，属于出资行为，一旦完成出资，汽车所有权就归属于丁公司，成为丁公司独立的法人财产权的一部分。

（4）关于对赵某的损害应承担侵权责任的主体，下列选项正确的是：[2]

A. 方某　　　　　　　　　　　B. 钱某和刘某

C. 丁公司　　　　　　　　　　D. 摩托车主

【考点】**侵权责任的抗辩事由；紧急避险**

【答案解析】选项 D 正确；选项 A、B、C 错误。《民法典》第 182 条根据："因紧急避险造成损害的，由引起险情发生的人承担责任。如果危险是由自然原因引起的，紧急避险人不承担责任，可以给予适当补偿。紧急避险采取措施不当或者超过必要的限度，造成不应有的损害的，紧急避险人应当承担适当的民事责任。"本题中，丁公司员工方某驾驶该车接送酒店客人时，为躲避一辆逆行摩托车，将行人赵某撞伤，方某的行为构成紧急避险，且无避险不当的情形。紧急避险应由引起险情发生的摩托车主承担全部侵权责任。

（5）关于汽车维修合同，下列表述正确的是：[3]

A. 方某构成无因管理　　　　　　B. 方某构成无权代理

C. 方某构成无权处分　　　　　　D. 方某构成表见代理

【考点】**无因管理；无权处分与无权代理的区分；表见代理**

【答案解析】选项 B 正确。《民法典》第 171 条第 1 款规定："行为人没有代理权、超越代理权或者代理权终止后以被代理人名义订立的合同，未经被代理人追认，对被代理人不发生效力。"该代理行为产生的法律后果由行为人承担责任。本题中，"方某自行决定"表明，丁公司并未授予方某对外订立汽车修理合同的代理权。故方某擅自以丁公司的名义与戊公司订立的汽车维修合同构成无权代理，该汽车维修合同属于效力待定的合同。

选项 C 错误。无权处分，指对标的物无处分权的主体以自己的名义所签订的旨在发生物权变动的合同。本题当事人所签订的维修合同不属于无权处分合同，理由在于：其一，维修合同是以提供劳务为内容的合同，而非旨在发生物权变动；其二，无权处分合同必须行为人以自己名义签订的，而本题中的维修合同是方某以丁公司名义签订的。

选项 A 正确。无因管理的构成要件有三个：（1）客观上实施了管理他人事务的行为；（2）主观上具有为他人管理事务的意思；（3）管理人对于管理他人事务无法定义务或约定义务。本题中，方某自行决定以丁公司的名义将该车放在戊公司维修的行为符合正当无因管理的构成要件。需要提及的是，本题中，方某的行为同时构成无因管理和无权代理，换言之，无权代理和无因管理之间并不互相冲突。尽管该合同需经过丁公司追认才能对丁公司生效，但并不影响此处方某的行为构成无因管理。

---

[1] D　[2] D　[3] AB

选项 D 错误。根据《民法典》第 172 条，表见代理的构成要件有四：（1）行为人没有代理权；（2）存在表见事由，即客观上具有使相对人相信行为人具有代理权的事实和理由；（3）相对人主观上系善意且无过失；（4）表见事由的形成与被代理人的过失有关，或者说，被代理人的行为与权利外观的形成具有牵连性。本题中，方某的行为虽然属于无权代理，但并不存在表见事由，故不属于表见代理。

（6）关于坐垫费和维修费，下列表述正确的是：[1]

A. 方某应向庚公司支付坐垫费　　　　B. 丁公司应向庚公司支付坐垫费

C. 丁公司应向戊公司支付维修费　　　　D. 戊公司有权将汽车留置

【考点】无因管理；效力待定合同；留置权

【答案解析】选项 A 正确；选项 B 项错误。本题中，丁公司并无向庚公司支付坐垫费的义务，理由在于：其一，方某是以自己（而非丁公司）的名义签订买卖合同的，根据合同相对性原理，理应由丁某承担付款义务。其二，方某为丁公司购买座垫的行为显然违背了丁公司可推知的意思，属于不当无因管理，故不发生无因管理之债法律关系。综合上述两点，丁公司无支付坐垫费的义务，应由方某承担该付款义务。

选项 C 正确。本题中，丁公司应向戊公司支付维修费，理由如下：其一，无权代理人以被代理人的名义订立合同，被代理人已经开始履行合同义务的，视为对合同的追认。可见，无权代理合同中，被代理人既可采用明示方式，亦可采用默示方式行使追认权。本题中，当戊公司要求丁公司支付维修费时，丁公司回函请宽限 1 周，丁公司已经以推定的方式对维修合同予以了追认，该汽车维修合同已经生效。其二，假设丁公司没有追认，因方某的行为构成无因管理，方某因实施无因管理负担的债务（此时为对戊公司的缔约过失责任）最终也应由本人丁公司承担。

选项 D 错误。《民法典》第 457 条规定："留置权人对留置财产丧失占有或者留置权人接受债务人另行提供担保的，留置权消灭。"据此，留置权成立以后，若留置权人自愿将留置的动产交付给债务人的，留置权消灭；或者留置的动产被他人侵占后，留置权人未在侵占之日起 1 年内回复占有的，留置权消灭。本题中，戊公司原本可以对汽车行使留置权，但题目交代，汽车修好后，方某将车取走交丁公司投入运营。表明戊公司已经自愿将汽车的占有移转给了债务人丁公司，戊公司对汽车的留置权已经消灭。

考点三　租赁合同

1. 柳某有套房，2016 年 6 月租给郭某，签订合同 A，2016 年 9 月租给韩某，签订合同 B，郭某办理了登记备案，韩某率先住了进去，下列正确的是？（2019 年回忆版）[2]

A. 虽然 B 合同没有办理登记备案，但是 A 合同和 B 合同一样有效

B. A 合同先签订所以效力优先

C. 因为办理了登记所以 A 合同效力优先

D. 根据合同实施了行为，B 合同效力优先

【考点】合同效力，房屋租赁合同

【答案解析】A 选项，《民法典》第 502 条第 1 款规定："依法成立的合同，自成立时生

效，但是法律另有规定或者当事人另有约定的除外。"房屋租赁合同并无其他法律对于生效要件的特殊规定，案情中也无当事人约定的生效要件，只要双方达成租赁的合意，合同即生效，与是否备案无关，故 A 选项正确。

BCD 选项，《最高人民法院关于审理城镇房屋租赁合同纠纷案件具体应用法律若干问题的解释》第 5 条规定："出租人就同一房屋订立数份租赁合同，在合同均有效的情况下，承租人均主张履行合同的，人民法院按照下列顺序确定履行合同的承租人：（1）已经合法占有租赁房屋的；（2）已经办理登记备案手续的；（3）合同成立在先的。不能取得租赁房屋的承租人请求解除合同、赔偿损失的，依照民法典的有关规定处理。"因韩某率先住了进去，所以 B 合同效力优先。故 BC 均错误，D 正确。

2. 居民甲经主管部门批准修建了一排临时门面房，核准使用期限为 2 年，甲将其中一间租给乙开餐馆，租期 2 年。期满后未办理延长使用期限手续，甲又将该房出租给了丙，并签订了 1 年的租赁合同。因租金问题，发生争议。下列哪些选项是正确的？（2017/3/60）[1]

A. 甲与乙的租赁合同无效　　　　　B. 甲与丙的租赁合同无效
C. 甲无权将该房继续出租给丙　　　D. 甲无权向丙收取该年租金

【考点】租赁合同

【答案解析】本题考查租赁合同。本题的具体考点主要是《最高人民法院关于审理城镇房屋租赁合同纠纷案件具体应用法律若干问题的解释》第 3 条规定："出租人就未经批准或者未按照批准内容建设的临时建筑，与承租人订立的租赁合同无效。但在一审法庭辩论终结前经主管部门批准建设的，人民法院应当认定有效。租赁期限超过临时建筑的使用期限，超过部分无效。但在一审法庭辩论终结前经主管部门批准延长使用期限的，人民法院应当认定延长使用期限内的租赁期间有效。"本题中，甲修建的临时门面房是经过主管部门批准修建的，故甲可以将其出租于乙，其与乙所约定的租期也在使用期限内，故甲与乙的租赁合同有效，A 错误。

但甲在与乙的租赁合同期满后，未办理延长使用期限手续即又将其房屋出租于丙，应是无效的，B、C 均正确。

《民法典》第 155 条规定："无效的或者被撤销的民事法律行为自始没有法律约束力。"因甲与丙的租赁合同无效，其不具有约束力，故甲无权向丙收取租金，D 正确。

需要注意的是，房屋租赁合同无效，当事人请求参照合同约定的租金标准支付房屋占有使用费的，人民法院一般应予支持。该规定只是承认了当事人有权主张"房屋占有使用费"，而不是有权主张租金，不能据此认为甲可向丙收取租金。

3. 居民甲将房屋出租给乙，乙经甲同意对承租房进行了装修并转租给丙。丙擅自更改房屋承重结构，导致房屋受损。对此，下列哪些选项是正确的？（2016/3/60）[2]

A. 无论有无约定，乙均有权于租赁期满时请求甲补偿装修费用
B. 甲可请求丙承担违约责任
C. 甲可请求丙承担侵权责任
D. 甲可请求乙承担违约责任

【考点】转租、合同的相对性原理

【答案解析】根据《最高人民法院关于审理城镇房屋租赁合同纠纷案件具体应用法律若干问题的解释》第 10 条的规定，承租人经出租人同意装饰装修，租赁期间届满时，承租人请求

---

[1] BCD　[2] CD

出租人补偿附合装饰装修费用的，不予支持。但当事人另有约定的除外。故 A 选项错误。

甲与丙并无租赁合同关系，不能请求丙承担违约责任，故 B 选项错误。

根据《民法典》第1165条，行为人因过错侵害他人民事权益造成损害的，应当承担侵权责任。故 C 选项正确。

根据《民法典》第593条，当事人一方因第三人的原因造成违约的，应当依法向对方承担违约责任。当事人一方和第三人之间的纠纷，依照法律规定或者按照约定处理。故 D 选项正确。

4. 甲、乙、丙三人签订合伙协议并开始经营，但未取字号，未登记，也未推举负责人。其间，合伙人与顺利融资租赁公司签订融资租赁合同，租赁淀粉加工设备一台，约定租赁期限届满后设备归承租人所有。合同签订后，出租人按照承租人的选择和要求向设备生产商丁公司支付了价款。

请回答第（1）~（3）题。

（1）如果承租人不履行支付价款的义务，出租人起诉，适格被告是：（2016/3/86）[1]

A. 合伙企业　　　　　　　　　B. 甲、乙、丙全体
C. 甲、乙、丙中的任何人　　　D. 丁公司

【考点】个人合伙

【答案解析】根据题干描述，甲、乙、丙三人签订合伙协议并开始经营，但未取字号，未登记，也未推举负责人。属于个人合伙，不是合伙企业，因此 A 选项错误。

起字号的个人合伙，在民事诉讼中，应当以依法核准登记的字号为诉讼当事人，并由合伙负责人为诉讼代表人。合伙负责人的诉讼行为，对全体合伙人发生法律效力。未起字号的个人合伙，合伙人在民事诉讼中为共同诉讼人。合伙人人数众多的，可以推举诉讼代表人参加诉讼，诉讼代表人的诉讼行为，对全体合伙人发生法律效力。推举诉讼代表人，应当办理书面手续。根据《民诉解释》第60条，在诉讼中，未依法登记领取营业执照的个人合伙的全体合伙人为共同诉讼人。个人合伙有依法核准登记的字号的，应在法律文书中注明登记的字号。全体合伙人可以推选代表人；被推选的代表人，应由全体合伙人出具推选书。故 B 选项正确。

全体合伙人对合伙经营的亏损额，对外应当负连带责任，对内则应按照协议约定的债务承担比例或者出资比例分担；协议未规定债务承担比例或者出资比例的，可以按照约定的或者实际的盈余分配比例承担。但是对造成合伙经营亏损有过错的合伙人，应当根据其过错程度相应地多承担责任。甲、乙、丙对外承担连带责任，故可以选择任何一人作为被告，C 选项正确。

根据《民法典》第752条，承租人应当按照约定支付租金。承租人经催告后在合理期限内仍不支付租金的，出租人可以请求支付全部租金；也可以解除合同，收回租赁物。丁公司是出卖方，没有支付租金的义务，故 D 选项错误。

（2）乙在经营期间发现风险太大，提出退伙，甲、丙表示同意，并通知了出租人，但出租人表示反对，认为乙退出后会加大合同不履行的风险。下列说法正确的是：（2016/3/87）[2]

A. 经出租人同意，乙可以退出
B. 乙可以退出，无需出租人同意
C. 乙必须向出租人提供有效担保后才能退出
D. 乙退出后对合伙债务不承担责任

【考点】退伙

---

[1] BC　[2] B

【答案解析】合伙人退伙，书面协议有约定的，按书面协议处理；书面协议未约定的，原则上应予准许。但因其退伙给其他合伙人造成损失的，应当考虑退伙的原因、理由以及双方当事人的过错等情况，确定其应当承担的赔偿责任。原则上允许退伙，无须经过他人同意，故 A 选项错误，B 选项正确，C 选项错误。

合伙经营期间发生亏损，合伙人退出合伙时未按约定分担或者未合理分担合伙债务的，退伙人对原合伙的债务，应当承担清偿责任；退伙人已分担合伙债务的，对其参加合伙期间的全部债务仍负连带责任。乙退出后对其参加合伙期间的全部债务仍负连带责任，故 D 选项错误。

（3）如租赁期间因设备自身原因停机，造成承租人损失。下列说法正确的是：（2016/3/88）[1]

A. 出租人应减少租金

B. 应由丁公司修理并赔偿损失

C. 承租人向丁公司请求承担责任时，出租人有协助义务

D. 出租人与丁公司承担连带责任

【考点】融资租赁合同

【答案解析】根据我国《民法典》第742条，承租人对出卖人行使索赔权，不影响其履行支付租金的义务，但是，承租人依赖出租人的技能确定租赁物或者出租人干预选择租赁物的，承租人可以请求减免相应租金。题干表述，合同签订后，出租人按照承租人的选择和要求向设备生产商丁公司支付了价款。故没有第6条但书的情形，承租人对出卖人行使索赔权，不影响其履行融资租赁合同项下支付租金的义务，A 选项错误。

根据《民法典》第735条，出租人根据承租人对出卖人、租赁物的选择订立的买卖合同，出卖人应当按照约定向承租人交付标的物，承租人享有与受领标的物有关的买受人的权利。《民法典》第582条，质量不符合约定的，应当按照当事人的约定承担违约责任。对违约责任没有约定或者约定不明确，依据本法第五百一十条的规定仍不能确定的，受损害方根据标的的性质以及损失的大小，可以合理选择请求对方承担修理、重作、更换、退货、减少价款或者报酬等违约责任。丁公司作为出卖人，承担质量瑕疵担保责任，故 B 选项正确。

根据《民法典》第741条，出租人、出卖人、承租人可以约定，出卖人不履行买卖合同义务的，由承租人行使索赔的权利。承租人行使索赔权利的，出租人应当协助。故 C 选项正确。

根据《民法典》第747条，租赁物不符合约定或者不符合使用目的的，出租人不承担责任。但是，承租人依赖出租人的技能确定租赁物或者出租人干预选择租赁物的除外。本题中出租人并未干预租赁物的选择，故 D 选项错误。

5. 甲将房屋租给乙，在租赁期内未通知乙就把房屋出卖并过户给不知情的丙。乙得知后劝丙退出该交易，丙拒绝。关于乙可以采取的民事救济措施，下列哪一选项是正确的？（2015/3/11）[2]

A. 请求解除租赁合同，因甲出卖房屋未通知乙，构成重大违约

B. 请求法院确认买卖合同无效

C. 主张由丙承担侵权责任，因丙侵犯了乙的优先购买权

D. 主张由甲承担赔偿责任，因甲出卖房屋未通知乙而侵犯了乙的优先购买权

【考点】承租人的优先购买权

【答案解析】选项 A 错误。《民法典》第726条第1款规定："出租人出卖租赁房屋的，应

---

[1] BC [2] D

当在出卖之前的合理期限内通知承租人，承租人享有以同等条件优先购买的权利。"《民法典》第 725 条规定："租赁物在承租人按照租赁合同占有期限内发生所有权变动的，不影响租赁合同的效力。"因此，出租人出卖租赁房屋未通知承租人，对于租赁合同而言，并不影响承租人对租赁物的正常使用，因此并不构成根本违约，承租人无权解除合同。

选项 B 错误、D 正确。出租人未通知承租人或者有其他妨害承租人行使优先购买权情形的，承租人可以请求出租人承担损害赔偿责任。但是，出租人与第三人订立的房屋买卖合同的效力不受影响。

选项 C 错误。由于第三人丙是善意的，故丙购买租赁房屋的行为不构成侵犯乙的优先购买权。

6. 甲将其临街房屋和院子出租给乙作为汽车修理场所。经甲同意，乙先后两次自费扩建多间房屋作为烤漆车间。乙在又一次扩建报批过程中发现，甲出租的全部房屋均未经过城市规划部门批准，属于违章建筑。下列哪些选项是正确的？（2015/3/59）[1]

   A. 租赁合同无效

   B. 因甲、乙对于扩建房屋都有过错，应分担扩建房屋的费用

   C. 因甲未告知乙租赁物为违章建筑，乙可解除租赁合同

   D. 乙可继续履行合同，待违章建筑被有关部门确认并影响租赁物使用时，再向甲主张违约责任

【考点】租赁合同效力

【答案解析】选项 A 正确。《最高人民法院关于审理城镇房屋租赁合同纠纷案件具体应用法律若干问题的解释》第 2 条规定："出租人就未取得建设工程规划许可证或者未按照建设工程规划许可证的规定建设的房屋，与承租人订立的租赁合同无效。但在一审法庭辩论终结前取得建设工程规划许可证或者经主管部门批准建设的，人民法院应当认定有效。"本题中，甲出租的全部房屋均未经过城市规划部门批准，属于违章建筑，故租赁合同无效。

选项 C、D 错误。合同解除是以合同有效为前提，既然租赁合同无效，就排除了当事人的解除权。无效合同为当然无效、绝对无效、自始无效，故不能发生当事人预期的法律效力，合同权利义务皆不存在。

选项 B 正确。《最高人民法院关于审理城镇房屋租赁合同纠纷案件具体应用法律若干问题的解释》第 12 条规定："承租人经出租人同意扩建，但双方对扩建费用的处理没有约定的，人民法院按照下列情形分别处理：（1）办理合法建设手续的，扩建造价费用由出租人负担；（2）未办理合法建设手续的，扩建造价费用由双方按照过错分担。"故本题中，应由甲、乙分担扩建房屋的费用。

7. 孙某与李某签订房屋租赁合同，李某承租后与陈某签订了转租合同，孙某表示同意。但是，孙某在与李某签订租赁合同之前，已经把该房租给了王某并已交付。李某、陈某、王某均要求继续租赁该房屋。下列哪一表述是正确的？（2014/3/14）[2]

   A. 李某有权要求王某搬离房屋

   B. 陈某有权要求王某搬离房屋

   C. 李某有权解除合同，要求孙某承担赔偿责任

   D. 陈某有权解除合同，要求孙某承担赔偿责任

【考点】一房数租的履行顺序；合同的解除条件

---

[1] AB [2] C

【答案解析】《最高人民法院关于审理城镇房屋租赁合同纠纷案件具体应用法律若干问题的解释》第 5 条规定："出租人就同一房屋订立数份租赁合同，在合同均有效的情况下，承租人均主张履行合同的，人民法院按照下列顺序确定履行合同的承租人：（1）已经合法占有租赁房屋的；（2）已经办理登记备案手续的；（3）合同成立在先的。不能取得租赁房屋的承租人请求解除合同、赔偿损失的，依照合同法的有关规定处理。"据此，A、B 项表述错误。此外，陈某与孙某没有合同关系，D 项显然表述错误。孙某将房屋事先出租给王某并已交付，导致李某无法实现合同目的，根据《民法典》第 563 条的规定，李某有权解除合同，并可基于孙某违约而要求其承担赔偿的违约责任。

8. 刘某欠何某 100 万元货款届期未还且刘某不知所踪。刘某之子小刘为替父还债，与何某签订书面房屋租赁合同，未约定租期，仅约定："月租金 1 万元，用租金抵货款，如刘某出现并还清货款，本合同终止，双方再行结算。"下列哪些表述是错误的？（2014/3/59）[1]

A. 小刘有权随时解除合同   B. 何某有权随时解除合同

C. 房屋租赁合同是附条件的合同   D. 房屋租赁合同是附期限的合同

【考点】 附条件合同、附期限合同、不定期租赁的法律效力

【答案解析】选项 A、B 表述不正确，当选。《民法典》第 730 条规定："当事人对租赁期限没有约定或者约定不明确，依据本法第五百一十条的规定仍不能确定的，视为不定期租赁。当事人可以随时解除合同，但是应当在合理期限之前通知对方。"《民法典》第 510 条规定："合同生效后，当事人就质量、价款或者报酬、履行地点等内容没有约定或者约定不明确的，可以协议补充；不能达成补充协议的，按照合同有关条款或者交易习惯确定。"据此，本题中，在当事人未明确约定租赁期限且未达成补充协议的情况下，首先应根据合同有关条款进行解释。从双方约定的内容"月租金 1 万元，用租金抵货款，如刘某出现并还清货款，本合同终止，双方再行结算"可以看出，如果"刘某出现并还清货款"的事实没有发生，该租赁合同就会一直持续，直至货款还清为止。因此，实际上，该租赁合同是有期限的，期限即为"100万元÷（12×1）"年。既然是有期限的租赁合同，双方当事人无权随时解除合同。

选项 C 表述正确，不当选；选项 D 表述不正确，当选。附条件合同和附期限合同的重要区别就在于附条件是无法确信条件是否会发生，而附期限则是一定会届至的。本题中刘某的出现是无法肯定能否发生的，因此小刘与何某所签订的是一份附解除条件的合同。

9. 甲与乙订立房屋租赁合同，约定租期 5 年。半年后，甲将该出租房屋出售给丙，但未通知乙。不久，乙以其房屋优先购买权受侵害为由，请求法院判决甲丙之间的房屋买卖合同无效。下列哪一表述是正确的？（2013/3/10）[2]

A. 甲出售房屋无须通知乙

B. 丙有权根据善意取得规则取得房屋所有权

C. 甲侵害了乙的优先购买权，但甲丙之间的合同有效

D. 甲出售房屋应当征得乙的同意

【考点】 房屋租赁合同承租人的优先购买权

【答案解析】选项 A、D 错误。《民法典》第 726 条第 1 款规定："出租人出卖租赁房屋的，应当在出卖之前的合理期限内通知承租人，承租人享有以同等条件优先购买的权利。"因此，甲向丙出售租赁房屋时，应当在出卖之前的合理期限内通知承租人，但无须经过承租人乙的同意。

---

[1] ABD　[2] C

选项 B 错误。善意取得以让与人实施无权处分为前提条件。本题中，甲系房屋所有权人（且其处分权未受到任何限制），甲将房屋出卖给丙的行为属于有权处分，并不涉及善意取得的问题。

选项 C 正确。出租人未通知承租人或者有其他妨害承租人行使优先购买权情形的，承租人可以请求出租人承担损害赔偿责任。但是，出租人与第三人订立的房屋买卖合同的效力不受影响。本题中，甲虽然侵害了乙的优先购买权，但甲与丙之间的房屋买卖合同合法有效。

10. 丁某将其所有的房屋出租给方某，方某将该房屋转租给唐某。下列哪些表述是正确的？（2011/3/57）[1]

A. 丁某在租期内基于房屋所有权可以对方某主张返还请求权，方某可以基于其与丁某的合法的租赁关系主张抗辩权

B. 方某未经丁某同意将房屋转租，并已实际交付给唐某租用，则丁某无权请求唐某返还房屋

C. 如丁某与方某的租赁合同约定，方某未经丁某同意将房屋转租，丁某有权解除租赁合同，则在合同解除后，其有权请求唐某返还房屋

D. 如丁某与方某的租赁合同约定，方某未经丁某同意将房屋转租，丁某有权解除租赁合同，则在合同解除后，在丁某向唐某请求返还房屋时，唐某可以基于与方某的租赁关系进行有效的抗辩

【考点】转租；返还原物请求权

【答案解析】选项 A 正确。《民法典》第 235 条规定："无权占有不动产或者动产的，权利人可以请求返还原物。"此条规定了返还原物请求权。其构成要件有二：（1）请求人为物权人；（2）被请求人为现时的无权占有人。丁某虽为房屋的所有权人，但在租赁期限内，承租人方某基于承租权占有该房屋，属于有权占有，故丁某对方某不享有返还原物请求权。

选项 B 错误。承租人未经出租人同意转租的，出租人可解除合同。B 项中，方某（承租人）"未经"（该关键词表明行为人无权）丁某（出租人）同意将房屋转租，丁某（出租人）可以解除与方某（承租人）的租赁合同。此时，方某与唐某的租赁合同将因履行不能而终止，丁某基于所有权人的身份，有权请求唐某返还房屋（即行使物权请求权）。

选项 C 正确，选项 D 错误。《民法典》第 716 条第 2 款规定："承租人未经出租人同意转租的，出租人可以解除合同。"据此，方某非法转租，丁某享有法定解除权。当然，法定解除权的存在并不妨碍双方约定若方某非法转租，丁某享有约定解除权（尽管此时约定解除权纯属多余）。不仅如此，无论丁某是否行使解除权解除与方某的租赁合同，丁某均可对唐某行使返还原物请求权。因为非法转租房屋的合同无效（若丁某在 6 个月内提出异议），即使丁某不解除与方某之间的租赁合同，唐某相对于丁某也是无权占有人，丁某也可以对唐某行使返还原物请求权。

考点四　建设工程合同

1. 甲房地产开发公司开发一个较大的花园公寓项目，作为发包人，甲公司将该项目的主体工程发包给了乙企业，签署了建设工程施工合同。乙企业一直未取得建筑施工企业资质。现

---

[1] AC

该项目主体工程已封顶完工。就相关合同效力及工程价款，下列哪些说法是正确的？（2017/3/62）[1]

    A. 该建设工程施工合同无效

    B. 因该项目主体工程已封顶完工，故该建设工程施工合同不应认定为无效

    C. 该项目主体工程经竣工验收合格，则乙企业可参照合同约定请求甲公司支付工程价款

    D. 该项目主体工程经竣工验收不合格，经修复后仍不合格的，乙企业不能主张工程价款

【考点】建设工程合同

【答案解析】A、B项考查建设工程施工合同无效的情形。作为承包人的乙企业一直未取得建筑施工企业资质，因此，二者签订的建设工程施工合同无效。故A项正确，当选；B项错误，不当选。

    C、D项考查无效建设工程施工合同的处理。建设工程施工合同无效，但建设工程经竣工验收合格，承包人请求参照合同约定支付工程价款的，法院应予支持。本题中，如该项目主体工程经竣工验收合格，则乙企业可参照合同约定请求甲公司支付工程价款。故C项正确，当选。建设工程施工合同无效，且建设工程经竣工验收不合格的，按照以下情形分别处理：（1）修复后的建设工程经竣工验收合格，发包人请求承包人承担修复费用的，应予支持；（2）修复后的建设工程经竣工验收不合格，承包人请求支付工程价款的，不予支持。本题中，如该项目主体工程经竣工验收不合格，经修复后仍不合格的，乙企业不能主张工程价款。故D项正确，当选。

    综上所述，本题的正确答案为ACD。

    2. 甲公司与没有建筑施工资质的某施工队签订合作施工协议，由甲公司投标乙公司的办公楼建筑工程，施工队承建并向甲公司交纳管理费。中标后，甲公司与乙公司签订建筑施工合同。工程由施工队负责施工。办公楼竣工验收合格交付给乙公司。乙公司尚有部分剩余工程款未支付。下列哪一选项是正确的？（2015/3/14）[2]

    A. 合作施工协议有效   B. 建筑施工合同属于效力待定

    C. 施工队有权向甲公司主张工程款   D. 甲公司有权拒绝支付剩余工程款

【考点】建设工程合同无效及其法律后果

【答案解析】A、B项考查建设工程施工合同无效的情形。甲公司与没有建筑施工资质的某施工队签订合作施工协议，该合作施工协议无效。故A项错误，不当选。建设施工合同系甲公司与发包人乙公司签订，甲公司本身具备相应的资质。因此，建筑施工合同有效。故B项错误，不当选。

    C、D项考查建设工程施工合同无效后的处理。建设工程施工合同无效，建设工程经竣工验收合格，承包人请求参照合同约定支付工程价款的，应予支持。本题中，办公楼竣工验收"合格"，因此，施工队有权参照合同约定向甲公司主张工程款。故C项正确，当选；D项错误，不当选。

    综上所述，本题的正确答案为C。

    3. 甲公司与乙公司签订建设工程施工合同，将工程发包给乙公司施工，约定乙公司垫资1000万元，未约定垫资利息。甲公司、乙公司经备案的中标合同中工程造价为1亿元，但双方私下约定的工程造价为8000万元，均未约定工程价款的支付时间。7月1日，乙公司将经竣工验收合格的建设工程实际交付给甲公司，甲公司一直拖欠工程款。关于乙公司，下列哪些表述

---

[1] ACD   [2] C

是正确的？（2012/3/61）[1]

A. 1000 万元垫资应按工程欠款处理

B. 有权要求甲公司支付 1000 万元垫资自 7 月 1 日起的利息

C. 有权要求甲公司支付 1 亿元

D. 有权要求甲公司支付 1 亿元自 7 月 1 日起的利息

【考点】建设工程施工合同

【答案解析】选项 A 正确。《建设工程施工合同解释》第 25 条规定："当事人对垫资和垫资利息有约定，承包人请求按照约定返还垫资及其利息的，人民法院应予支持，但是约定的利息计算标准高于垫资时的同类贷款利率或者同期贷款市场报价利率的部分除外。当事人对垫资没有约定的，按照工程欠款处理。当事人对垫资利息没有约定，承包人请求支付利息的，人民法院不予支持。"据此，如果发包人与承包人对垫资性质及其利息均有明确约定，则垫资相当于发包人向承包人的借款。反之，如发包人与承包人对于垫资性质无明确约定或者对垫资利息无明确约定，承包人的款项视为发包人对承包人的工程欠款。此外，《建设工程施工合同解释》第 26 条规定："当事人对欠付工程价款利息计付标准有约定的，按照约定处理；没有约定的，按照同期同类贷款利率或者同期贷款市场报价利率计息。"本题中，甲、乙仅约定乙垫资1000 万元，但未约定垫资利息，属于"未对垫资作出明确约定"，所以，乙的垫资应按工程欠款处理，而不能按照垫资处理。

选项 C 正确。当事人就同一建设工程另行订立的建设工程施工合同与经过备案的中标合同实质性内容不一致的，应当以备案的中标合同作为结算工程价款的根据。

选项 B、D 正确。《建设工程施工合同解释》第 27 条规定："利息从应付工程价款之日计付。当事人对付款时间没有约定或者约定不明的，下列时间视为应付款时间：（1）建设工程已实际交付的，为交付之日；（2）建设工程没有交付的，为提交竣工结算文件之日；（3）建设工程未交付，工程价款也未结算的，为当事人起诉之日。"因此，乙公司有权要求甲公司支付 1 亿元自 7 月 1 日起的利息。

4. 甲公司将建筑工程发包给乙公司，乙公司将其转包给丙公司，丙公司将部分工程包给由 121 个农民工组成的施工队。施工期间，丙公司拖欠施工队工程款达 500 万元之多，农民工因此踏上维权之路。丙公司以乙公司拖欠其工程款 800 万元为由、乙公司以甲公司拖欠其工程款 1000 万元为由均拒付欠款。施工队将甲公司诉至法院，要求甲公司支付 500 万元。根据社会主义法治理念，关于本案的处理，下列哪些说法是正确的？（2011/3/51）[2]

A. 法院应驳回施工队的诉讼请求，因甲公司与施工队无合同关系。法院不应以破坏合同相对性为代价，片面实现社会效果

B. 法院应支持施工队的诉讼请求。法院不能简单以坚持合同的相对性为由否定甲公司的责任，从而造成农民工不断申诉，案结事不了

C. 法院应当追加乙公司和丙公司为本案当事人。法院一并解决乙公司和丙公司的欠款纠纷，以避免机械执法，就案办案

D. 法院可以追加乙公司和丙公司为本案当事人。法院加强保护农民工权益的力度，有利于推进法律效果和社会效果的有机统一

【考点】建设工程施工合同

【答案解析】为保护农民工的利益，在建设工程施工合同中应突破合同相对性。本题中，

施工队（实际施工人）直接起诉甲公司（发包人）的，法院应当受理施工队的诉讼请求且支持施工队的诉讼请求（发包人欠付工程款1000万元）。故A项错误，不当选；B项正确，当选。

实际施工人以发包人为被告主张权利的，法院应当追加转包人或违法分包人为本案第三人，在查明发包人欠付转包人或违法分包人建设工程价款的数额后，判决发包人在欠付建设工程价款范围内对实际施工人承担责任。本题中，施工队（实际施工人）将甲公司（发包人）诉至法院，要求甲公司（发包人）支付500万元的。法院应当（而非可以）追加乙公司（转包人）或丙公司（分包人）作为本案的第三人。但法院此时不得主动干预乙公司和丙公司的欠款纠纷，该纠纷应另案处理。故C项错误，不当选；D项属于旧题新作，为保护农民工的利益，按照最新司法解释的规定，法院是"应当追加"而非"可以追加"。故D项亦错误，不当选。

综上所述，本题的正确答案为B。

考点五　技术合同

1. 甲公司向乙公司转让了一项技术秘密。技术转让合同履行完毕后，经查该技术秘密是甲公司通过不正当手段从丙公司获得的，但乙公司对此并不知情，且支付了合理对价。下列哪一表述是正确的？（2013/3/16）[1]

A. 技术转让合同有效，但甲公司应向丙公司承担侵权责任

B. 技术转让合同无效，甲公司和乙公司应向丙公司承担连带责任

C. 乙公司可在其取得时的范围内继续使用该技术秘密，但应向丙公司支付合理的使用费

D. 乙公司有权要求甲公司返还其支付的对价，但不能要求甲公司赔偿其因此受到的损失

【考点】技术转让合同

【答案解析】选项A错误。《民法典》第850条规定："非法垄断技术或者侵害他人技术成果的技术合同无效。"甲、乙间的技术转让合同侵犯了丙的技术成果，故技术转让合同无效。

选项B错误。虽然甲、乙均侵犯了丙的技术秘密成果权，但甲、乙欠缺共同故意，不构成共同侵权，故甲、乙无须承担连带责任。

选项C正确。根据《最高人民法院关于审理技术合同纠纷案件适用法律若干问题的解释》第12条的规定，根据民法典第八百五十条的规定，侵害他人技术秘密的技术合同被确认无效后，除法律、行政法规另有规定的以外，善意取得该技术秘密的一方当事人可以在其取得时的范围内继续使用该技术秘密，但应当向权利人支付合理的使用费并承担保密义务。据此，乙公司可在其取得时的范围内继续使用该技术秘密，但应向丙公司支付合理的使用费。

选项D错误。由于甲、乙间的技术转让合同无效，因此，乙有权请求甲返还不当得利（向甲支付的对价），并请求甲承担缔约过失责任（包括赔偿因此受到的信赖利益损失）。

---

[1] C

考点六 融资租赁、委托、行纪、中介合同

1. 乙融资租赁公司根据甲公司的选择，以100万元的价格向生产厂商丙公司购买了一台大型医疗设备出租给甲公司使用，租期2年，每月租金5万元，租期届满后该设备归乙公司所有。后丙公司依据乙公司的指示直接将设备交付给甲公司。关于本案，下列哪一说法是正确的？（2018年回忆版）[1]

A. 如租期内医疗设备存在瑕疵，乙公司应减少租金
B. 如租期内医疗设备存在瑕疵，乙公司应承担维修义务
C. 租期内医疗设备毁损、灭失的风险应由乙公司承担
D. 租期内医疗设备毁损、灭失的风险应由甲公司承担

【答案解析】A项考查租金支付。根据《民法典》第742条的规定，承租人对出卖人行使索赔权，不影响其履行融资租赁合同项下支付租金的义务，但承租人以依赖出租人的技能确定租赁物或出租人干预选择租赁物的，承租人可以请求减免相应租金。本题中，并不存在例外情形，甲公司应当按照约定支付租金。故A项说法错误，不当选。

B项考查维修义务。对于融资租赁物而言，根据《民法典》第747条的规定，租赁物不符合约定或者不符合使用目的的，出租人不承担责任。但是，承租人依赖出租人的技能确定租赁物或者出租人干预选择租赁物的除外。所以本题之中应当由承租人自行负担。故B项说法错误，不当选。

C、D项考查风险负担。根据《民法典》第751条的规定，承租人占有租赁物期间，租赁物毁损、灭失的，出租人有权请求承租人继续支付租金，但是法律另有规定或者当事人另有约定的除外。本题中，租期内医疗设备毁损、灭失的风险应由甲公司（承租人）承担。故C项说法错误，不当选；D项说法正确，当选。

2. 甲融资租赁公司与乙公司签订融资租赁合同，约定乙公司向甲公司转让一套生产设备，转让价为评估机构评估的市场价200万元，再租给乙公司使用2年，乙公司向甲公司支付租金300万元。合同履行过程中，因乙公司拖欠租金，甲公司诉至法院。下列哪些选项是正确的？（2017/3/61）[2]

A. 甲公司与乙公司之间为资金拆借关系
B. 甲公司与乙公司之间为融资租赁合同关系
C. 甲公司与乙公司约定的年利率超过24%的部分无效
D. 甲公司已取得生产设备的所有权

【考点】融资租赁合同

【答案解析】本题考查融资租赁合同。《民法典》第735条规定："融资租赁合同是出租人根据承租人对出卖人、租赁物的选择，向出卖人购买租赁物，提供给承租人使用，承租人支付租金的合同。"因此，通常情况下融资租赁合同涉及三方当事人，即出租人、承租人和出卖人。本题的特殊之处在于，乙公司选择了以自己的设备作为租赁物，因此其既是承租人，又是出卖人，甲公司则为出租人。故B正确，A错误。

《民法典》第745条规定："出租人享有租赁物的所有权，未经登记，不得对抗善意第三

---

[1]　D　[2]　BD

人。"D正确。

关于年利率问题，应当适用最新的《最高人民法院关于审理民间借贷案件适用法律若干问题的规定》予以认定。根据《民间借贷司法解释》第28条的规定，借贷双方对逾期利率有约定的，从其约定，但是以不超过合同成立时一年期贷款市场报价利率四倍为限。因此，C选项错误。

3. 甲参加乙旅行社组织的旅游活动。未经甲和其他旅游者同意，乙旅行社将本次业务转让给当地的丙旅行社。丙旅行社聘请丁公司提供大巴运输服务。途中，由于丁公司司机黄某酒后驾驶与迎面违章变道的个体运输户刘某货车相撞，造成甲受伤。甲的下列哪些请求能够获得法院的支持？（2014/3/67）[1]

A. 请求丁公司和黄某承担连带赔偿责任
B. 请求黄某与刘某承担连带赔偿责任
C. 请求乙旅行社和丙旅行社承担连带赔偿责任
D. 请求刘某承担赔偿责任

【考点】客运合同当事人的权利与义务；用人单位的工作人员致人损害的侵权责任；旅游合同

【答案解析】选项A、B不当选。《民法典》第823条规定："承运人应当对运输过程中旅客的伤亡承担损害赔偿责任；但是，伤亡是旅客自身健康原因造成的或者承运人证明伤亡是旅客故意、重大过失造成的除外。前款规定适用于按照规定免票、持优待票或者经承运人许可搭乘的无票旅客。"《旅游纠纷案件规定》第10条第2款规定："旅游经营者擅自将其旅游业务转让给其他旅游经营者，旅游者在旅游过程中遭受损害，请求与其签订旅游合同的旅游经营者和实际提供旅游服务的旅游经营者承担连带责任的，人民法院应予支持。"本案中，黄某是丁公司的司机，其驾车是执行职务行为，因此对旅客的赔偿责任应由丁公司承担责任，而不是黄某。

选项C、D当选。根据《关于审理旅游纠纷案件适用法律若干问题的规定》第76条第1款规定，机动车发生交通事故造成人身伤亡、财产损失的，由保险公司在机动车第三者责任强制保险责任限额范围内予以赔偿；不足的部分，按照下列规定承担赔偿责任：（1）机动车之间发生交通事故的，由有过错的一方承担赔偿责任；双方都有过错的，按照各自过错的比例分担责任。（2）机动车与非机动车驾驶人、行人之间发生交通事故，非机动车驾驶人、行人没有过错的，由机动车一方承担赔偿责任；有证据证明非机动车驾驶人、行人有过错的，根据过错程度适当减轻机动车一方的赔偿责任；机动车一方没有过错的承担不超过10%的赔偿责任。因此，就本题所述案件而言，甲可以要求乙旅行社、丙旅行社、丁公司、刘某承担损害赔偿责任。其中，乙旅行社、丙旅行社须承担连带责任，丁公司和刘某按照他们的过错承担相应的责任。

4. 某律师事务所指派吴律师担任某案件的一、二审委托代理人。第一次开庭后，吴律师感觉案件复杂，本人和该事务所均难以胜任，建议不再继续代理。但该事务所坚持代理。一审判决委托人败诉。下列哪些表述是正确的？（2013/3/60）[2]

A. 律师事务所有权单方解除委托合同，但须承担赔偿责任
B. 律师事务所在委托人一审败诉后不能单方解除合同
C. 即使一审胜诉，委托人也可解除委托合同，但须承担赔偿责任

---

[1] CD [2] AC

D. 只有存在故意或者重大过失时，该律师事务所才对败诉承担赔偿责任

【考点】委托合同

【答案解析】选项 A、C 正确，选项 B 错误。《民法典》第 933 条规定："委托人或者受托人可以随时解除委托合同。因解除合同给对方造成损失的，除不可归责于该当事人的事由以外，无偿委托合同的解除方应当赔偿因解除时间不当造成的直接损失，有偿委托合同的解除方应当赔偿对方的直接损失和可以获得的利益。"可见，委托合同的当事人任何一方均享有任意解除权。但是除不可归责于当事人的原因外，解除方应当承担损失赔偿责任。具体到本题，律师事务所有权单方解除委托合同，但须承担赔偿责任。

选项 D 错误。《民法典》第 929 条规定："有偿的委托合同，因受托人的过错造成委托人损失的，委托人可以请求赔偿损失。无偿的委托合同，因受托人的故意或者重大过失造成委托人损失的，委托人可以请求赔偿损失。"可见，有偿委托中，受托人因其过错而给委托人造成损失的，即应承担责任，只有在无偿委托中受托人才因故意或者重大过失承担责任。

5. 甲委托乙销售一批首饰并交付，乙经甲同意转委托给丙。丙以其名义与丁签订买卖合同，约定将这批首饰以高于市场价 10% 的价格卖给丁，并赠其一批箱包。丙因此与戊签订箱包买卖合同。丙依约向丁交付首饰，但因戊不能向丙交付箱包，导致丙无法向丁交付箱包。丁拒绝向丙支付首饰款。下列哪一表述是正确的？（2011/3/4）[1]

A. 乙的转委托行为无效
B. 丙与丁签订的买卖合同直接约束甲和丁
C. 丙应向甲披露丁，甲可以行使丙对丁的权利
D. 丙应向丁披露戊，丁可以行使丙对戊的权利

【考点】复代理；间接代理

【答案解析】选项 A 错误。《民法典》第 169 条规定："代理人需要转委托第三人代理的，应当取得被代理人的同意或者追认。转委托代理经被代理人同意或者追认的，被代理人可以就代理事务直接指示转委托的第三人，代理人仅就第三人的选任以及对第三人的指示承担责任。转委托代理未经被代理人同意或者追认的，代理人应当对转委托的第三人的行为承担责任；但是，在紧急情况下代理人为了维护被代理人的利益需要转委托第三人代理的除外。"据此，在委托代理中，代理人在三种情况下享有复任权，有权以自己的名义选任第三人作为被代理人的委托代理人：第一，事先取得被代理人同意；第二，被代理人事后追认；第三，紧急复任权。因代理人乙事先已经取得被代理人甲的同意，故乙的转委托有效，丙为复代理人（注意：丙是甲的代理人）。

选项 B 错误。丙为了甲的利益，以自己的名义与丁订立的首饰买卖合同构成间接代理。基于合同的相对性和间接代理的规则，丙、丁间的首饰买卖合同原则上只能约束丙与丁，仅在例外情况下（甲行使介入权或者丁行使选择权选择甲作为合同相对人），该首饰买卖合同才能直接约束甲和丁。

选项 C 正确。《民法典》第 926 条第 1 款规定："受托人以自己的名义与第三人订立合同时，第三人不知道受托人与委托人之间的代理关系的，受托人因第三人的原因对委托人不履行义务，受托人应当向委托人披露第三人，委托人因此可以行使受托人对第三人的权利。但是，第三人与受托人订立合同时如果知道该委托人就不会订立合同的除外。"这是关于间接代理中被代理人介入权的规定。在此情况下，间接代理人丙应向被代理人甲披露第三人丁，甲可以行

---

[1] C

使介入权，行使丙对丁的权利。

选项 D 错误。在丙、戊间的箱包买卖合同中，丙不是丁的间接代理人，丁不具备行使介入权的条件。

6. 梁某与甲旅游公司签订合同，约定梁某参加甲公司组织的旅游团赴某地旅游。旅游出发前 15 日，梁某因出差通知甲公司，由韩某替代跟团旅游。旅游行程一半，甲公司不顾韩某反对，将其旅游业务转给乙公司。乙公司组织游客参观某森林公园，该公园所属观光小火车司机操作失误致火车脱轨，韩某遭受重大损害。下列哪些表述是正确的？（2011/3/60）[1]

A. 即使甲公司不同意，梁某仍有权将旅游合同转让给韩某

B. 韩某有权请求甲公司和乙公司承担连带责任

C. 韩某有权请求某森林公园承担赔偿责任

D. 韩某有权请求小火车司机承担赔偿责任

【考点】旅游合同；旅游中侵权责任的承担

【答案解析】选项 A 正确。《关于审理旅游纠纷案件适用法律若干问题的规定》第 11 条规定："除合同性质不宜转让或者合同另有约定之外，在旅游行程开始前的合理期间内，旅游者将其在旅游合同中的权利义务转让给第三人，请求确认转让合同效力的，人民法院应予支持。因前款所述原因，旅游经营者请求旅游者、第三人给付增加的费用或者旅游者请求旅游经营者退还减少的费用的，人民法院应予支持。"这是合同权利义务概括约定承受的例外规定，在旅游行程开始前的合理期限内，旅游者梁某将自己在旅游合同中的权利和义务概括让与第三人的，无须经旅游服务经营者同意，即可生效。

选项 B 正确。《关于审理旅游纠纷案件适用法律若干问题的规定》第 10 条规定："旅游经营者将旅游业务转让给其他旅游经营者，旅游者不同意转让，请求解除旅游合同、追究旅游经营者违约责任的，人民法院应予支持。旅游经营者擅自将其旅游业务转让给其他旅游经营者，旅游者在旅游过程中遭受损害，请求与其签订旅游合同的旅游经营者和实际提供旅游服务的旅游经营者承担连带责任的，人民法院应予支持。"

选项 C 正确。《关于审理旅游纠纷案件适用法律若干问题的规定》第 7 条规定："旅游经营者、旅游辅助服务者未尽到安全保障义务，造成旅游者人身损害、财产损失，旅游者请求旅游经营者、旅游辅助服务者承担责任的，人民法院应予支持。因第三人的行为造成旅游者人身损害、财产损失，由第三人承担责任；旅游经营者、旅游辅助服务者未尽安全保障义务，旅游者请求其承担相应补充责任的，人民法院应予支持。"乙公司属于旅游经营者，森林公园属于旅游辅助服务者（旅游辅助服务者是指与旅游经营者存在合同关系，协助旅游经营者履行旅游合同义务，实际提供交通、游览、住宿、餐饮、娱乐等旅游服务的人）。

选项 D 错误。《民法典》第 1191 条第 1 款规定："用人单位的工作人员因执行工作任务造成他人损害的，由用人单位承担侵权责任。用人单位承担侵权责任后，可以向有故意或者重大过失的工作人员追偿。"小火车司机属于因执行工作任务致人损害，若韩某选择请求森林公园承担侵权责任，应以森林公园为被告起诉。小火车司机不承担责任，也不承担连带责任。

---

[1] ABC

第三分编 准合同

考点一 无因管理

1. 甲经乙公司股东丙介绍购买乙公司矿粉，甲依约预付了 100 万元货款，乙公司仅交付部分矿粉，经结算欠甲 50 万元货款。乙公司与丙商议，由乙公司和丙以欠款人的身份向甲出具欠条。其后，乙公司未按期支付。关于丙在欠条上签名的行为，下列哪一选项是正确的？（2017/3/9）[1]

    A. 构成第三人代为清偿   B. 构成免责的债务承担
    C. 构成并存的债务承担   D. 构成无因管理

【考点】 第三人代为清偿、无因管理、债务承担

【答案解析】 本题考查第三人代为清偿、债务承担以及无因管理。第三人代为清偿，是指由合同关系外的第三人代替债务人向债权人履行债务的行为；免责的债务承担，是指债务人退出债权债务关系，而由第三人作为新债务人负责履行债务；并存的债务承担，是指第三人加入债的关系，和债务人一起承担债务。第三人代为清偿，第三人并不成为债权债务的当事人，而只是代替债务人履行债务。而不论是免责的债务承担还是并存的债务承担，第三人均成为债权债务的当事人，充当债务人角色。本题中，乙公司与丙商议，由乙公司和丙以欠款人的身份向甲出具欠条，即丙自愿承担欠款人的法律地位，且乙公司并未退出该债权债务关系，故丙应构成并存的债务承担，A 和 B 均错误，C 正确。

无因管理，是指无法定或约定义务而管理他人事务的行为。既然乙公司已经与丙商议由乙公司和丙以欠款人的身份向甲出具欠条，故其后丙在欠条上签名的行为，即是履行其与乙公司前述约定的义务，因此不属于无因管理，D 错误。

2. 甲的房屋与乙的房屋相邻。乙把房屋出租给丙居住，并为该房屋在 A 公司买了火灾保险。某日甲见乙的房屋起火，唯恐大火蔓延自家受损，遂率家人救火，火势得到及时控制，但甲被烧伤住院治疗。下列哪一表述是正确的？（2014/3/20）[2]

    A. 甲主观上为避免自家房屋受损，不构成无因管理，应自行承担医疗费用

    B. 甲依据无因管理只能向乙主张医疗费赔偿，因乙是房屋所有人

    C. 甲依据无因管理只能向丙主张医疗费赔偿，因丙是房屋实际使用人

    D. 甲依据无因管理不能向 A 公司主张医疗费赔偿，因甲欠缺为 A 公司的利益实施管理的主观意思

---

[1] C [2] D

【考点】无因管理的构成要件和法律效果

【答案解析】选项 A、B、C 错误。《民法典》第 979 条规定："管理人没有法定的或者约定的义务，为避免他人利益受损失而进行管理的人，有权请求受益人偿还由此支出的必要费用"。无因管理的构成要件有三：(1) 客观要件——管理他人事务；(2) 主观要件——有为他人管理的意思；(3) 原因要件——无法律上的原因。本题中，甲的救火行为虽然主观上最终是为自己，但也有为他人管理的意思，只要有为他人管理的意思，即使同时有为自己管理的意思，在构成无因管理方面不受影响，因此甲的救火行为构成无因管理。乙是房屋的所有人，丙是房屋的使用人并有财产在房屋中，因此二人均因甲的救火行为而受益，甲均可要求他们就自己救火时受到的损失进行赔偿。据此，A、B、C 三项均错误。

选项 D 正确。甲的救火行为虽然在客观上使保险公司减少了理赔数额，但甲救火时并无为 A 公司管理的意思，甚至甲可能根本不知道 A 公司承保的事情，因此 D 项的表述是正确的。

3. 下列哪一情形会引起无因管理之债？（2013/3/21）[1]

A. 甲向乙借款，丙在明知诉讼时效已过后擅自代甲向乙还本付息

B. 甲在自家门口扫雪，顺便将邻居乙的小轿车上的积雪清扫干净

C. 甲与乙结婚后，乙生育一子丙，甲抚养丙 5 年后才得知丙是乙和丁所生

D. 甲拾得乙遗失的牛，寻找失主未果后牵回暂养。因地震致屋塌牛死，甲出卖牛皮、牛肉获价款若干

【考点】无因管理的构成

【答案解析】选项 A 错误。无因管理的构成要件有三：(1) 客观要件——管理他人事务；(2) 主观要件——有为他人管理的意思；(3) 原因要件——无法律上的原因。选项 A 中，甲的债务已经超过诉讼时效，丙对此明知，擅自代甲清偿债务，欠缺无因管理的主观要件，故不构成无因管理。

选项 B 错误。甲在自家门口扫雪，顺便将邻居乙的小轿车上的积雪清扫干净。虽然甲的行为也符合无因管理的三个构成要件：首先，甲管理了邻居乙的事务（扫雪）；其次，甲有为乙管理事务的意思；再次，甲并无为乙管理事务的法定或约定义务。但甲的行为并未在其和乙之间产生债权债务，也就是说，该行为没有引起民事法律关系的变动，没有引起无因管理之"债"。

选项 C 错误。甲虽然管理了乙和丁的事务，但主观上还是为了自己，属于"误将他人事务当作自己事务而管理"，不符合无因管理的主观要件，所以不能产生无因管理之债。

选项 D 正确。首先，甲将乙遗失的牛牵回"暂"养，表明甲并无侵占之意图，其主观上具有为乙喂牛的意思，其喂牛行为构成无因管理。据此，甲在向乙负有返还牛的义务的同时，有权请求乙偿还其喂牛所支出的必要费用。其次，地震（不可抗力）导致屋塌牛死后，甲自作主张将牛皮、牛肉出卖，亦构成无因管理，应当向乙返还价款，并请求乙偿还必要费用。由此，选项 D 中，甲的两个行为（喂牛和出卖牛肉、牛皮）均引起了无因管理之债。

4. 刘某承包西瓜园，收获季节突然病故。好友刁某因联系不上刘某家人，便主动为刘某办理后事和照看西瓜园，并将西瓜卖出，获益 5 万元。其中，办理后事花费 1 万元、摘卖西瓜雇工费以及其他必要费用共 5000 元。刁某认为自己应得劳务费 5000 元。关于刁某的行为，下列哪一说法是正确的？（2011/3/20）[2]

A. 5 万元属于不当得利   B. 应向刘某家人给付 3 万元

---

[1] D　[2] D

C. 应向刘某家人给付 4 万元　　　　　D. 应向刘某家人给付 3.5 万元

【考点】无因管理的法律效果

【答案解析】根据《民法典》第 979 的规定，无因管理的构成要件有三：（1）客观要件——管理他人事务；（2）主观要件——有为他人管理的意思；（3）原因要件——无法律上的原因。本题中，刁某给刘某办理丧事以及出售西瓜的行为均符合无因管理的构成要件，自动在管理人（刁某）和本人（刘的家人）间发生无因管理之债的效力。

选项 A 错误。无因管理具有阻却侵权和阻却不当得利的效力。本题中，刁某实施无因管理给本人（刘某的家人）带来 5 万元的利益，虽然这 5 万元暂时为刁某占有，且刁某负有返还义务，但并不构成不当得利之债，而属于无因管理之债的效力。况且，刁某因实施无因管理支出了必要费用，该费用应从 5 万元中予以扣除。

选项 B、C 错误，选项 D 正确。根据《民法典》第 979 条，管理人或者服务人可以要求受益人偿付的必要费用，包括在管理或者服务活动中直接支出的费用，以及在该活动中受到的实际损失。据此，基于无因管理之债，刁某有权请求本人（刘某的家人）偿付自己因无因管理支出的必要费用、负担的必要债务、因此遭受的财产和人身损失。但是，无因管理行为是无偿的，行为人不能请求报酬（劳务费），故刁某不享有请求本人支付劳务费 5000 元的权利。具体而言，刁某有权请求刘某的家人偿付丧葬费 1 万元，其他必要费用 5000 元；刁某负有向刘某家人支付 5 万元的义务。刁某可以主张法定抵销，抵销后，刁某应向刘某家人给付 3.5 万元。

考点二　不当得利

1. 甲遗失其为乙保管的迪亚手表，为偿还乙，甲窃取丙的美茄手表和 4000 元现金。甲将美茄手表交乙，因美茄手表比迪亚手表便宜 1000 元，甲又从 4000 元中补偿乙 1000 元。乙不知甲盗窃情节。乙将美茄手表赠与丁，又用该 1000 元的一半支付某自来水公司水费，另一半购得某商场一件衬衣。下列哪些说法是正确的？（2015/3/61）[1]

A. 丙可请求丁返还手表

B. 丙可请求甲返还 3000 元、请求自来水公司和商场各返还 500 元

C. 丙可请求乙返还 1000 元不当得利

D. 丙可请求甲返还 4000 元不当得利

【考点】不当得利的构成；善意取得

【答案解析】选项 A 正确。盗赃物能否适用善意取得，现行法没有作出明确规定。但《民法典》第 312 条规定："所有权人或者其他权利人有权追回遗失物。该遗失物通过转让被他人占有的，权利人有权向无处分权人请求损害赔偿，或者自知道或者应当知道受让人之日起二年内向受让人请求返还原物；但是，受让人通过拍卖或者向具有经营资格的经营者购得该遗失物的，权利人请求返还原物时应当支付受让人所付的费用。权利人向受让人支付所付费用后，有权向无处分权人追偿"。可见，遗失物不适用善意取得。举轻以明重，盗赃物更不能适用善意取得。而且本题中，丁为无偿取得，也不符合善意取得的构成要件。故手表仍为丙所有，丙可请求丁返还。

选项 B、C 错误，D 正确。《民法典》第 985 条规定，"得利人没有法律根据取得不当利益

---

〔1〕　AD

的，受损失的人可以请求得利人返还取得的利益"。据此，不当得利的构成要件有四：（1）一方受益；（2）他方受损；（3）受益与受损之间，具有因果关系；（4）无法律上的依据。货币作为一种特殊的财产，遵循"占有即所有"的规则。本题中，甲盗窃后取得货币所有权，但其受益并无合法根据，并且导致了丙的受损，故在甲与丙之间构成不当得利之债，丙可请求甲返还4000元。甲将所窃货币中的1000元钱用于补偿乙的损失，在乙不知甲盗窃情节的情况下，乙是作为债权人而受领，有合法根据，故乙不构成不当得利。乙将该1000元用于支付自来水公司的水费和购买衬衣后，自来水公司和商场也是作为债权人而合法受领，不构成不当得利。

2. 下列哪一情形产生了不当得利之债？（2013/3/20）[1]

A. 甲欠乙款超过诉讼时效后，甲向乙还款

B. 甲欠乙款，提前支付全部利息后又在借期届满前提前还款

C. 甲向乙支付因前晚打麻将输掉的2000元现金

D. 甲在乙银行的存款账户因银行电脑故障多出1万元

【考点】不当得利的构成

【答案解析】《民法典》第985条规定："得利人没有法律根据取得不当利益的，受损失的人可以请求得利人返还取得的利益。"据此，不当得利的构成要件有四：（1）一方受益；（2）他方受损；（3）受益与受损之间，具有因果关系；（4）无法律上的依据。

选项A错误。根据《最高人民法院关于审理民事案件适用诉讼时效制度若干问题的规定》第19条第1款的规定："诉讼时效期间届满，当事人一方向对方当事人作出同意履行义务的意思表示或者自愿履行义务后，又以诉讼时效期间届满为由进行抗辩的，人民法院不予支持"。由此可知，债权的诉讼时效期间经过后，债权的受领权能依然存在，债务人自愿履行债务的，不论债务人履行时是否知悉诉讼时效期间已经经过，受领权能的存在就是债权人保有债务人履行利益的法律上原因，不构成不当得利。因此，甲超过诉讼时效向乙还款，乙不构成不当得利。

选项B错误。《民法典》第677条规定："借款人提前返还借款的，除当事人另有约定外，应当按照实际借款的期间计算利息。"由此可知，甲作为借款人，可以不受借款合同的约定，提前偿还借款及利息。借款人提前还款，利息的计算存在两种情况：一种是当事人没有特别约定时，按照实际借款期间计算，此时，若借款人提前支付全部利息，实际还款日至原还款期限届满日这一期间的利息就属于不当得利。另一种是按照当事人约定的期间计算。选项B中并未说明当事人是否就利息计算期间作出特别约定，故不可断言，乙构成不当得利。

选项C错误。甲向乙支付的因前晚打麻将输掉的2000元现金属于赌债，是因不法原因而给付财产的情形。此时应对赌博所涉财产进行收缴，甲无权以不当得利为由要求乙返还。故C项不当选。不受民法的调整，不属于不当得利。C项不当选。

选项D正确。甲在乙银行的存款账户因银行电脑故障多出1万元，因甲账户此时多出1万元没有合法依据，符合不当得利的构成要件，因此乙银行可以不当得利为由要求甲返还。

3. 甲将某物出售于乙，乙转售于丙，甲应乙的要求，将该物直接交付于丙。下列哪一说法是错误的？（2012/3/20）[2]

A. 如仅甲、乙间买卖合同无效，则甲有权向乙主张不当得利返还请求权

B. 如仅乙、丙间买卖合同无效，则乙有权向丙主张不当得利返还请求权

---

[1] D [2] C

C. 如甲、乙间以及乙、丙间买卖合同均无效，甲无权向丙主张不当得利返还请求权

D. 如甲、乙间以及乙、丙间买卖合同均无效，甲有权向乙、乙有权向丙主张不当得利返还请求权

【考点】给付型不当得利

【答案解析】给付型不当得利，仅限于存有给付关系之当事人间始可成立，无给付关系，不能成立给付型不当得利。甲将某物出售给乙，乙转售给丙，甲应乙的要求，直接将该物交付给丙。这种交付被称为"经由被指令人而为交付"。虽然在事实上，甲直接将该物交付给丙，但在法律关系上，则应认定为，甲向乙为给付，乙向丙为给付，甲、丙间并无给付关系。

选项A表述正确，不当选。根据《民法典》第157条的规定，民事法律行为无效、被撤销或者确定不发生效力后，行为人因该行为取得的财产，应当予以返还；不能返还或者没有必要返还的，应当折价补偿。有过错的一方应当赔偿对方由此所受到的损失；各方都有过错的，应当各自承担相应的责任。法律另有规定的，依照其规定。甲将某物交付给丙，是履行其对乙的债务，由此构成甲对乙的给付，而不构成对丙的给付。如果甲、乙间买卖合同无效，给付不当得利关系仅存在于甲乙之间，不存在于甲丙之间。

选项B表述正确，不当选。甲将该物交付给丙，同时是乙履行对丙的债务，构成乙对丙的给付。如果乙、丙间买卖合同无效，则给付不当得利关系仅存在于乙丙之间。

选项D表述正确，不当选。如果甲乙之间和乙丙之间的两个买卖合同均无效，则甲、乙之间和乙、丙之间分别发生给付不当得利关系，甲可以请求乙、乙可以请求丙返还不当得利。

选项C表述错误，当选。甲、丙之间虽无给付关系，但题干已说明两个合同均无效，故甲基于所有权，可以请求丙返还不当得利。该不当得利既可表现为丙对物的占有，也可能表现为丙对物的使用、收益等。

4. 下列哪一情形不产生不当得利之债？（2011/3/19）[1]

A. 甲向乙借款10万元，1年后根据约定偿还本息15万元

B. 甲不知诉讼时效已过，向债权人乙清偿债务

C. 甲久别归家，误把乙的鸡当成自家的吃掉

D. 甲雇用的装修工人，误把邻居乙的装修材料用于甲的房屋装修

【考点】不当得利的构成

【答案解析】《民法典》第985条规定："得利人没有法律根据取得不当利益的，受损失的人可以请求得利人返还取得的利益。"据此，不当得利的构成要件有四：（1）一方受益；（2）他方受损；（3）受益与受损之间，具有因果关系；（4）无法律上的依据。

选项A不当选。自然人之间的借款合同约定支付利息的，借款的利率不得违反国家有关限制借款利率的规定。《民法典》第680条规定："禁止高利放贷，借款的利率不得违反国家有关规定。借款合同对支付利息没有约定的，视为没有利息。借款合同对支付利息约定不明确，当事人不能达成补充协议的，按照当地或者当事人的交易方式、交易习惯、市场利率等因素确定利息；自然人之间借款的，视为没有利息。"根据最高人民法院《关于审理民间借贷案件适用法律若干问题的规定》第25条："出借人请求借款人按照合同约定利率支付利息的，人民法院应予支持，但是双方约定的利率超过合同成立时一年期贷款市场报价利率四倍的除外。"超出部分即构成不当得利之债，应由乙将不当利益返还给甲。

选项B当选。《诉讼时效规定》第19条规定："诉讼时效期间届满，当事人一方向对方当

[1] B

事人作出同意履行义务的意思表示或者自愿履行义务后，又以诉讼时效期间届满为由进行抗辩的，人民法院不予支持。"债权的诉讼时效期间经过后，债权的受领权能依然存在，债务人自愿履行债务的，不论债务人履行时是否知悉诉讼时效期间已经经过，受领权能的存在就是债权人保有债务人履行利益的法律上原因，不构成不当得利。

选项 C 不当选。从物理形态上看，甲将乙的鸡当成自家的吃了，鸡已经不存在了，好像甲并未受有利益。但是，从价值形态上看，甲吃了鸡，其财产本应减少而未减少，故甲的财产消极增加，故甲受有利益，乙也因此遭受了损失，符合不当得利的构成要件。须强调：仅在一种情况下误食他人东西的，不构成不当得利，即食用人对误食的物品不具有消费能力或者消费计划的，此时不能认定误食人的财产消极增加，因此不构成不当得利。

选项 D 不当选。装修工人将乙的装修材料用于甲的房屋装修后，发生了附合，乙对装修材料的所有权消灭，甲对乙构成不当得利。

第四编 婚姻家庭

考点一 婚姻效力、离婚

1. 孙新和孙立系双胞胎兄弟，2017 年 3 月 10 日，弟弟孙立拿着哥哥孙新的身份证与哥哥的女友韩孟前往民政部门办理了结婚登记手续。4 月 2 日，哥哥孙新因病前往医院治疗，住院期间爱上了照顾自己的小护士马冬梅，二人欲办理结婚登记手续。关于本案，下列那些说法是错误的？（2018 年回忆版）[1]

A. 韩孟可以向法院提起民事诉讼主张撤销婚姻

B. 孙新可以向法院提起民事诉讼主张撤销婚姻

C. 法院应当宣告孙立和韩孟的婚姻无效

D. 韩孟可以向法院提起行政诉讼

【答案解析】本题综合考查结婚登记程序瑕疵和无效婚姻。

当事人以结婚登记程序存在瑕疵为由提起民事诉讼，主张撤销结婚登记的，告知其可以依法申请行政复议或提起行政诉讼。且仅仅存在隐瞒病情和胁迫的情形下，才可以主张撤销婚姻，本题中不存在受到胁迫或者一方隐瞒病情而与另外一方缔结婚姻的情形，韩孟和孙新应提起行政复议或行政诉讼。故 A、B 项说法错误，当选；D 项说法正确，不当选。

根据《民法典》第 1051 条，有下列情形之一的，婚姻无效：（一）重婚；（二）有禁止结婚的亲属关系；（三）未到法定婚龄。当事人以《民法典》第 1051 条规定以外的情形申请宣告婚姻无效的，法院应当判决驳回当事人的申请。本题中，孙立和韩孟二者并不存在无效婚姻的情形。故 C 项说法错误，当选。

综上所述，本题的正确答案为 ABC。

2. 刘男按当地习俗向戴女支付了结婚彩礼现金 10 万元及金银首饰数件，婚后不久刘男即主张离婚并要求返还彩礼。关于该彩礼的返还，下列哪一选项是正确的？（2017/3/18）[2]

A. 因双方已办理结婚登记，故不能主张返还

B. 刘男主张彩礼返还，不以双方离婚为条件

C. 已办理结婚登记，未共同生活的，可主张返还

D. 已办理结婚登记，并已共同生活的，仍可主张返还

【考点】彩礼的返还

【答案解析】本题考查彩礼的返还。根据《婚姻家庭编司法解释（一）》第 5 条规定，当事人请求返还按照习俗给付的彩礼的，如果查明属于以下情形，人民法院应当予以支持：（1）双方未办理结婚登记手续的；（2）双方办理结婚登记手续但确未共同生活的；（3）婚前给付并导致给付人生活困难的。适用第（2）（3）项的规定，应当以双方离婚为条件。据此，在双方已办理结婚登记的情况下，若满足确未共同生活的条件，也可以依法主张返还，但其前提是双方离婚，故 A、B、D 均错误，C 正确。

---

[1] ABC [2] C

3. 乙女与甲男婚后多年未生育，后甲男发现乙女因不愿生育曾数次擅自终止妊娠，为此甲男多次殴打乙女。乙女在被打住院后诉至法院要求离婚并请求损害赔偿，甲男以生育权被侵害为由提起反诉，请求乙女赔偿其精神损害。法院经调解无效，拟判决双方离婚。下列哪些选项是正确的？（2017/3/65）[1]

A. 法院应支持乙女的赔偿请求 B. 乙女侵害了甲男的生育权

C. 乙女侵害了甲男的人格尊严 D. 法院不应支持甲男的赔偿请求

【考点】离婚损害赔偿

【答案解析】本题考查离婚损害赔偿。有下列情形之一，导致离婚的，无过错方有权请求损害赔偿：（1）重婚；（2）与他人同居；（3）实施家庭暴力；（4）虐待、遗弃家庭成员；5五）有其他重大过错。承担《民法典》第1091条规定的损害赔偿责任的主体，为离婚诉讼当事人中无过错方的配偶。人民法院判决不准离婚的案件，对于当事人提出的损害赔偿请求，不予支持。在婚姻关系存续期间，当事人不起诉离婚而单独依据该条规定提起损害赔偿请求的，人民法院不予受理。本题中，甲男多次殴打乙女，属于实施家庭暴力；乙女已经诉请离婚；法院拟判决双方离婚，符合离婚损害赔偿的条件，故A正确。

我国现行法律并未承认生育权，B错误。

乙女的行为也谈不上侵害甲男的人格尊严，C错误。

本题中，甲男的主张无法律依据，D正确。

4. 乙起诉离婚时，才得知丈夫甲此前已着手隐匿并转移财产。关于甲、乙离婚的财产分割，下列哪一选项是错误的？（2016/3/18）[2]

A. 甲隐匿转移财产，分割财产时可少分或不分

B. 就履行离婚财产分割协议事宜发生纠纷，乙可再起诉

C. 离婚后发现甲还隐匿其他共同财产，乙可另诉再次分割财产

D. 离婚后因发现甲还隐匿其他共同财产，乙再行起诉不受诉讼时效限制

【考点】离婚财产分割

【答案解析】《民法典》第1092条规定，夫妻一方隐藏、转移、变卖、毁损、挥霍夫妻共同财产，或者伪造夫妻共同债务企图侵占另一方财产的，在离婚分割夫妻共同财产时，对该方可以少分或者不分。离婚后，另一方发现有上述行为的，可以向人民法院提起诉讼，请求再次分割夫妻共同财产。故A选项正确，不选；C选项正确，不选。

根据《婚姻家庭编司法解释》第84条，当事人依据民法典第1092条的规定向人民法院提起诉讼，请求再次分割夫妻共同财产的诉讼时效期间为三年，从当事人发现之日起计算。故D选项错误，当选。

根据《婚姻家庭编司法解释》，当事人依照民法典第1076条签订的离婚舅父议中关于财产以及债务处理的条款，对男女双方具有法律约束力。登记离婚后当事人因履行上述协议发生纠纷提起诉讼的，人民法院应当受理。故B选项正确，不选。

5. 钟某性情暴躁，常殴打妻子柳某，柳某经常找同村未婚男青年杜某诉苦排遣，日久生情。现柳某起诉离婚，关于钟、柳二人的离婚财产处理事宜，下列哪一选项是正确的？（2016/3/19）[3]

A. 针对钟某家庭暴力，柳某不能向其主张损害赔偿

B. 针对钟某家庭暴力，柳某不能向其主张精神损害赔偿

---

[1] AD [2] D [3] C

C. 如柳某婚内与杜某同居，则柳某不能向钟某主张损害赔偿

D. 如柳某婚内与杜某同居，则钟某可以向柳某主张损害赔偿

【考点】离婚损害赔偿请求权

【答案解析】根据《民法典》1091条规定，有下列情形之一，导致离婚的，无过错方有权请求损害赔偿：（1）重婚；（2）与他人同居；（3）实施家庭暴力；（4）虐待、遗弃家庭成员；（5）有其他重大过错。"损害赔偿"，包括物质损害赔偿和精神损害赔偿。钟某常殴打妻子柳某，柳某可以主张离婚损害赔偿，A选项错误，B选项错误。

根据《婚姻家庭编司法解释》第90条，夫妻双方均有民法典第1091条规定的过错情形，一方或者双方向对方提出离婚损害赔偿请求的，人民法院不予支持。柳某婚内与杜某同居，有过错，钟某实施家庭暴力，也有过错，双方均丧失离婚损害赔偿请求权，故C选项正确，D选项错误。

6. 屈赞与曲玲协议离婚并约定婚生子屈曲由屈赞抚养，另口头约定曲玲按其能力给付抚养费并可随时探望屈曲。对此，下列哪些选项是正确的？（2016/3/65）[1]

A. 曲玲有探望权，屈赞应履行必要的协助义务

B. 曲玲连续几年对屈曲不闻不问，违背了法定的探望义务

C. 屈赞拒不履行协助曲玲探望的义务，经由裁判可依法对屈赞采取拘留、罚款等强制措施

D. 屈赞拒不履行协助曲玲探望的义务，经由裁判可依法强制从屈赞处接领屈曲与曲玲会面

【考点】探望权

【答案解析】根据《民法典》第1085条，离婚后，不直接抚养子女的父或母，有探望子女的权利，另一方有协助的义务。屈赞与曲玲协议离婚并约定婚生子屈曲由屈赞抚养，不直接抚养子女的曲玲有探望权，屈赞应履行必要的协助义务，故A选项正确。根据上述法条，探望权是权利，不是义务，故B选项错误。

根据《婚姻家庭编司法解释》第68条，对于拒不协助另一方行使探望权的有关个人或者组织，可以由人民法院依法采取拘留、罚款等强制措施，但是不能对子女的人身、探望行为进行强制执行。故C选项正确，D选项错误。

7. 胡某与黄某长期保持同性恋关系，胡某创作同性恋题材的小说发表。后胡某迫于父母压力娶陈某为妻，结婚时陈某父母赠与一套房屋，登记在陈某和胡某名下。婚后，胡某收到出版社支付的小说版税10万元。此后，陈某得知胡某在婚前和婚后一直与黄某保持同性恋关系，非常痛苦。下列哪一说法是正确的？（2015/3/20）[2]

A. 胡某隐瞒同性恋重大事实，导致陈某结婚的意思表示不真实，陈某可请求撤销该婚姻

B. 陈某受欺诈而登记结婚，导致陈某父母赠与房屋意思表示不真实，陈某父母可撤销赠与

C. 该房屋不属于夫妻共同财产

D. 10万元版税属于夫妻共同财产

【考点】可撤销婚姻

【答案解析】选项A错误。根据《民法典》第1052条，因胁迫结婚的，受胁迫的一方可以向人民法院请求撤销婚姻。请求撤销婚姻的，应当自胁迫行为终止之日起一年内提出。因

---

[1] AC [2] D

此，欺诈不属于婚姻可撤销事由。

选项 B 错误。一方以欺诈、胁迫的手段或者乘人之危，使对方在违背真实意思的情况下订立的合同，受损害方有权请求人民法院或者仲裁机构撤销。本题中，虽然陈某与胡某之间的婚姻关系乃受胡某欺诈而缔结，但陈某父母赠与房屋的意思表示是否真实应当独立进行评价，很显然，陈某父母赠与房屋的意思表示是真实自由的，赠与合同不存在可撤销事由。

选项 C 错误。根据《婚姻家庭编司法解释》第 29 条，当事人结婚前，父母为双方购置房屋出资的，该出资应当认定为对自己子女的个人赠与，但父母明确表示赠与双方的除外。本题中，陈某父母赠与的房屋应认定为双方共有。

选项 D 正确。根据《民法典》第 1062 条，夫妻在婚姻关系存续期间所得的知识产权的收益归双方共同所有。本题中，胡某收到出版社支付的小说版税 10 万元属于夫妻共同财产正确。

8. 甲与乙登记结婚 3 年后，乙向法院请求确认该婚姻无效。乙提出的下列哪一理由可以成立？(2011/3/22)[1]

A. 乙登记结婚的实际年龄离法定婚龄相差 2 年
B. 甲婚前谎称是海归博士且有车有房，乙婚后发现上当受骗
C. 甲与乙是表兄妹关系
D. 甲以揭发乙父受贿为由胁迫乙结婚

【考点】 无效婚姻

【答案解析】 选项 A 不当选。根据《民法典》第 1051 条，有下列情形之一的，婚姻无效：(1) 重婚的；(2) 有禁止结婚的亲属关系的；(3) 未到法定婚龄的。根据《婚姻家庭编司法解释》第 10 条，当事人依据民法典第 1051 条规定向人民法院请求确认婚姻无效，法定的无效婚姻情形在提起诉讼时已经消失的，人民法院不予支持。乙结婚时离法定婚龄相差 2 岁，但现已经过了 3 年，无效情形已经消失。

选项 B 不当选。关于无效婚姻的规定系封闭式规定，仅限于规定的三种情形。因欺诈结婚的，不属于无效婚姻。

选项 C 当选。根据《民法典》第 1048 条，直系血亲或者三代以内的旁系血亲禁止结婚。表兄妹属于三代以内的旁系血亲，甲、乙的婚姻无效。

选项 D 不当选。因胁迫结婚的，属于可撤销的婚姻，而不是无效婚姻。

9. 董楠（男）和申蓓（女）是美术学院同学，共同创作一幅油画作品《爱你一千年》。毕业后二人结婚育有一女。董楠染上吸毒恶习，未经申蓓同意变卖了《爱你一千年》，所得款项用于吸毒。因董楠恶习不改，申蓓在女儿不满 1 周岁时提起离婚诉讼。下列哪些说法是正确的？(2015/3/65)[2]

A. 申蓓虽在分娩后 1 年内提出离婚，法院应予受理
B. 如调解无效，应准予离婚
C. 董楠出售《爱你一千年》侵犯了申蓓的物权和著作权
D. 对董楠吸毒恶习，申蓓有权请求离婚损害赔偿

【考点】 离婚条件；离婚损害赔偿请求权

【答案解析】 选项 A 正确。根据《民法典》第 1082 条，女方在怀孕期间、分娩后一年内或终止妊娠后六个月内，男方不得提出离婚。女方提出离婚的，或人民法院认为确有必要受理男方离婚请求的除外。

---

[1] C [2] ABC

选项 B 正确。根据《民法典》第 1079 条，夫妻一方要求离婚的，可以由有关组织进行调解或者直接向人民法院提起离婚诉讼。人民法院审理离婚案件，应当进行调解；如果感情确已破裂，调解无效的，应当准予离婚。有下列情形之一，调解无效的，应当准予离婚：（1）重婚或者与他人同居；（2）实施家庭暴力或者虐待、遗弃家庭成员；（3）有赌博、吸毒等恶习屡教不改；（4）因感情不和分居满二年；（5）其他导致夫妻感情破裂的情形。一方被宣告失踪，另一方提起离婚诉讼的，应当准予离婚。经人民法院判决不准离婚后，双方又分居满一年，一方再次提起离婚诉讼的，应当准予离婚。本题中，董楠染上吸毒恶习，如调解无效，应准予离婚。

选项 C 正确。《著作权条例》第 9 条规定："合作作品不可以分割使用的，其著作权由各合作作者共同享有，通过协商一致行使；不能协商一致，又无正当理由的，任何一方不得阻止他方行使除转让以外的其他权利，但是所得收益应当合理分配给所有合作作者。"本题中，董楠未经申蓓同意变卖了《爱你一千年》，所得款项用于吸毒。既侵犯了申蓓的财产共有权，又侵犯了其著作权。

选项 D 错误，不当选。《民法典》第 1091 条规定："有下列情形之一，导致离婚的，无过错方有权请求损害赔偿：（1）重婚；（2）与他人同居；（3）实施家庭暴力；（4）虐待、遗弃家庭成员；（5）有其他重大过错。"可见离婚损害赔偿请求权的适用情形不包括吸毒。

10. 甲与乙结婚多年后，乙患重大疾病需要医治，甲保管夫妻共同财产但拒绝向乙提供治疗费，致乙疾病得不到及时治疗而恶化。下列哪一说法是错误的？（2012/3/23）[1]

A. 乙在婚姻关系存续期间，有权起诉请求分割夫妻共同财产

B. 乙有权提出离婚诉讼并请求甲损害赔偿

C. 乙在离婚诉讼中有权请求多分夫妻共同财产

D. 乙有权请求公安机关依照《治安管理处罚法》对甲予以行政处罚

【考点】夫妻共同共有财产的分割；离婚损害赔偿请求权

【答案解析】选项 A 表述正确，不当选。根据《民法典》第 1066 条，婚姻关系存续期间，夫妻一方请求分割夫妻共同财产的，人民法院不予支持，但有下列重大理由且不损害债权人利益的除外：（1）一方有隐藏、转移、变卖、毁损、挥霍夫妻共同财产或者伪造夫妻共同债务等严重损害夫妻共同财产利益行为的；（2）一方负有法定扶养义务的人患重大疾病需要医治，另一方不同意支付相关医疗费用的。甲、乙系夫妻，负有相互扶养的法定义务。乙患重病期间，甲拒绝提供治疗费的行为构成虐待和遗弃。"举轻以明重"，可以类推适用该规定。同时，本题所述情形也可认定为"有重大理由需要分割的"，所以，乙有权在婚姻关系存续期间，起诉请求分割夫妻共同财产。

选项 B 表述正确，不当选。根据《民法典》第 1091 条，有下列情形之一，导致离婚的，无过错方有权请求损害赔偿：（1）重婚；（2）与他人同居；（3）实施家庭暴力；（4）虐待、遗弃家庭成员；（5）有其他重大过错。本题中，甲的行为属于虐待家庭成员。

选项 C 表述错误，当选。离婚时，一方隐藏、转移、变卖、毁损夫妻共同财产，或伪造债务企图侵占另一方财产的，分割夫妻共同财产时，对隐藏、转移、变卖、毁损夫妻共同财产或伪造债务的一方，可以少分或不分。本题不符合规定的情形。

选项 D 表述正确，不当选。实施家庭暴力或虐待家庭成员，受害人提出请求的，公安机关应当依照治安管理处罚的法律规定予以行政处罚。《治安管理处罚法》第 45 条规定："有下列行为

---

[1] C

之一的，处 5 日以下拘留或者警告：（1）虐待家庭成员，被虐待人要求处理的；（2）遗弃没有独立生活能力的被扶养人的。"

考点二　夫妻财产关系

1. 尤某和崔某结婚后用共同积蓄买了一套房，登记在尤某名下，后两人感情不和分居，崔某准备与尤某离婚析产。尤某得知后，便用情妇蔡某的合照伪造了结婚证，伙同蔡某以夫妻名义将住房以市价卖给不知情的孙某，并过户登记了。下列哪些选项正确？（2019 年回忆版）[1]

A. 崔某有权要求蔡某承担侵权责任　　B. 房屋买卖合同无效

C. 孙某已依法取得该房屋所有权　　D. 该房屋出卖前属于尤某和崔某的共同财产

【考点】夫妻共同财产

【答案解析】A 项，《民法典》第 1168 条规定，二人以上共同实施侵权行为，造成他人损害的，应当承担连带责任。尤某用与蔡某的合照伪造了结婚证，伙同蔡某以夫妻名义将住房以市价卖给不知情的孙某，损害了崔某财产权，崔某有权要求蔡某承担侵权责任。A 项正确。

B 项，《民法典》第 154 条规定，行为人与相对人恶意串通，损害他人合法权益的民事法律行为无效。本题中孙某与尤某、蔡某不属于恶意串通行为，该房屋买卖合同有效。B 项错误。

C 项，《民法典》第 209 条规定，不动产物权的设立、变更、转让和消灭，经依法登记，发生效力；未经登记，不发生效力，但是法律另有规定的除外。本题房屋已登记至孙某名下，孙某已依法取得该房屋所有权。C 项正确。

D 项，《民法典》第 1062 条规定，夫妻在婚姻关系存续期间所得的下列财产，为夫妻的共同财产，归夫妻共同所有：（1）工资、奖金和其他劳务报酬；（2）生产、经营、投资的收益；（3）知识产权的收益；（4）继承或者受赠的财产，但是本法第 1063 条第 3 项规定的除外；（5）其他应当归共同所有的财产。夫妻对共同财产，有平等的处理权。尤某和崔某结婚后用共同积蓄买了一套房，该房屋出卖前属于尤某和崔某的共同财产。D 项正确。

2. 刘山峰、王翠花系老夫少妻，刘山峰婚前个人名下拥有别墅一栋。关于婚后该别墅的归属，下列哪一选项是正确的？（2016/3/20）[2]

A. 该别墅不可能转化为夫妻共同财产

B. 婚后该别墅自动转化为夫妻共同财产

C. 婚姻持续满八年后该别墅即依法转化为夫妻共同财产

D. 刘、王可约定婚姻持续八年后该别墅转化为夫妻共同财产

【考点】夫妻财产关系

【答案解析】夫妻一方所有的财产，不因婚姻关系的延续而转化为夫妻共同财产。但当事人另有约定的除外。故 A 选项表述太绝对，错误。B 选项，自动转化为夫妻共同财产，错误。C 选项，没有法律依据，错误。《民法典》第 1063 条，下列财产为夫妻一方的个人财产：（1）一方的婚前财产；（2）一方因受到人身损害获得的赔偿或者补偿；（3）遗嘱或者赠与合同中确定只归一方的财产；（4）一方专用的生活用品；（5）其他应当归一方的财产。刘山峰婚前

---

[1]　ACD　[2]　D

别墅属于个人财产，但可以约定八年后转化为夫妻共同财产，D 选项正确。

3. 甲（男）、乙（女）结婚后，甲承诺，在子女出生后，将其婚前所有的一间门面房，变更登记为夫妻共同财产。后女儿丙出生，但甲不愿兑现承诺，导致夫妻感情破裂离婚，女儿丙随乙一起生活。后甲又与丁（女）结婚。未成年的丙因生重病住院急需医疗费 20 万元，甲与丁签订借款协议从夫妻共同财产中支取该 20 万元。下列哪一表述是错误的？（2014/3/23）[1]

A. 甲与乙离婚时，乙无权请求将门面房作为夫妻共同财产分割

B. 甲与丁的协议应视为双方约定处分共同财产

C. 如甲、丁离婚，有关医疗费按借款协议约定处理

D. 如丁不同意甲支付医疗费，甲无权要求分割共有财产

【考点】夫妻共有财产；共同共有财产的分割

【答案解析】选项 A 表述正确，不当选。《民法典》第 1065 条，男女双方可以约定婚姻关系存续期间所得的财产以及婚前财产归各自所有、共同所有或部分各自所有、部分共同所有。约定应当采用书面形式。《民法典》第 209 条，不动产物权的设立、变更、转让和消灭，经依法登记，发生效力；未经登记，不发生效力，但法律另有规定的除外。本题中，甲乙之间并未对门面房进行物权变动登记，因此该财产的所有权还是属于甲，甲乙二人离婚时，不能对不属于共同财产的房屋进行财产分割。

选项 B、C 项表述正确，不当选。《婚姻家庭编司法解释》第 82 条，夫妻之间订立借款协议，以夫妻共同财产出借给一方从事个人事务的，应视为双方约定处分夫妻共同财产的行为，离婚时可按照借款协议的约定处理。根据题意，甲系与丁经协商从夫妻共同财产中支取 20 万元，因此是在处分共同财产。但是 20 万元中，有甲和丁两人的财产份额，因此就丁的份额，应按双方签订的借款协议处理。

选项 D 表述错误，当选。《民法典》第 1066 条，婚姻关系存续期间，夫妻一方请求分割共同财产的，人民法院不予支持，但有下列重大理由且不损害债权人利益的除外：（1）一方有隐藏、转移、变卖、毁损、挥霍夫妻共同财产或者伪造夫妻共同债务等严重损害夫妻共同财产利益行为的；（2）一方负有法定扶养义务的人患重大疾病需要医治，另一方不同意支付相关医疗费用的。本题中，如丁不同意甲支付医疗费，甲也有权要求分割共有财产。

4. 甲乙夫妻的下列哪一项婚后增值或所得，属于夫妻共同财产？（2013/3/23）[2]

A. 甲婚前承包果园，婚后果树上结的果实

B. 乙婚前购买的 1 套房屋升值了 50 万元

C. 甲用婚前的 10 万元婚后投资股市，得利 5 万元

D. 乙婚前收藏的玉石升值了 10 万元

【考点】夫妻共同财产

【答案解析】选项 A 不当选。《婚姻家庭编司法解释》第 26 条，夫妻一方个人财产在婚后产生的收益，除孳息和自然增值外，应认定为夫妻共同财产。A 项中，若果实尚未分离，尚不属于孳息，仍归甲所有；若果实已经分离，则属于自然孳息，也归甲所有。

选项 B、D 不当选。房屋和玉石的升值均为自然增值，仍为乙的个人财产。

选项 C 当选。股息不属于孳息，因此甲以 10 万元的婚前财产购买股票产生的股息属于甲、乙共同共有。

---

[1] D [2] C

5. 黄某与唐某自愿达成离婚协议并约定财产平均分配，婚姻关系存续期间的债务全部由唐某偿还。经查，黄某以个人名义在婚姻存续期间向刘某借款 10 万元用于购买婚房。下列哪一表述是正确的？（2011/3/21）[1]

    A. 刘某只能要求唐某偿还 10 万元

    B. 刘某只能要求黄某偿还 10 万元

    C. 如黄某偿还了 10 万元，则有权向唐某追偿 10 万元

    D. 如唐某偿还了 10 万元，则有权向黄某追偿 5 万元

【考点】 夫妻共同债务

【答案解析】 选项 A、B 项错误。离婚时，原为夫妻共同生活所负的债务，应当共同偿还。共同财产不足清偿的，或财产归各自所有的，由双方协议清偿；协议不成的，由人民法院判决。因此，夫妻离婚时，夫妻共同债务先用夫妻共同财产清偿；共同财产不足以清偿的，男女双方以各自的财产对夫妻共同债务承担连带清偿责任。债权人就婚姻关系存续期间夫妻一方以个人名义所负债务主张权利的，应当按夫妻共同债务处理。但夫妻一方能够证明债权人与债务人明确约定为个人债务的除外。据此，黄某在婚姻存续期间以个人名义向刘某所借 10 万元应认定为夫妻共同债务，黄某与唐某应承担连带清偿责任。

    选项 C 正确，D 项错误。《婚姻家庭编司法解释》第 35 条，当事人的离婚协议或者人民法院的判决书、裁定书、调解书已经对夫妻财产分割问题作出处理的，债权人仍有权就夫妻共同债务向男女双方主张权利。一方就共同债务承担连带清偿责任后，基于离婚协议或者人民法院的法律文书向另一方主张追偿的，人民法院应当支持。因此，黄某与唐某在离婚协议中对夫妻共同债务承担的约定不能对抗债权人，双方仍需对债权人承担连带责任；但是，该约定在黄某与唐某间可发生效力。故如黄某偿还了 10 万元，则有权向唐某追偿 10 万元。

    6. 甲与乙离婚，甲乙的子女均已成年，与乙一起生活。甲与丙再婚后购买了一套房屋，登记在甲的名下。后甲因中风不能自理，常年卧床。丙见状离家出走达 3 年之久。甲乙的子女和乙想要回房屋，进行法律咨询。下列哪些意见是错误的？（2011/3/52）[2]

    A. 因房屋登记在甲的名下，故属于甲个人房产

    B. 丙在甲中风后未尽妻子责任和义务，不能主张房产份额

    C. 甲乙的子女可以申请宣告丙失踪

    D. 甲本人向法院提交书面意见后，甲乙的子女可代理甲参与甲与丙的离婚诉讼

【考点】 夫妻共同财产；宣告失踪；离婚诉讼的代理

【答案解析】 选项 A 错误。除非法律另有规定或者夫妻双方另有书面约定，在婚姻关系存续期间，夫妻一方或者双方取得的财产属于夫妻共同共有的财产。甲与丙婚后购买的房屋，虽仅登记在甲一人名下，亦应认定为甲、丙共同共有。

    选项 B 错误。夫妻一方对另一方不履行扶养义务的，丧失其对夫妻共同共有财产的权益，B 项的表述并无法律依据。

    选项 C 错误。自然人下落不明满二年的，利害关系人可以向人民法院申请宣告该自然人为失踪人。申请宣告失踪的利害关系人，包括被申请宣告失踪人的配偶、父母、子女、兄弟姐妹、祖父母、外祖父母、孙子女、外孙子女以及其他与被申请人有民事权利义务关系的人。甲乙的子女与丙无法律上的利害关系，无权申请宣告丙失踪。

    选项 D 正确。为了维护婚姻自由原则（包括离婚自由），离婚（包括协议离婚和诉讼离

---

[1] C　[2] ABC

婚）原则上不允许代理，但有例外，《民事诉讼法》第 65 条规定："离婚案件有诉讼代理人的，本人除不能表达意思的以外，仍应出庭；确因特殊情况无法出庭的，必须向人民法院提交书面意见。"据此，若甲因中风确实不能出庭参与与丙的离婚诉讼，可由甲出具书面意见（作出与丙离婚的意思表示），并委托自己的子女向法院出具该书面意见（此时，甲的子女系甲的传达人，而非代理人）。除了离婚的意思表示不能代理外，有关甲、丙夫妻财产分割的诉讼，可以代理，甲可委托其子女作为代理人。

考点三　收养

1. 小强现年 9 周岁，生父谭某已故，生母徐某虽有抚养能力，但因准备再婚决定将其送养。徐某的姐姐要求收养，其系华侨富商，除已育有一子外符合收养人的其他条件；谭某父母为退休教师，也要求抚养。下列哪一选项是正确的？（2017/3/19）[1]

A. 徐某因有抚养能力不能将小强送其姐姐收养
B. 徐某的姐姐因有子女不能收养小强
C. 谭某父母有优先抚养的权利
D. 收养应征得小强同意

【考点】收养的条件

【答案解析】本题考查收养的条件。生父母充当送养人的，须"有特殊困难无力抚养子女"这一条件，据此，通常情况下只有生父母没有抚养能力时方能送养其子女。收养三代以内同辈旁系血亲的子女，可以不受生父母有特殊困难的限制。据此，徐某的姐姐收养徐某之子女小强，并不要求徐某无抚养能力这一条件，故 A 错误。

华侨收养三代以内同辈旁系血亲的子女，还可以不受收养人无子女以及只有一名子女的限制。据此，徐某的姐姐虽然已育有一子，但因其是华侨，可以不受收养人无子女的限制，故仍然可以收养小强，B 错误。

配偶一方死亡，另一方送养未成年子女的，死亡一方的父母有优先抚养的权利。因此，C 正确。

收养人收养与送养人送养，须双方自愿。收养年满八周岁以上未成年人的，应当征得被收养人的同意。本题中小强仅有 9 周岁，故需征得其同意，D 正确。

2. 张某和李某达成收养协议，约定由李某收养张某 6 岁的孩子小张；任何一方违反约定，应承担违约责任。双方办理了登记手续，张某依约向李某支付了 10 万元。李某收养小张 1 年后，因小张殴打他人赔偿了 1 万元，李某要求解除收养协议并要求张某赔偿该 1 万元。张某同意解除但要求李某返还 10 万元。下列哪一表述是正确的？（2014/3/2）[2]

A. 李某、张某不得解除收养关系　　B. 李某应对张某承担违约责任
C. 张某应赔偿李某 1 万元　　　　D. 李某应返还不当得利

【考点】收养的解除；不当得利

【答案解析】选项 A 错误。根据《民法典》第 1114 条，收养人在被收养人成年以前，不得解除收养关系，但收养人、送养人双方协议解除的除外。养子女年满 8 周岁以上的，应当征得本人同意。

选项 B 错误。由于李某解除收养协议经过了张某的同意，因此无须承担违约责任。

C 选项错误。自收养关系成立之日起，养父母与养子女间的权利义务关系，适用法律关于父母子女关系的规定；养子女与养父母的近亲属间的权利义务关系，适用法律关于子女与父母的近亲属关系的规定。养子女与生父母及其他近亲属间的权利义务关系，因收养关系的成立而消除。因此，在收养关系解除之前，被收养人致第三人损害的，应由养父母承担侵权责任。本题中，小张殴打他人所赔偿的 1 万元应由李某承担。

选项 D 正确。收养协议解除后，李某收取的 10 万元丧失了法律根据，因此构成不当得利，应予返还。

考点一　法定继承

1. 2012 年 5 月 10 日，张楠（男）和李霞（女）结婚。婚后，生育一子张军。从 2013 年 2 月起二人感情不和，张楠前往深圳打工，并结识打工妹何芸。二人自 2015 年 2 月开始同居，并生育一子张强。2016 年 1 月，张楠因病住院，于 2 月 1 日亲笔书写一份遗嘱称："死后将自己的所有遗产留给何芸。"但未注明年月日。2017 年 10 月，张楠去世。关于本案，下列哪一表述是错误的？（2018 年回忆版）[1]

A. 张楠的遗嘱无效，何芸不能继承张楠的遗产

B. 李霞有权继承张楠的遗产

C. 张军是张楠的第一顺序的法定继承人

D. 张强不能继承张楠的遗产

【答案解析】本题综合考查遗嘱的效力和法定继承。

根据《民法典》第 1134 条，自书遗嘱由遗嘱人亲笔书写，签名，注明年、月、日。本题中，张楠的遗嘱因未注明年月日而无效。同时，根据《民法典》第 1127 条的规定，遗产按照下列顺序继承：（1）第一顺序：配偶、子女、父母。本编所称的子女，包括婚生子女、非婚生子女、养子女和有扶养关系的继子女。

本题中，何芸并非张楠的配偶，因此，无权继承。李霞（配偶）、张军（婚生子）和张强（非婚生子）均是张楠的第一顺序的法定继承人。故 A、B、C 项说法正确，不当选；D 项说法错误，当选。

综上所述，本题的正确答案为 D。

2. 甲出境经商下落不明，2015 年 9 月经其妻乙请求被 K 县法院宣告死亡，其后乙未再婚，乙是甲唯一的继承人。2016 年 3 月，乙将家里的一辆轿车赠送给了弟弟丙，交付并办理了过户登记。2016 年 10 月，经商失败的甲返回 K 县，为还债将登记于自己名下的一套夫妻共有住房私自卖给知情的丁；同年 12 月，甲的死亡宣告被撤销。下列哪些选项是正确的？（2017/3/52）[2]

A. 甲、乙的婚姻关系自撤销死亡宣告之日起自行恢复

B. 乙有权赠与该轿车

C. 丙可不返还该轿车

D. 甲出卖房屋的行为无效

【考点】宣告死亡

【答案解析】本题考查宣告死亡。根据《民法典》第 51 条，被宣告死亡的人的婚姻关系，自死亡宣告之日起消灭。死亡宣告被撤销的，婚姻关系自撤销死亡宣告之日起自行恢复，但是其配偶再婚或者向婚姻登记机关书面声明不愿意恢复的除外。和此前的法律比较，新增"向婚

---

[1]　D　[2]　ABC

姻登记机关书面声明不愿意恢复的除外"，据此，即使乙未再婚，但如果其向婚姻登记机关书面声明不愿意恢复，则甲的死亡宣告被撤销后，其与乙的婚姻关系也不会自行恢复，A 说法欠妥当，存在例外情况，即其配偶再婚或向婚姻登记机关书面声明不愿意恢复婚姻关系的，婚姻关系不能自行恢复。但是鉴于司法部公布的答案，A 选项是正确的，所以我们暂且认为正确答案包括 A。但是大家一定要注意以上所说例外情况。

乙是甲唯一的继承人，其在甲被宣告死亡后，对家里轿车享有所有权，故有权赠与该轿车，B 正确。

被撤销死亡宣告的人请求返还财产，其原物已被第三人合法取得的，第三人可不予返还。乙将轿车赠送给丙，交付并办理了过户登记，丙属于合法取得，可不予返还，C 正确。

甲被宣告死亡后，其妻子乙实际上对原先夫妻共有的房屋即享有所有权，甲再将其出售给丁，构成无权处分。当事人一方以出卖人在缔约时对标的物没有所有权或者处分权为由主张合同无效的，人民法院不予支持。据此，无权处分所订立的买卖合同应按照有效来认定，D 错误。

3. 甲、乙为夫妻，长期感情不和。2010 年 5 月 1 日甲乘火车去外地出差，在火车上失踪，没有发现其被害尸体，也没有发现其在何处下车。2016 年 6 月 5 日法院依照法定程序宣告甲死亡。之后，乙向法院起诉要求铁路公司对甲的死亡进行赔偿。关于甲被宣告死亡，下列哪些说法是正确的？（2016/3/51）[1]

A. 甲的继承人可以继承其财产　　　　　B. 甲、乙婚姻关系消灭，且不可能恢复
C. 2016 年 6 月 5 日为甲的死亡日期　　D. 铁路公司应当对甲的死亡进行赔偿

【考点】法定继承

【答案解析】继承从被继承人生理死亡或被宣告死亡时开始。2016 年 6 月 5 日法院依照法定程序宣告甲死亡，故甲的继承人可以继承其财产，A 选项正确。

被宣告死亡的人的婚姻关系，自死亡宣告之日起消灭。死亡宣告被撤销的，婚姻关系自撤销死亡宣告之日起自行恢复，但是其配偶再婚或者向婚姻登记机关书面声明不愿意恢复的除外。B 选项认定婚姻关系不可能恢复，过于绝对，错误。

被宣告死亡的人，人民法院宣告死亡的判决作出之日视为其死亡的日期；因意外事件下落不明宣告死亡的，意外事件发生之日视为其死亡的日期。2016 年 6 月 5 日法院依照法定程序宣告甲死亡，故 C 选项正确。

承运人应当对运输过程中旅客的伤亡承担损害赔偿责任，但伤亡是旅客自身健康原因造成的或者承运人证明伤亡是旅客故意、重大过失造成的除外。本题中，铁路公司并无侵权行为，铁路公司的行为和死亡的损害后果之间没有因果关系，故无须对甲的死亡承担赔偿责任，故 D 选项错误。

4. 熊某与杨某结婚后，杨某与前夫所生之子小强由二人一直抚养，熊某死亡，未立遗嘱。熊某去世前杨某孕有一对龙凤胎，于熊某死后生产，产出时男婴为死体，女婴为活体但旋即死亡。关于对熊某遗产的继承，下列哪些选项是正确的？（2016/3/66）[2]

A. 杨某、小强均是第一顺位的法定继承人
B. 女婴死亡后，应当发生法定的代位继承
C. 为男婴保留的遗产份额由杨某、小强继承
D. 为女婴保留的遗产份额由杨某继承

----

[1]　AC　[2]　AD（C 有争议）

【考点】 胎儿特留份；转继承

【答案解析】 根据《民法典》第 1127 条，遗产按照下列顺序继承，第一顺序：配偶、子女、父母。第二顺序：兄弟姐妹、祖父母、外祖父母。继承开始后，由第一顺序继承人继承，第二顺序继承人不继承。没有第一顺序继承人继承的，由第二顺序继承人继承。本法所说的子女，包括婚生子女、非婚生子女、养子女和有扶养关系的继子女。杨某是熊某的配偶，是第一顺位的继承人；小强一直由熊某与杨某抚养，小强是熊某形成扶养关系的继子女，是第一顺位的继承人。故 A 选项正确。

继承开始后，继承人没有表示放弃继承，并于遗产分割前死亡的，其继承遗产的权利转移给他的合法继承人。女婴死亡后，产生转继承而不是代位继承，故 B 选项错误。

C 选项有争议。一种观点认为，遗产分割时，应当保留胎儿的继承份额。胎儿出生时是死体的，保留的份额按照法定继承办理。男婴出生时为死体，为男婴保留的遗产份额由熊某的继承人杨某、小强继承，故 C 选项正确。C 选项第二种观点：根据《民法典》第 16 条，涉及遗产继承、接受赠与等胎儿利益保护的，胎儿视为具有民事权利能力。但是胎儿娩出时为死体的，其民事权利能力自始不存在。男婴出生时为死体，视为男婴自始没有民事权利能力，原来由男婴继承的熊某的遗产按照法定继承由熊某的其他法定继承人按照法定继承规则继承，即为男婴保留的遗产份额由杨某、小强、女婴继承。C 选项少了女婴，故 C 选项错误。此解释是将 C 项理解的时间点定为女婴死亡之前，女婴应该继承为男婴保留的份额，但纵观题干整体，女婴最终死亡，其应继承的份额经过转继承（二次继承）由杨某继承，故 C 项的叙述在整体上看也并无错误。考生理解其中知识点即可。

女婴出生时为活体，但旋即死亡，为女婴保留的遗产份额由女婴的继承人杨某继承，故 D 选项正确。

5. 甲（男）与乙（女）结婚，其子小明 20 周岁时，甲与乙离婚。后甲与丙（女）再婚，丙子小亮 8 周岁，随甲、丙共同生活。小亮成年成家后，甲与丙甚感孤寂，收养孤儿小光为养子，视同己出，未办理收养手续。丙去世，其遗产的第一顺序继承人有哪些？ （2014/3/65）[1]

A. 小明　　　　　B. 小亮　　　　　C. 甲　　　　　D. 小光

【考点】 法定继承人的范围与顺序

【答案解析】《民法典》第 1127 条，遗产按照下列顺序继承，第一顺序：配偶、子女、父母。第二顺序：兄弟姐妹、祖父母、外祖父母。继承开始后，由第一顺序继承人继承，第二顺序继承人不继承。没有第一顺序继承人继承的，由第二顺序继承人继承。本法所说的子女，包括婚生子女、非婚生子女、养子女和有扶养关系的继子女。《民法典》第 1105 条，收养应当向县级以上人民政府民政部门登记。收养关系自登记之日起成立。据此，甲与丙收养小光，但因未办理收养手续，小光不是养子。丙去世，其遗产的第一顺序继承人为小亮和甲。

本题正确答案为 BC。

6. 甲自书遗嘱将所有遗产全部留给长子乙，并明确次子丙不能继承。乙与丁婚后育有一女戊、一子己。后乙、丁遇车祸，死亡先后时间不能确定。甲悲痛成疾，不久去世。丁母健在。下列哪些表述是正确的？（2013/3/66）[2]

A. 甲、戊、己有权继承乙的遗产

B. 丁母有权转继承乙的遗产

_____

〔1〕　BC　〔2〕　ACD

C. 戊、己、丁母有权继承丁的遗产

D. 丙有权继承；戊和己有权代位继承甲的遗产

【考点】遗嘱继承；法定继承

【答案解析】选项A、C正确。乙、丁遇车祸，死亡先后时间不能确定，2人均有继承人，且是同辈，则应推定为乙、丁同时死亡，彼此不发生继承。乙的第一顺序法定继承人是甲、戊、己，故有权继承乙的遗产。丁的第一顺序法定继承人是戊、己、丁母，有权继承丁的遗产。

选项B错误。丁母只有权继承丁的遗产。同时，由于乙和丁死亡先后时间不能确定，推定乙、丁同时死亡，丁不能继承乙的遗产，所以丁母不能转继承乙的遗产。

选项D正确。根据《民法典》第1154条，有下列情形之一的，遗产中的有关部分按照法定继承办理：……（3）遗嘱继承人、受遗赠人先于遗嘱人死亡的……，据此，因乙先于甲死亡，甲的遗产应按照法定继承办理。丙系甲第一顺位法定继承人，故丙有权继承甲的遗产。根据《民法典》第1128条，被继承人的子女先于被继承人死亡的，由被继承人的子女的晚辈直系血亲代位继承……，乙先于甲死亡，甲死亡时，甲的子女戊、己有权代位继承甲的遗产。

7. 甲育有二子乙和丙。甲生前立下遗嘱，其个人所有的房屋死后由乙继承。乙与丁结婚，并有一女戊。乙因病先于甲死亡后，丁接替乙赡养甲。丙未婚。甲死亡后遗有房屋和现金。下列哪些表述是正确的？（2012/3/66）[1]

A. 戊可代位继承　　　　　　　　B. 戊、丁无权继承现金

C. 丙、丁为第一顺序继承人　　　D. 丙无权继承房屋

【考点】遗嘱继承；法定继承；代位继承

【答案解析】选项A正确。根据《民法典》第1128条，被继承人的子女先于被继承人死亡的，由被继承人的子女的晚辈直系血亲代位继承。代位继承人一般只能继承他的父亲或者母亲有权继承的遗产份额。乙先于甲死亡，甲死亡时，戊可作为第一顺序继承人代位继承。

选项B项错误；选项C正确。根据《民法典》第1129条，丧偶儿媳对公、婆，丧偶女婿对岳父、岳母，尽了主要赡养义务的，作为第一顺序继承人。乙去世后，丁接替乙赡养甲。所以，丧偶儿媳丁在甲死亡时可以作为第一顺序继承人继承。

选项D错误。根据《民法典》第1154条，有下列情形之一的，遗产中的有关部分按照法定继承办理：……（3）遗嘱继承人、受遗赠人先于遗嘱人死亡的。也就是说，代位继承仅适用法定继承，而不适用遗嘱继承。甲的遗嘱规定，房屋由乙遗嘱继承，但乙先于甲死亡，故房屋应按照法定继承办理，因此，丙对房屋也享有继承权。

考点二　遗嘱继承、遗赠、遗赠扶养协议

1. 2015年甲立公证遗嘱：死后其全部遗产归长子乙。2016年甲又前往同一公证部门立公证遗嘱：死后全部遗产归次子丙。由于儿子不孝，2017年甲又在家中亲笔书写一份遗嘱，写明其全部遗产死后归大女儿丁，并注明年月日。后甲因病住院，小女儿戊悉心照料，2018年甲病危，口头遗嘱死后全部遗产归小女儿戊，在场的两名护士可以见证。后甲死亡。关于本案，下列哪些说法是正确的？（2018年回忆版）[2]

———————

〔1〕 AC　〔2〕 BCD

A. 2015 年甲立的第一份公证遗嘱无效

B. 2016 年甲立的第二份公证遗嘱有效

C. 丁无权继承甲的遗产

D. 戊有权继承甲的全部遗产

【答案解析】要区分撤回和撤销的区别，撤销产生的法律效果与无效一样，但是撤回并不影响被撤回内容的效力。

根据《民法典》第 1142 条的规定，遗嘱人可以撤回、变更自己所立的遗嘱。立遗嘱后，遗嘱人实施与遗嘱内容相反的民事法律行为的，视为对遗嘱相关内容的撤回。立有数份遗嘱，内容相抵触的，以最后的遗嘱为准。所以以最后所立的口头遗嘱为准，D 选项正确。

A 项中的关键词为"无效"。2015 年甲立公证遗嘱并无效力瑕疵，合法有效。故 A 项说法错误，不当选。

B 项中的关键词为"有效"。2016 年甲又前往同一公证部门立公证遗嘱，亦合法有效。故 B 项正确，当选。

C、D 项中的关键词为"无权"和"有权"。2017 年甲又立一份合法有效的自书遗嘱，2018 年甲又立一份合法有效的口头遗嘱。数份遗嘱内容相冲突的，以最后一份为准。因此，戊最终获得甲的全部遗产。故 C 项说法正确，当选；D 项说法正确，当选。

综上所述，本题的正确答案为 BCD。

2. 韩某于 2017 年 3 月病故，留有住房 1 套、存款 50 万元、名人字画 10 余幅及某有限责任公司股权等遗产。韩某在 2014 年所立第一份自书遗嘱中表示全部遗产由其长子韩大继承。在 2015 年所立第二份自书遗嘱中，韩某表示其死后公司股权和名人字画留给 7 岁的外孙女婷婷。2017 年 6 月，韩大在未办理韩某遗留房屋所有权变更登记的情况下以自己的名义与陈卫订立了商品房买卖合同。下列哪些选项是错误的？（2017/3/66）[1]

A. 韩某的第一份遗嘱失效

B. 韩某的第二份遗嘱无效

C. 韩大与陈卫订立的商品房买卖合同无效

D. 婷婷不能取得某有限责任公司股东资格

【考点】遗嘱继承

【答案解析】本题考查遗嘱、非基于民事法律行为的物权变动。遗嘱人以不同形式立有数份内容相抵触的遗嘱，以最后所立的遗嘱为准。本题中，第二份遗嘱在公司股权和名人字画方面与第一份遗嘱相冲突，因此此部分内容应以第二份遗嘱为准，第二份遗嘱是有效的。而第一份遗嘱，仅是公司股权和名人字画方面是无效的，而在住房和存款这两项内容上则是有效的，故 A 和 B 均错误。

韩大虽未办理房屋所有权变更登记，但其在韩某死亡时即获得所有权，其将房屋出售于陈卫，属于有权处分，合同有效，C 错误。

《公司法》第 75 条规定："自然人股东死亡后，其合法继承人可以继承股东资格；但是，公司章程另有规定的除外。"故婷婷可以继承韩某的股权，取得股东资格，D 错误。

3. 老夫妇王冬与张霞有一子王希、一女王楠，王希婚后育有一子王小力。王冬和张霞曾约定，自家的门面房和住房属于王冬所有。2012 年 8 月 9 日，王冬办理了公证遗嘱，确定门面房由张霞和王希共同继承。2013 年 7 月 10 日，王冬将门面房卖给他人并办理了过户手续。

---

〔1〕 ABCD

2013年12月，王冬去世，不久王希也去世。关于住房和出售门面房价款的继承，下列哪一说法是错误的？（2015/3/21）[1]

    A. 张霞有部分继承权

    B. 王楠有部分继承权

    C. 王小力有部分继承权

    D. 王小力对住房有部分继承权、对出售门面房的价款有全部继承权

【考点】遗嘱继承；转继承

【答案解析】选项A、B、C表述正确，不当选。根据《民法典》第1142条，立遗嘱后，遗嘱人实施与遗嘱内容相反的民事法律行为的，视为对遗嘱相关内容的撤回。因此，本题中，王冬将门面房出售的行为视为其撤回了公证遗嘱。出售门面房所得价款以及住房皆由王冬的继承人张霞、王希和王楠继承。

选项D表述错误，当选。继承开始后，继承人没有表示放弃继承，并于遗产分割前死亡的，其继承遗产的权利转移给他的合法继承人。王希后于王冬去世可能存在两种情形：一种是继承王冬遗产后，王希才去世，此时，王小力可作为王希的继承人取得对住房和出售门面房价款的部分继承权；另一种是继承王冬遗产之前，王希去世，此时发生转继承，王小力亦可取得对住房和出售门面房价款的部分继承权。

4. 甲有乙、丙和丁三个女儿。甲于2013年1月1日亲笔书写一份遗嘱，写明其全部遗产由乙继承，并签名和注明年月日。同年3月2日，甲又请张律师代书一份遗嘱，写明其全部遗产由丙继承。同年5月3日，甲因病被丁送至医院急救，甲又立口头遗嘱一份，内容是其全部遗产由丁继承，在场的赵医生和李护士见证。甲病好转后出院休养，未立新遗嘱。如甲死亡，下列哪一选项是甲遗产的继承权人？（2014/3/24）[2]

    A. 乙   B. 丙   C. 丁   D. 乙、丙、丁

【考点】遗嘱形式；遗嘱的撤回

【答案解析】遗嘱人可以撤回、变更自己所立的遗嘱。立有数份遗嘱，内容相抵触的，以最后的遗嘱为准。公证遗嘱由遗嘱人经公证机关办理。自书遗嘱由遗嘱人亲笔书写，签名，注明年、月、日。代书遗嘱应当有2个以上见证人在场见证，由其中1人代书，注明年、月、日，并由代书人、其他见证人和遗嘱人签名。以录音录像形式立的遗嘱，应当有2个以上见证人在场见证。遗嘱人在危急情况下，可以立口头遗嘱。口头遗嘱应当有2个以上见证人在场见证。危急情况解除后，遗嘱人能够用书面或者录音形式立遗嘱的，所立的口头遗嘱无效。由此可见，本题中第二、第三份遗嘱均未符合法律规定的遗嘱的形式要件，系无效遗嘱，唯有第一份遗嘱有效，甲的全部遗产由乙继承，故本题选A。

5. 甲与乙结婚，女儿丙三岁时，甲因医疗事故死亡，获得60万元赔款。甲生前留有遗书，载明其死亡后的全部财产由其母丁继承。经查，甲与乙婚后除共同购买了一套住房外，另有20万元存款。下列哪一说法是正确的？（2013/3/24）[3]

    A. 60万元赔款属于遗产

    B. 甲的遗嘱未保留丙的遗产份额，遗嘱全部无效

    C. 住房和存款的各一半属于遗产

    D. 乙有权继承甲的遗产

【考点】遗产的范围；遗嘱继承；遗嘱的效力

---

[1] D [2] A [3] C

【答案解析】选项 A 错误。遗产是公民死亡时遗留的个人合法财产。医疗事故赔款是对生者的补偿，不属于遗产范围。

选项 B 和 D 错误。根据《民法典》第 1141 条，遗嘱应当对缺乏劳动能力又没有生活来源的继承人保留必要的遗产份额。本题中，虽然遗嘱没有保留丙的份额，但丙由乙抚养，不属于没有生活来源的继承人，故遗嘱合法有效。

选项 C 正确。根据《民法典》第 1062 条，夫妻在婚姻关系存续期间所得的下列财产，归夫妻共同所有："（1）工资、奖金、劳务报酬；（2）生产、经营、投资的收益；（3）知识产权的收益；（4）继承或者受赠的财产，但是本法第 1063 条第 3 项规定的除外；（5）其他应当归共同所有的财产。"夫妻在婚姻关系存续期间所得的共同所有的财产，除有约定的以外，如果分割遗产，应当先将共同所有的财产的一半分出为配偶所有，其余的为被继承人的遗产。可见，夫妻共同财产中只有一半的财产份额属于遗产范围。

6. 甲在乙寺院出家修行，立下遗嘱，将下列财产分配给女儿丙：乙寺院出资购买并登记在甲名下的房产；甲以僧人身份注册的微博账号；甲撰写《金刚经解说》的发表权；甲的个人存款。甲死后，在遗产分割上乙寺院与丙之间发生争议。下列哪一说法是正确的？（2012/3/22）[1]

A. 房产虽然登记在甲名下，但甲并非事实上所有权人，其房产应归寺院所有

B. 甲以僧人身份注册的微博账号，目的是为推广佛法理念，其微博账号应归寺院所有

C. 甲撰写的《金刚经解说》属于职务作品，为保护寺院的利益，其发表权应归寺院所有

D. 甲既已出家，四大皆空，个人存款应属寺院财产，为维护宗教事业发展，其个人存款应归寺院所有

【考点】遗产的范围

【答案解析】选项 A 正确。寺院出资购买房产虽然登记在甲名下，但寺院为事实上所有权人。

选项 BCD 错误。微博账号属无形财产，应属于遗产范围，归僧人继承人享有。《著作权法实施条例》第 17 条规定，作者生前未发表的作品，如果作者未明确表示不发表，作者死亡后 50 年内，其发表权可由继承人或者受遗赠人行使；没有继承人又无人受遗赠的，由作品原件的所有人行使。甲撰写的《金刚经解说》在其生前未发表且未明确表示不发表，死后发表权由甲的继承人行使。甲的个人存款，不会因出家事实而改变，仍属甲个人遗产范围。

7. 甲与保姆乙约定：甲生前由乙照料，死后遗产全部归乙。乙一直细心照料甲。后甲女儿丙回国，与乙一起照料甲，半年后甲去世。丙认为自己是第一顺序继承人，且尽了义务，主张甲、乙约定无效。下列哪一表述是正确的？（2012/3/24）[2]

A. 遗赠扶养协议有效

B. 协议部分无效，丙可以继承甲的一半遗产

C. 协议无效，应按法定继承处理

D. 协议有效，应按遗嘱继承处理

【考点】遗赠扶养协议

【答案解析】选项 A 项正确；选项 B、C 错误。根据《民法典》第 1158 条，自然人可以与继承人以外的组织或者个人签订遗赠扶养协议。按照协议，该组织或者个人承担该自然人生养死葬的义务，享有受遗赠的权利。注意：遗赠扶养协议中，扶养人不能属于对被扶养人具有法

定扶养义务的人，否则遗赠扶养协议无效。遗赠扶养协议并不要求必须采取书面形式，口头形式亦可，且乙已经按照与甲之间的约定履行了义务，甲、乙间的遗赠扶养协议有效。

选项 D 错误。根据《民法典》第 1123 条，继承开始后，按照法定继承办理；有遗嘱的，按照遗嘱继承或者遗赠办理；有遗赠扶养协议的，按照协议办理。遗赠继承的继承人必须是法定继承人范围以外的自然人，甲与乙之间所达成的协议是一种双务有偿的法律行为，而遗嘱是一种单方法律行为。

8. 张某李某系夫妻，生有一子张甲和一女张乙。张甲于 2007 年意外去世，有一女丙。张某在 2010 年死亡，生前拥有个人房产一套，遗嘱将该房产处分给李某。关于该房产的继承，下列哪些表述是正确的？（2011/3/65）[1]

　　A. 李某可以通过张某的遗嘱继承该房产
　　B. 丙可以通过代位继承要求对该房产进行遗产分割
　　C. 继承人自张某死亡时取得该房产所有权
　　D. 继承人自该房产变更登记后取得所有权

【考点】代位继承；遗嘱继承；非基于法律行为的物权变动

【答案解析】选项 A 正确；选项 B 错误。根据《民法典》第 1128 条，被继承人的子女先于被继承人死亡的，由被继承人的子女的晚辈直系血亲代位继承。代位继承人一般只能继承他的父亲或者母亲有权继承的遗产份额。注意：代位继承仅适用于法定继承，即若张某遗留的房产适用法定继承，则丙可以通过代位继承要求对该房产进行分割。根据《民法典》第 1123 条，继承开始后，按照法定继承办理；有遗嘱的，按照遗嘱继承或者遗赠办理；有遗赠扶养协议的，按照协议办理。同时，公民可以依照本法规定立遗嘱处分个人财产，并可以指定遗嘱执行人。公民可以立遗嘱将个人财产指定由法定继承人的一人或者数人继承。本题中，该房产属于张某的个人财产，张某所立遗嘱确定该房产由法定继承人李某单独继承，丙自然不得要求代位继承。

选项 C 正确；选项 D 错误。因继承或者受遗赠取得物权的，自继承或者受遗赠开始时发生效力。因法定继承取得不动产物权的，属于非基于法律行为的物权变动。因遗嘱继承或受遗赠取得不动产物权的，属于基于单方法律行为的物权变动。通过继承或者受遗赠取得不动产物权的，继承人或者受遗赠人于被继承人死亡时即取得不动产物权，无须履行变更登记。但是未经登记的，不得处分。

---

[1] AC

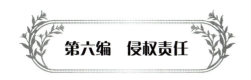

第六编 侵权责任

考点一 责任主体的特殊规定

1. 庄某驾车行驶未尽安全义务，剐蹭老人韩某，导致韩某骨折，经鉴定："韩某损伤度评价为70%"，主要是因为老年骨质疏松严重，关于庄某的赔偿责任，下列说法正确的是？(2019年回忆版) [1]

A. 承担部分赔偿责任　　　　B. 不需承担赔偿责任

C. 骨质疏松不减轻庄某赔偿责任　　　D. 庄某韩某过错相抵

【考点】 侵权责任

【答案解析】《民法典》第1165条规定，行为人因过错侵害他人民事权益造成损害的，应当承担侵权责任。对于老人的损害，是由于庄某的过错而造成的，虽然老人具有骨质疏松，个人体质并非法定侵权责任免责减责事由，故ABD错误，C正确。

2. 小学生小刘（12周岁）邀请好友小崔（10周岁）和小冯（11周岁）前往学校旁的饭店吃饭。席间，小崔和小冯醉酒后因口角发生打斗。饭店老板孟某未上前制止。结果小冯将小崔打伤，花去医药费2000元。关于本案，下列哪些说法是正确的？(2018年回忆版) [2]

A. 小刘的父母应承担相应的赔偿责任

B. 小冯的父母应承担赔偿责任

C. 饭店应在其过错范围内承担相应的赔偿责任

D. 小冯的父母和饭店应承担连带责任

【答案解析】首先，根据《民法典》第1188条第1款的规定，无民事行为能力人、限制民事行为能力人造成他人损害的，由监护人承担侵权责任。监护人尽到监护责任的，可以减轻其侵权责任。本题中，小冯系限制民事行为能力人，其将小崔打伤，小冯的父母作为监护人依法应承担赔偿责任。而小刘并未实施侵权行为，其监护人无须承担赔偿责任。故A项错误，不当选；B项正确，当选。

其次，根据《民法典》第1198条的规定，宾馆、商场、银行、车站、机场、体育场馆、娱乐场所等经营场所、公共场所的经营者、管理者或者群众性活动的组织者，未尽到安全保障义务，造成他人损害的，应当承担侵权责任。因第三人的行为造成他人损害的，由第三人承担侵权责任；经营者、管理者或者组织者未尽到安全保障义务的，承担相应的补充责任。经营者、管理者或者组织者承担补充责任后，可以向第三人追偿。本题中，饭店老板孟某见到小冯与小崔打斗而未上前制止，有过错，依法应承担相应的补充赔偿责任。故C项正确，当选。最后，小冯的监护人和饭店并不存在共同侵权，无须承担连带责任。故D项错误，不当选。

综上所述，本题的正确答案为BC。

3. 张某因出售公民个人信息被判刑，孙某的姓名、身份证号码、家庭住址等信息也在其中，买方是某公司。下列哪一选项是正确的？(2017/3/20) [3]

---

[1] C　[2] BC　[3] C

A. 张某侵害了孙某的身份权

B. 张某侵害了孙某的名誉权

C. 张某侵害了孙某对其个人信息享有的民事权益

D. 某公司无须对孙某承担民事责任

【考点】**个人信息侵权**

【答案解析】 本题考查个人信息权。根据《民法典》第111条，自然人的个人信息受法律保护。任何组织或者个人需要获取他人个人信息的，应当依法取得并确保信息安全，不得非法收集、使用、加工、传输他人个人信息，不得非法买卖、提供或者公开他人个人信息。张某将孙某的姓名、身份证号码、家庭住址等信息出售于他人，侵害了孙某对其个人信息享有的民事权益，故C正确。身份权是与婚姻、血缘等身份有关的权利；侵犯名誉权，通常以侮辱对方名誉或捏造虚假事实为表现形式。张某只是出售了孙某的个人信息，不涉及侵犯这两项权利，A、B均是错误的。

4. 摄影爱好者李某为好友丁某拍摄了一组生活照，并经丁某同意上传于某社交媒体群中。蔡某在社交媒体群中看到后，擅自将该组照片上传于某营利性摄影网站，获得报酬若干。对蔡某的行为，下列哪一说法是正确的？(2017/3/21)[1]

A. 侵害了丁某的肖像权和身体权   B. 侵害了丁某的肖像权和李某的著作权

C. 侵害了丁某的身体权和李某的著作权   D. 不构成侵权

【考点】**肖像权；著作权**

【答案解析】 本题考查肖像权、著作权的侵权认定。未经公民同意利用其肖像做广告、商标、装饰橱窗等，应当认定为侵犯公民肖像权的行为。本题中，蔡某擅自将丁某照片上传于某营利性摄影网站，显然侵犯了丁某的肖像权。因该照片是李某拍摄，故李某对其享有著作权，蔡某的行为同时侵犯了李某的著作权。据此，B正确，D错误。所谓身体权，是指当事人保护其身体器官完整的权利，蔡某的行为不涉及侵犯丁某的身体权，A和C均错误。

5. 姚某旅游途中，前往某玉石市场参观，在唐某经营的摊位上拿起一只翡翠手镯，经唐某同意后试戴，并问价。唐某报价18万元（实际进货价8万元，市价9万元），姚某感觉价格太高，急忙取下，不慎将手镯摔断。关于姚某的赔偿责任，下列哪一选项是正确的？(2017/3/22)[2]

A. 应承担违约责任   B. 应赔偿唐某8万元损失

C. 应赔偿唐某9万元损失   D. 应赔偿唐某18万元损失

【考点】**财产侵权**

【答案解析】 本题考查财产损害赔偿范围。依据《民法典》第1184条："侵害他人财产的，财产损失按照损失发生时的市场价格或者其他合理方式计算。"本题中，手镯的市价为9万元，故姚某应赔偿唐某9万元，C正确，B、D均错误。因双方当事人并不存在合同关系，故不属于违约责任，A明显错误。

6. 刘婆婆回家途中，看见邻居肖婆婆带着外孙小勇和另一家邻居的孩子小囡（均为4岁多）在小区花园中玩耍，便上前拿出几根香蕉递给小勇，随后离去。小勇接过香蕉后，递给小囡一根，小囡吞食时误入气管导致休克，经抢救无效死亡。对此，下列哪一选项是正确的？(2017/3/23)[3]

A. 刘婆婆应对小囡的死亡承担民事责任

---

[1] B   [2] C   [3] D

B. 肖婆婆应对小囡的死亡承担民事责任

C. 小勇的父母应对小囡的死亡承担民事责任

D. 属意外事件，不产生相关人员的过错责任

【考点】侵权责任的免责事由

【答案解析】本题考查意外事件、侵权的构成。意外事件的认定标准，在法律上并无明确规定。理论上一般认为，构成意外事件，通常须满足三个条件：一是行为人的行为客观上造成了损害结果；二是行为人主观上没有过错（故意或者过失）；三是损害结果由不能预见的原因所引起。本题中，损害后果是客观存在的；而不论是刘婆婆或肖婆婆，对小囡的损害均没有故意或过失；而通常情况下，香蕉并不能导致他人死亡，当事人均不能预见到这一损害后果，即损害是因不能预见的原因引起的，故本题可认为属于意外事件，D正确，其他选项均错误。对于本题，不能扩展情节，如不能假设小囡吞食误入气管导致休克时肖婆婆没有尽到救助义务，因题目中没有提到这些情节，故根据法律职业资格考试命题规律，不应予以考虑这些情节，否则将导致无谓争论。

7. 甲、乙、丙三家毗邻而居，甲、乙分别饲养山羊各一只。某日二羊走脱，将丙辛苦栽培的珍稀药材悉数啃光。关于甲、乙的责任，下列哪些选项是正确的？（2017/3/67）[1]

A. 甲、乙可各自通过证明已尽到管理职责而免责

B. 基于共同致害行为，甲、乙应承担连带责任

C. 如能确定二羊各自啃食的数量，则甲、乙各自承担相应赔偿责任

D. 如不能确定二羊各自啃食的数量，则甲、乙平均承担赔偿责任

【考点】无意思联络的数人侵权

【答案解析】本题考查无意思联络的侵权。本题中，甲、乙分别饲养的山羊走脱后将丙的珍稀药材悉数啃光，甲、乙之间并没有任何意思联络，故不属于共同致害行为，B错误。

依据《民法典》第1172条："二人以上分别实施侵权行为造成同一损害，能够确定责任大小的，各自承担相应的责任；难以确定责任大小的，平均承担责任。"因此，如果能确定二羊各自啃食的数量，则甲、乙各自承担相应赔偿责任；如果不能确定二羊各自啃食的数量，则甲、乙应平均承担赔偿责任，C和D均是正确的。

饲养动物的侵权，归责原则为无过错责任原则，侵权人不能通过证明自己没有过错而免责，A错误。

8. 下列哪一情形构成对生命权的侵犯？（2016/3/22）[2]

A. 甲女视其长发如生命，被情敌乙尽数剪去

B. 丙应丁要求，协助丁完成自杀行为

C. 戊为报复欲置己于死地，结果将己打成重伤

D. 庚医师因误诊致辛出生即残疾，辛认为庚应对自己的错误出生负责

【考点】生命权

【答案解析】根据《民法典》第110条："自然人享有生命权、身体权、健康权、姓名权、肖像权、名誉权、荣誉权、隐私权、婚姻自主权等权利。法人、非法人组织享有名称权、名誉权和荣誉权。"身体权是指自然人享有的对其肢体、器官和其他组织进行支配并维护其安全与完满，从而享受一定利益的权利。A选项，乙侵犯甲的身体权。健康权是自然人依法享有的维护其健康，保持与利用其劳动能力并排除他人非法侵害的权利；C选项，戊侵犯己的健康权。

D 选项庚误诊导致辛出生即残疾，辛出生前并无民事权利能力，庚并未侵犯辛的生命权。丙协助丁完成自杀行为，有过错，侵犯丁的生命权。B 选项正确。

9. 田某突发重病神志不清，田父将其送至医院，医院使用进口医疗器械实施手术，手术失败，田某死亡。田父认为医院在诊疗过程中存在一系列违规操作，应对田某的死亡承担赔偿责任。关于本案，下列哪一选项是正确的？（2016/3/23）[1]

A. 医疗损害适用过错责任原则，由患方承担举证责任
B. 医院实施该手术，无法取得田某的同意，可自主决定
C. 如因医疗器械缺陷致损，患方只能向生产者主张赔偿
D. 医院有权拒绝提供相关病历，且不会因此承担不利后果

【考点】医疗侵权责任

【答案解析】依据《民法典》第 1218 条："患者在诊疗活动中受到损害，医疗机构或者其医务人员有过错的，由医疗机构承担赔偿责任。"故 A 选项正确。

依据《民法典》第 1220 条："因抢救生命垂危的患者等紧急情况，不能取得患者或者其近亲属意见的，经医疗机构负责人或者授权的负责人批准，可以立即实施相应的医疗措施。"本题可以取得田某父亲同意，故 B 选项错误。

依据《民法典》第 1223 条："因药品、消毒产品、医疗器械的缺陷，或者输入不合格的血液造成患者损害的，患者可以向药品上市许可持有人、生产者、血液提供机构请求赔偿，也可以向医疗机构请求赔偿。患者向医疗机构请求赔偿的，医疗机构赔偿后，有权向负有责任的药品上市许可持有人、生产者、血液提供机构追偿。"C 选项表述为只能向生产者主张赔偿，错误。

依据《民法典》第 1222 条："患者在诊疗活动中受到损害，有下列情形之一的，推定医疗机构有过错：（1）违反法律、行政法规、规章以及其他有关诊疗规范的规定；（2）隐匿或者拒绝提供与纠纷有关的病历资料；（3）遗失、伪造、篡改或者违法销毁病历资料。"D 选项表述为，医院有权拒绝提供相关病历，且不会因此承担不利后果，错误。

10. 张小飞邀请关小羽来家中做客，关小羽进入张小飞所住小区后，突然从小区的高楼内抛出一块砚台，将关小羽砸伤。关于砸伤关小羽的责任承担，下列哪一选项是正确的？（2016/3/24）[2]

A. 张小飞违反安全保障义务，应承担侵权责任
B. 顶层业主通过证明当日家中无人，可以免责
C. 小区物业违反安全保障义务，应承担侵权责任
D. 如查明砚台系从 10 层抛出，10 层以上业主仍应承担补充责任

【考点】物件侵权责任

【答案解析】依据《民法典》1165 条："行为人因过错侵害他人民事权益造成损害的，应当承担侵权责任。依照法律规定推定行为人有过错，其不能证明自己没有过错的，应当承担侵权责任。"张小飞无安全保障义务，没有过错，无须承担责任。故 A 选项错误。

依据《民法典》第 1254 条规定："禁止从建筑物中抛掷物品。从建筑物中抛掷物品或者从建筑物上坠落的物品造成他人损害的，由侵权人依法承担侵权责任；经调查难以确定具体侵权人的，除能够证明自己不是侵权人的外，由可能加害的建筑物使用人给予补偿。可能加害的建筑物使用人补偿后，有权向侵权人追偿。物业服务企业等建筑物管理人应当采取必要的安全保

障措施防止前款规定情形的发生；未采取必要的安全保障措施的，应当依法承担未履行安全保障义务的侵权责任。发生本条第一款规定的情形的，公安等机关应当依法及时调查，查清责任人。"顶层业主证明家中无人，不是侵权人，可以免责，故 B 选项正确。

高空抛物责任，小区物业的过错在哪里，题干并无交代，无交代即无过错，C 选项错误。

高空抛物责任，是公平责任，予以补偿，并不是补充责任，故 D 选项错误。

11. 4 名行人正常经过北方牧场时跌入粪坑，1 人获救 3 人死亡。据查，当地牧民为养草放牧，储存牛羊粪便用于施肥，一家牧场往往挖有三四个粪坑，深者达三四米，之前也发生过同类事故。关于牧场的责任，下列哪些选项是正确的？（2016/3/67）[1]

A. 应当适用无过错责任原则
B. 应当适用过错推定责任原则
C. 本案情形已经构成不可抗力
D. 牧场管理人可通过证明自己尽到管理职责而免责

【考点】地下设施致人损害责任

【答案解析】依据《民法典》第 1258 条："在公共场所或者道路上挖掘、修缮安装地下设施等造成他人损害，施工人不能证明已经设置明显标志和采取安全措施的，应当承担侵权责任。

窨井等地下设施造成他人损害，管理人不能证明尽到管理职责的，应当承担侵权责任。"故 A 选项错误，B 项正确，D 选项正确。

依据《民法典》第 180 条：因不可抗力不能履行民事义务的，不承担民事责任。法律另有规定的，依照其规定。故 C 选项错误。

12. 某洗浴中心大堂处有醒目提示语："到店洗浴客人的贵重物品，请放前台保管"。甲在更衣时因地滑摔成重伤，并摔碎了手上价值 20 万元的定情信物玉镯。经查明：因该中心雇用的清洁工乙清洁不彻底，地面湿滑导致甲摔倒。下列哪一选项是正确的？（2013/3/23）[2]

A. 甲应自行承担玉镯损失
B. 洗浴中心应承担玉镯的全部损失
C. 甲有权请求洗浴中心赔偿精神损害
D. 洗浴中心和乙对甲的损害承担连带责任

【考点】违反安全保障义务的侵权责任；职务侵权

【答案解析】选项 A、B 错误。依据《民法典》第 1198 条："宾馆、商场、银行、车站、机场、体育场馆、娱乐场所等经营场所、公共场所的经营者、管理者或者群众性活动的组织者，未尽到安全保障义务，造成他人损害的，应当承担侵权责任。因第三人的行为造成他人损害的，由第三人承担侵权责任；经营者、管理者或者组织者未尽到安全保障义务的，承担相应的补充责任。经营者、管理者或者组织者承担补充责任后，可以向第三人追偿。"本题中，洗浴中心对甲负有安全保障义务，应对甲的人身、财产损害承担赔偿责任。由于洗浴中心已提示甲将贵重物品放置前台保管，甲未遵从，因而对于玉镯的损失，甲亦有过错，应减轻洗浴中心的赔偿责任。

选项 C 正确。依据《民法典》第 1183 条："侵害自然人人身权益造成严重精神损害的，被侵权人有权请求精神损害赔偿。因故意或者重大过失侵害自然人具有人身意义的特定物造成严重精神损害的，被侵权人有权请求精神损害赔偿。"本题中，受损的玉镯属于"人格物"，故

---

〔1〕 BD 〔2〕 C

甲有权请求精神损害赔偿。

此外，选项 D 错误。依据《民法典》第 1191 条："用人单位的工作人员因执行工作任务造成他人损害的，由用人单位承担侵权责任。用人单位承担侵权责任后，可以向有故意或者重大过失的工作人员追偿。"本题中，乙作为洗浴中心的清洁工，其行为属于职务行为，故对于甲的损害，应由洗浴中心承担责任。

13. 甲的儿子乙（8 岁）因遗嘱继承了祖父遗产 10 万元。某日，乙玩耍时将另一小朋友丙的眼睛划伤。丙的监护人要求甲承担赔偿责任 2 万元。后法院查明，甲已尽到监护职责。下列哪一说法是正确的？(2013/3/24)[1]

A. 因乙的财产足以赔偿丙，故不需用甲的财产赔偿

B. 甲已尽到监护职责，无需承担侵权责任

C. 用乙的财产向丙赔偿，乙赔偿后可在甲应承担的份额内向甲追偿

D. 应由甲直接赔偿，否则会损害被监护人乙的利益

【考点】被监护人侵权责任

【答案解析】选项 A 正确，选项 C、D 错误。依据《民法典》第 1188 条"无民事行为能力人、限制民事行为能力人造成他人损害的，由监护人承担侵权责任。监护人尽到监护职责的，可以减轻其侵权责任。有财产的无民事行为能力人、限制民事行为能力人造成他人损害的，从本人财产中支付赔偿费用；不足部分，由监护人赔偿。"可见，被监护人侵权之场合，若行为人自身有财产，应从其个人财产中优先支付，不足部分再由监护人承担赔偿责任。

选项 B 错误。监护人责任属于无过错责任，即便监护人已尽到监护职责，也不能免除其责任，只是可以减轻其责任。

14. 甲家盖房，邻居乙、丙无偿前来帮忙。施工中，丙因失误从高处摔下受伤，乙不小心撞伤小孩丁。下列哪些表述是正确的？(2014/3/66)[2]

A. 对丙的损害，甲应承担赔偿责任，但可减轻其责任

B. 对丙的损害，甲不承担赔偿责任，但可在受益范围内予以适当补偿

C. 对丁的损害，甲应承担赔偿责任

D. 对丁的损害，甲应承担补充赔偿责任

【考点】帮工活动中的侵权责任

【答案解析】选项 A 正确，B 错误。根据《最高人民法院关于审理人身损害赔偿案件适用法律若干问题的解释》第 5 条，无偿提供劳务的帮工人因帮工活动遭受人身损害的，根据帮工人和被帮工人各自的过错承担相应的责任。被帮工人明确拒绝帮工的，不承担赔偿责任；但可以在受益范围内予以适当补偿。本题中，丙因失误从高处摔下受伤，因此，其损害应由被帮工人甲承担赔偿责任。依据《民法典》第 1186 条："受害人和行为人对损害的发生都没有过错的，依照法律的规定由双方分担损失。"本题中，丙的损害是因丙的过失所导致，因而丙应当分担一部分责任，故可减轻甲的责任。

选项 C 正确，D 错误。《最高人民法院关于审理人身损害赔偿案件适用法律若干问题的解释》第 4 条规定，无偿提供劳务的帮工人，在从事帮工活动中致人损害的，被帮工人应当承担赔偿责任。被帮工人承担赔偿责任后向有故意或者重大过失的帮工人追偿的，人民法院应予支持。被帮工人明确拒绝帮工的，不承担赔偿责任。本题中，帮工人乙在帮工活动中致丁损害，应由被帮工人甲承担责任，而不是由甲承担补充赔偿责任。

---

[1] A [2] AC

15. 甲聘请乙负责照看小孩，丙聘请丁做家务。甲和丙为邻居，乙和丁为好友。一日，甲突生急病昏迷不醒，乙联系不上甲的亲属，急将甲送往医院，并将甲的小孩委托给丁临时照看。丁疏于照看，致甲的小孩在玩耍中受伤。下列哪一说法是正确的？（2012/3/21）[1]

A. 乙将甲送往医院的行为属于无因管理

B. 丁照看小孩的行为属于无因管理，不构成侵权行为

C. 丙应当承担甲小孩的医疗费

D. 乙和丁对甲小孩的医疗费承担连带责任

【考点】无因管理；个人劳务关系中的侵权责任

【答案解析】选项A正确。只有正当的无因管理才能自动在当事人之间发生无因管理之债。正当无因管理的构成要件有三：（1）管理人管理他人事务；（2）管理人具有管理意思。所谓具有管理意思，指管理人知道管理的系他人事务，并愿意将管理所取得的利益归属于他人；（3）就事务的管理而言，管理人无管理的法定义务或约定义务。本题中，甲聘请乙负责照看小孩，甲昏迷时，乙并无送甲前往医院的约定义务或者法定义务，因此，乙将甲送往医院的行为构成正当无因管理。

选项B错误。丁系基于委托合同照看小孩，丁对小孩的照看系基于约定义务，因此不构成无因管理。同时，丁疏于照看小孩，致使甲的小孩在玩耍中受伤，丁的行为构成过错侵权，应承担过错侵权责任。换言之，丁基于与乙的委托合同负有照看甲的小孩的义务，丁疏于照看致使甲的小孩因此遭受损害，构成不作为侵权（过错侵权）。

选项C错误。甲与乙、丙与丁之间的法律关系均属于个人之间的劳务关系。依据《民法典》第1192条："个人之间形成劳务关系，提供劳务一方因劳务造成他人损害的，由接受劳务一方承担侵权责任。接受劳务一方承担侵权责任后，可以向有故意或者重大过失的提供劳务一方追偿。提供劳务一方因劳务受到损害的，根据双方各自的过错承担相应的责任。提供劳务期间，因第三人的行为造成提供劳务一方损害的，提供劳务一方有权请求第三人承担侵权责任，也有权请求接受劳务一方给予补偿。接受劳务一方补偿后，可以向第三人追偿。"据此，在个人之间的劳务关系中，若提供劳务一方因劳务致人损害的，接受劳务一方须承担无过错的替代责任。不过，丁替乙照看甲的小孩，超出了丙、丁间的个人劳务关系范围（题目交代：丙聘请丁做家务），不属于因劳务致人损害，故接受劳务的一方丙无须承担责任。

选项D错误。依据《民法典》第169条："代理人需要转委托第三人代理的，应当取得被代理人的同意或者追认。转委托代理经被代理人同意或者追认的，被代理人可以就代理事务直接指示转委托的第三人，代理人仅就第三人的选任以及对第三人的指示承担责任。转委托代理未经被代理人同意或者追认的，代理人应当对转委托的第三人的行为承担责任；但是，在紧急情况下代理人为了维护被代理人的利益需要转委托第三人代理的除外。"本题中，乙于情况紧急下的转委托对本人发生效力，即丁之间产生了委托关系，由甲对转委托后果负责，乙不承担责任。

16. 小偷甲在某商场窃得乙的钱包后逃跑，乙发现后急追。甲逃跑中撞上欲借用商场厕所的丙，因商场地板湿滑，丙摔成重伤。下列哪些说法是错误的？（2012/3/67）[2]

A. 小偷甲应当赔偿丙的损失

B. 商场须对丙的损失承担补充赔偿责任

C. 乙应适当补偿丙的损失

---

[1] A [2] CD

D. 甲和商场对丙的损失承担连带责任

【考点】违反安全保障义务的侵权责任；正当防卫

【答案解析】选项 A 正确，不当选。依据《民法典》第 1165 条："行为人因过错侵害他人民事权益造成损害的，应当承担侵权责任。

依照法律规定推定行为人有过错，其不能证明自己没有过错的，应当承担侵权责任。"本题中，甲对丙遭受的损害具有过错，构成过错侵权，甲应对丙承担侵权责任。

选项 B 正确，不当选；选项 D 错误，当选。依据《民法典》第 1198 条："宾馆、商场、银行、车站、机场、体育场馆、娱乐场所等经营场所、公共场所的经营者、管理者或者群众性活动的组织者，未尽到安全保障义务，造成他人损害的，应当承担侵权责任。因第三人的行为造成他人损害的，由第三人承担侵权责任；经营者、管理者或者组织者未尽到安全保障义务的，承担相应的补充责任。经营者、管理者或者组织者承担补充责任后，可以向第三人追偿。"据此，商场是公共场所的管理人，负有安全保障义务，借用商场厕所的丙亦属受安全保障义务保障的对象。现商场违反安全保障义务（地板湿滑），且因第三人（甲）的行为给丙造成损害，故丙遭受的损害应由甲承担，商场承担补充责任。

选项 C 项错误，当选。依据《民法典》第 181 条："因正当防卫造成损害的，不承担民事责任。正当防卫超过必要的限度，造成不应有的损害的，正当防卫人应当承担适当的民事责任。"乙追赶甲的行为属于正当防卫，未超出必要限度，故乙的行为不构成侵权，乙无须承担侵权责任。同时，依据《民法典》第 1186 条："受害人和行为人对损害的发生都没有过错的，依照法律的规定由双方分担损失。"适用公平责任的前提条件有三：（1）加害人和受害人对损害的发生均无过错，因此不构成过错侵权；（2）加害人的行为不属于法律明文规定的无过错侵权，因此不构成无过错侵权；（3）不责令加害人对受害人予以适当补偿显违公平原则。本题中，由于甲和商场因过错给丙造成损害，已然构成了过错侵权，就不再适用公平责任，乙无须对丙的损害适当补偿。

考点二　产品责任

1. 赵某从商店购买了一台甲公司生产的家用洗衣机，洗涤衣物时，该洗衣机因技术缺陷发生爆裂，叶轮飞出造成赵某严重人身损害并毁坏衣物。赵某的下列哪些诉求是正确的？（2015/3/58）[1]

A. 商店应承担更换洗衣机或退货、赔偿衣物损失和赔偿人身损害的违约责任

B. 商店应按违约责任更换洗衣机或者退货，也可请求甲公司按侵权责任赔偿衣物损失和人身损害

C. 商店或者甲公司应赔偿因洗衣机缺陷造成的损害

D. 商店或者甲公司应赔偿物质损害和精神损害

【考点】产品责任；责任竞合；精神损害赔偿

【答案解析】选项 A 正确。依据《民法典》第 186 条："因当事人一方的违约行为，损害对方人身权益、财产权益的，受损害方有权选择请求其承担违约责任或者侵权责任。"据此，在加害给付之场合，债权人既可以请求债务人承担违约责任，也可以请求债务人承担侵权责

---

[1]　ABCD

任。此即请求权竞合。如果债权人主张违约责任，既可就合同履行利益之损失请求赔偿，亦可就履行利益之外的债权人人身、财产权益等固有利益损失请求赔偿。本题中，商店出售的洗衣机因质量缺陷造成赵某人身、财产损害，发生请求权竞合，赵某所受之全部损害请求商店承担违约责任。依据《民法典》第582条："履行不符合约定的，应当按照当事人的约定承担违约责任。对违约责任没有约定或者约定不明确，依据本法第510条的规定仍不能确定的，受损害方根据标的的性质以及损失的大小，可以合理选择请求对方承担修理、重作、更换、退货、减少价款或者报酬等违约责任。"综上，商店交付的洗衣机存在质量瑕疵，商店应更换洗衣机或退货，还应赔偿赵某衣物损失和赔偿人身损害。

选项B正确。选项C正确。依据《民法典》第1203条："因产品存在缺陷造成他人损害的，被侵权人可以向产品的生产者请求赔偿，也可以向产品的销售者请求赔偿。产品缺陷由生产者造成的，销售者赔偿后，有权向生产者追偿。因销售者的过错使产品存在缺陷的，生产者赔偿后，有权向销售者追偿。"可见，产品致人损害，由产品的生产者和销售者承担无过错连带责任。

选项D正确。《最高人民法院关于确定民事侵权精神损害赔偿责任若干问题的解释》第1条规定，因生命、身体、健康遭受侵害，赔偿权利人起诉请求赔偿义务人赔偿物质损害和精神损害的，人民法院应予受理。本题中，赵某因缺陷产品导致身体健康严重受损，故商店或甲公司应赔偿其物质损害和精神损害。

2. 李某用100元从甲商场购买一只电热壶，使用时因漏电致李某手臂灼伤，花去医药费500元。经查该电热壶是乙厂生产的。下列哪一表述是正确的？（2013/3/15）[1]

　　A. 李某可直接起诉乙厂要求其赔偿500元损失

　　B. 根据合同相对性原理，李某只能要求甲商场赔偿500元损失

　　C. 如李某起诉甲商场，则甲商场的赔偿范围以100元为限

　　D. 李某只能要求甲商场更换电热壶，500元损失则只能要求乙厂承担

【考点】产品责任；加害给付

【答案解析】选项A正确。依据《民法典》第1203条："因产品存在缺陷造成他人损害的，被侵权人可以向产品的生产者请求赔偿，也可以向产品的销售者请求赔偿。产品缺陷由生产者造成的，销售者赔偿后，有权向生产者追偿。因销售者的过错使产品存在缺陷的，生产者赔偿后，有权向销售者追偿。"据此，产品侵权致人损害的，产品生产者与销售者应对损害承担不真正连带责任。

选项B错误。若李某欲主张违约责任，根据合同相对性原理，李某只能对甲商场主张违约责任。若李某欲主张产品侵权责任，则不受合同相对性限制，可直接请求乙厂承担产品侵权责任。

选项C、D错误。依据《民法典》第186条："因当事人一方的违约行为，损害对方人身权益、财产权益的，受损害方有权选择请求其承担违约责任或者侵权责任。"据此，在加害给付之场合，债权人既可以请求债务人承担违约责任，也可以请求债务人承担侵权责任。此即请求权竞合。如果债权人主张违约责任，既可就合同履行利益之损失请求赔偿，亦可就履行利益之外的债权人人身、财产权益等固有利益损失请求赔偿。因此，本题中，如李某对甲商场提起违约之诉，甲商场的赔偿范围不以100元为限，还应当赔偿李某的500元医药费损失。此外，由于甲商场的行为构成加害给付，李某可对甲商场择一主张违约责任或者侵权责任。如果李某选择甲商场承担侵权责任，依据《民法典》第1179条："侵害他人造成人身损害的，应当赔偿

医疗费、护理费、交通费、营养费、住院伙食补助费等为治疗和康复支出的合理费用，以及因误工减少的收入。造成残疾的，还应当赔偿辅助器具费和残疾赔偿金；造成死亡的，还应当赔偿丧葬费和死亡赔偿金。"一般而言，侵权损害赔偿的范围包括受害人因侵权遭受的直接损失和间接损失，并不以100元或更换电热壶为限。

3. 甲系某品牌汽车制造商，发现已投入流通的某款车型刹车系统存在技术缺陷，即通过媒体和销售商发布召回该款车进行技术处理的通知。乙购买该车，看到通知后立即驱车前往丙销售公司，途中因刹车系统失灵撞上大树，造成伤害。下列哪些说法是正确的？（2011/3/67）[1]

A. 乙有权请求甲承担赔偿责任
B. 乙有权请求丙承担赔偿责任
C. 乙有权请求惩罚性赔偿
D. 甲的责任是无过错责任

【考点】 *产品责任*

【答案解析】 选项A、B正确。依据《民法典》第1206条："产品投入流通后发现存在缺陷的，生产者、销售者应当及时采取停止销售、警示、召回等补救措施；未及时采取补救措施或者补救措施不力造成损害扩大的，对扩大的损害也应当承担侵权责任。依据前款规定采取召回措施的，生产者、销售者应当负担被侵权人因此支出的必要费用。"产品投入流通后发现存在缺陷的，生产者、销售者应当及时采取警示、召回等补救措施。未及时采取补救措施或者补救措施不力造成损害的，应当承担侵权责任。本题中，汽车生产者甲公司虽采取了补救措施，但因补救措施不力造成产品侵权，仍应承担侵权责任。依据《民法典》第1203条："因产品存在缺陷造成他人损害的，被侵权人可以向产品的生产者请求赔偿，也可以向产品的销售者请求赔偿。产品缺陷由生产者造成的，销售者赔偿后，有权向生产者追偿。因销售者的过错使产品存在缺陷的，生产者赔偿后，有权向销售者追偿。"这表明，构成产品侵权的，生产者与销售者应承担不真正连带责任。

选项C错误，选项D正确。依据《民法典》第1207条："明知产品存在缺陷仍然生产、销售，或者没有依据前条规定采取有效补救措施，造成他人死亡或者健康严重损害的，被侵权人有权请求相应的惩罚性赔偿。"受害人因产品侵权对生产者或销售者主张惩罚性赔偿责任，有两个限制条件：（1）生产者或销售者明知产品具有缺陷；（2）损害后果必须达到受害人死亡或健康严重损害的程度。本题中，生产者甲、销售者丙均不具备明知的要件，故C项错误。此外，产品侵权责任为无过错责任。故D项正确。

考点三　机动车交通事故责任

1. 甲赴宴饮酒，遂由有驾照的乙代驾其车，乙违章撞伤丙。交管部门认定乙负全责。以下假定情形中对丙的赔偿责任，哪些表述是正确的？（2013/3/67）[2]

A. 如乙是与甲一同赴宴的好友，乙不承担赔偿责任
B. 如乙是代驾公司派出的驾驶员，该公司应承担赔偿责任
C. 如乙是酒店雇佣的为饮酒客人提供代驾服务的驾驶员，乙不承担赔偿责任
D. 如乙是出租车公司驾驶员，公司明文禁止代驾，乙为获高额报酬而代驾，乙应承担赔偿责任

---

[1] ABD　[2] BC

【答案解析】 选项 A 错误。乙的行为属于好意施惠性质，但是客观上造成了车辆所有人与车辆使用人的分离，车辆使用人承担机动车一方的责任。故选项表述错误。

选项 B 正确。依据《民法典》第 1191 条："用人单位的工作人员因执行工作任务造成他人损害的，由用人单位承担侵权责任。用人单位承担侵权责任后，可以向有故意或者重大过失的工作人员追偿。劳务派遣期间，被派遣的工作人员因执行工作任务造成他人损害的，由接受劳务派遣的用工单位承担侵权责任；劳务派遣单位有过错的，承担相应的责任。"乙作为代驾公司派出的驾驶员，应由公司对丙承担赔偿责任。

选项 C 正确。乙作为酒店雇佣的专门代驾员，应由酒店对丙承担赔偿责任，乙不承担赔偿责任。

选项 D 错误。D 项中，因公司明文禁止代驾，而乙代驾的行为其表现形式是履行职务或者与履行职务有内在联系的，应当认定为"从事雇佣活动"，所以，对于丙遭受的损害，应由出租车公司承担责任。故 D 项错误。

2. 周某从迅达汽车贸易公司购买了 1 辆车，约定周某试用 10 天，试用期满后 3 天内办理登记过户手续。试用期间，周某违反交通规则将李某撞成重伤。现周某困难，无力赔偿。关于李某受到的损害，下列哪一表述是正确的？（2011/3/6）[1]

A. 因在试用期间该车未交付，李某有权请求迅达公司赔偿

B. 因该汽车未过户，不知该汽车已经出卖，李某有权请求迅达公司赔偿

C. 李某有权请求周某赔偿，因周某是该汽车的使用人

D. 李某有权请求周某和迅达公司承担连带赔偿责任，因周某和迅达公司是共同侵权人

【考点】 机动车道路交通事故侵权责任

【答案解析】 选项 C 正确，选项 ABD 错误。依据《民法典》第 1210 条："当事人之间已经以买卖或者其他方式转让并交付机动车但是未办理登记，发生交通事故造成损害，属于该机动车一方责任的，由受让人承担赔偿责任。"根据该条，在机动车买卖、分期付款保留所有权买卖、试用买卖、赠与、融资租赁等合同中，交付机动车后，办理过户登记手续之前，若该机动车发生道路交通事故，且根据《道路交通安全法》第 76 条，该机动车应当承担责任的，不论该机动车的所有权是否已经移转，均由已经受让机动车占有的一方（享有机动车运行利益的一方）承担侵权责任，另一方不承担侵权责任。题干信息表明周某违反交通规则，因此造成的危害后果和迅达公司没有关系，故迅达公司不需要承担赔偿责任。机动车交付后但尚未办理过户手续的，因该机动车侵权遭受损害的人，有权要求买方即周某承担赔偿责任，但是无权要求机动车所有人承担赔偿责任。

考点四　环境污染侵权责任

1. 甲、乙、丙三家公司生产三种不同的化工产品，生产场地的排污口相邻。某年，当地大旱导致河水水位大幅下降，三家公司排放的污水混合发生化学反应，产生有毒物质致使河流下游丁养殖场的鱼类大量死亡。经查明，三家公司排放的污水均分别经过处理且符合国家排放标准。后丁养殖场向三家公司索赔。下列哪一选项是正确的？（2015/3/60）[2]

---

〔1〕 C 〔2〕 D

A. 三家公司均无过错，不承担赔偿责任

B. 三家公司对丁养殖场的损害承担连带责任

C. 本案的诉讼时效是 2 年

D. 三家公司应按照污染物的种类、排放量等因素承担责任

【考点】 环境污染侵权责任

【答案解析】 选项 A 错误。依据《民法典》第 1229 条："因污染环境、破坏生态造成他人损害的，侵权人应当承担侵权责任。"因此，环境侵权采无过错责任原则。

选项 B 错误，选项 D 正确。依据《民法典》第 1231 条："两个以上侵权人污染环境、破坏生态的，承担责任的大小，根据污染物的种类、浓度、排放量，破坏生态的方式、范围、程度，以及行为对损害后果所起的作用等因素确定。"可见，两个以上污染者污染环境，由污染者承担按份责任。

选项 C 错误。《环境保护法》第 66 条，"提起环境损害赔偿诉讼的时效期间为三年，从当事人知道或者应当知道其受到损害时起计算。"

考点五　饲养动物致人损害责任

1. 2017 年 11 月 10 日，李某邀请张某前往家中做客，张某带着王某家的宠物狗前往并将宠物狗放在李某家的阳台上晒太阳。李某提醒张某说："把宠物狗放在阳台容易掉下去"。张某让李某放心不会有事。后宠物狗从阳台掉落，将从楼下路过的赵某砸伤，医药费 2000 元。关于本案，下列哪些说法是错误的？（2018 年真题回忆版，多）[1]

A. 李某所在小区的物业应对赵某的损害承担相应的赔偿责任

B. 李某应对赵某的损害承担赔偿责任

C. 张某应对赵某的损害承担赔偿责任

D. 王某应对赵某的损害承担赔偿责任

【答案解析】 根据《民法典》第 1198 条的规定，宾馆、商场、银行、车站、机场、体育场馆、娱乐场所等经营场所、公共场所的经营者、管理者或者群众性活动的组织者，未尽到安全保障义务，造成他人损害的，应当承担侵权责任。因第三人的行为造成他人损害的，由第三人承担侵权责任；经营者、管理者或者组织者未尽到安全保障义务的，承担相应的补充责任。经营者、管理者或者组织者承担补充责任后，可以向第三人追偿。据此可知，安保义务人的责任属于过错责任，在第三人侵权的情形下且安保义务人无过错的，无需承担责任。小区物业没有过错，无需承担侵权责任。故 A 项说法错误，当选。

根据《民法典》第 1245 条的规定，饲养的动物造成他人损害的，动物饲养人或管理人应当承担侵权责任；但是能够证明损害是因被侵权人故意或重大过失造成的，可以不承担或减轻责任。据此可知，饲养动物损害责任的责任主体系饲养人或管理人。本题中，张某系宠物狗的管理人，不听李某提醒将宠物狗放在阳台砸伤路人赵某，依法应承担赔偿责任。故 C 项说法正确，不当选；B、D 项说法错误，当选。

综上所述，本题的正确答案为 ABD。

---

[1] ABD

2. 王某因全家外出旅游，请邻居戴某代为看管其饲养的宠物狗。戴某看管期间，张某偷狗，被狗咬伤。关于张某被咬伤的损害，下列哪一选项是正确的？（2017/3/24）[1]

A. 王某应对张某所受损害承担全部责任

B. 戴某应对张某所受损害承担全部责任

C. 王某和戴某对张某损害共同承担全部责任

D. 王某或戴某不应对张某损害承担全部责任

【考点】饲养动物侵权

【答案解析】本题考查饲养动物的侵权。依据《民法典》第1245条："饲养的动物造成他人损害的，动物饲养人或者管理人应当承担侵权责任；但是，能够证明损害是因被侵权人故意或者重大过失造成的，可以不承担或者减轻责任。"王某为狗的饲养人，戴某为狗的管理人，故应对狗咬伤承担侵权责任。张某是在偷狗时被咬伤，具有重大过失，应减轻侵权人之责任，故只有D正确，其他选项均错误。

3. 关于动物致害侵权责任的说法，下列哪些选项是正确的？（2015/3/67）[2]

A. 甲8周岁的儿子翻墙进入邻居院中玩耍，被院内藏獒咬伤，邻居应承担侵权责任

B. 小学生乙和丙放学途经养狗的王平家，丙故意逗狗，狗被激怒咬伤乙，只能由丙的监护人对乙承担侵权责任

C. 丁下夜班回家途经邻居家门时，未看到邻居饲养的小猪趴在路上而绊倒摔伤，邻居应承担侵权责任

D. 戊带女儿到动物园游玩时，动物园饲养的老虎从破损的虎笼蹿出将戊女儿咬伤，动物园应承担侵权责任

【考点】动物致害责任

【答案解析】A选项正确。依据《民法典》第1247条："禁止饲养的烈性犬等危险动物造成他人损害的，动物饲养人或者管理人应当承担侵权责任。"据此，饲养危险动物致人损害的，动物饲养人承担的是绝对无过错责任，即不存在法定免责事由。故A选项正确。

选项B错误。依据《民法典》第1250条："因第三人的过错致使动物造成他人损害的，被侵权人可以向动物饲养人或者管理人请求赔偿，也可以向第三人请求赔偿。动物饲养人或者管理人赔偿后，有权向第三人追偿。"因此，本题中，受害人的损失应当由丙的监护人与王平承担不真正连带责任，而不是由丙的监护人单独承担侵权责任。

选项C正确。依据《民法典》第1250条："因第三人的过错致使动物造成他人损害的，被侵权人可以向动物饲养人或者管理人请求赔偿，也可以向第三人请求赔偿。动物饲养人或者管理人赔偿后，有权向第三人追偿。"本题中，丁并无故意或重大过失，故应当由丁的邻居承担责任。

选项D正确。依据《民法典》第1248条："动物园的动物造成他人损害的，动物园应当承担侵权责任；但是，能够证明尽到管理职责的，不承担侵权责任。"本题中，动物园对虎笼破损存在明显的过错，故动物园应当承担责任。

一、2008 年民法案例分析题

案情：A 房地产公司（下称 A 公司）与 B 建筑公司（下称 B 公司）达成一项协议，由 B 公司为 A 公司承建一栋商品房。合同约定，标的总额 6000 万元，8 个月交工，任何一方违约，按合同总标的额 20% 支付违约金。合同签订后，为筹集工程建设资金，A 公司用其建设用地使用权作抵押向甲银行贷款 3000 万元，乙公司为此笔贷款承担保证责任，但对保证方式未作约定。

B 公司未经 A 公司同意，将部分施工任务交给丙建筑公司施工，该公司由张、李、王三人合伙出资组成。施工中，工人刘某不慎掉落手中的砖头，将路过工地的行人陈某砸成重伤，花去医药费 5000 元。

A 公司在施工开始后即进行商品房预售。丁某购买了 1 号楼 101 号房屋，预交了 5 万元房款，约定该笔款项作为定金。但不久，A 公司又与汪某签订了一份合同，将上述房屋卖给了汪某，并在房屋竣工后将该房的产权证办理给了汪某。汪某不知该房已经卖给丁某的事实。

汪某入住后，全家人出现皮肤瘙痒、流泪、头晕目眩等不适。经检测，发现室内甲醛等化学指标严重超标。但购房合同中未对化学指标作明确约定。因 A 公司不能偿还甲银行贷款，甲银行欲对 A 公司开发的商品房行使抵押权。

问题：

1. 若 B 公司延期交付工程半个月，A 公司以此提起仲裁，要求支付合同总标的额 20% 即 1200 万元违约金，你作为 B 公司的律师，拟提出何种请求以维护 B 公司的利益？依据是什么？

2. 对于陈某的损失，应由谁承担责任？如何承担责任？为什么？

3. 对于陈某的赔偿，应当适用何种归责原则？依据是什么？

4. 对于乙公司的保证责任，其性质应如何认定？理由是什么？

5. 若甲银行行使抵押权，其权利标的是什么？甲银行如何实现自己的抵押权？

6. 丁某在得知房屋卖给汪某后，向法院提起诉讼，要求 A 公司履行合同交付房屋，其主张应否得到支持？为什么？

7. 汪某现欲退还房屋，要回房款。你作为汪某的代理人，拟提出何种请求维护汪某的利益？依据是什么？

8. 如果 A 公司不能向 B 公司支付工程款，B 公司可对 A 公司提出什么请求？

【参考答案】

1. 请求仲裁机构减少违约金。约定的违约金过分高于实际损失的，当事人可以请求法院或仲裁机构予以适当减少。

2. 应当由丙建筑公司承担责任。因刘某系丙公司的雇员，其在执行雇主指令（或执行工作任务）中致人损害由雇主承担责任。由于丙公司系合伙企业，故由张、李、王实际承担连带赔偿责任。

3. 应当适用过错推定原则。地面施工致人损害适用过错推定。

4. 乙公司的保证责任性质属于一般保证。根据《民法典》相关规定，对保证责任性质约定不明的，保证人承担一般保证责任。

5. 甲银行的抵押权标的为土地使用权，不包括商品房。根据《民法典》相关规定，建设用地使用权抵押后，该土地上新增的建筑物不属于抵押财产。甲银行实现抵押权时可以将商品房一并处分，但不能就商品房所得价款优先受偿。

6. 不能得到支持。因为汪某已经取得商品房的所有权，不动产以登记作为物权变动的依据。

7. 请求解除合同。因为A公司构成严重违约，房屋无法居住，不能实现合同目的。

8. B公司可向A公司主张违约责任或者对建设工程主张优先权。

二、2009 年民法案例分析题

案情：2005 年 1 月 1 日，甲与乙口头约定，甲承租乙的一套别墅，租期为五年，租金一次付清，交付租金后即可入住。洽谈时，乙告诉甲屋顶有漏水现象。为了尽快与女友丙结婚共同生活，甲对此未置可否，付清租金后与丙入住并办理了结婚登记。

入住后不久别墅屋顶果然漏水，甲要求乙进行维修，乙认为在订立合同时已对漏水问题提前作了告知，甲当时并无异议，仍同意承租，故现在乙不应承担维修义务。于是，甲自购了一批瓦片，找到朋友开的丁装修公司免费维修。丁公司派工人更换了漏水的旧瓦片，同时按照甲的意思对别墅进行了较大装修。更换瓦片大约花了 10 天时间，装修则用了一个月，乙不知情。更换瓦片时，一名工人不慎摔伤，花去医药费数千元。

2005 年 6 月，由于新换瓦片质量问题，别墅屋顶出现大面积漏水，造成甲一万余元财产损失。

2006 年 4 月，甲遇车祸去世，丙回娘家居住。半年后丙返回别墅，发现戊已占用别墅。原来，2004 年 12 月甲曾向戊借款 10 万元，并亲笔写了借条，借条中承诺在不能还款时该别墅由戊使用。在戊向乙出示了甲的亲笔承诺后，乙同意戊使用该别墅，将房屋的备用钥匙交付于戊。

问题：

1. 甲乙之间租赁合同的期限如何确定？理由是什么？如乙欲解除与甲的租赁合同，应如何行使权利？

2. 别墅维修及费用负担问题应如何处理？理由是什么？

3. 甲丁之间存有什么法律关系？其内容和适用规则如何？摔伤工人的医药费用、损失应如何处理？理由是什么？

4. 别墅装修问题应如何处理？理由是什么？

5. 甲是否有权请求乙赔偿因 2005 年 6 月屋顶漏水所受损失？理由是什么？

6. 丙可否行使对别墅的承租使用权？理由是什么？

7. 丙应如何向戊主张自己的权利？理由是什么？

【参考答案】

1. 为不定期租赁。租赁期限 6 个月以上，当事人未采取书面形式的，视为不定期租赁。乙可以随时解除合同，但应当在合理期限前通知承租人。

2. （1）甲有权要求乙在合理期限内维修。乙未履行维修义务，甲可以自行维修，维修费用由乙负担。

（2）甲的维修属于无因管理的行为，由乙承担其支出的必要费用。瓦片质量问题不影响乙对该项义务的承担。

（3）因维修影响了甲的使用，应当相应减少租金或延长租期。但装修期间不在延长租期的范围。

3.（1）甲丁之间属于无名合同，应适用《民法典》合同编通则的相关规定，并可参照合同编典型合同或其他法律最相类似的规定，例如，费用承担问题适用赠与合同的规则，完成工作问题适用承揽合同规则。

（2）应由丁承担。因为丁为雇主，应对雇员在从事雇佣活动中遭受的人身损害承担赔偿责任。

4. 乙可以要求甲恢复原状或赔偿损失。理由是承租人未经出租人同意，对租赁物进行改装或增设他物的，出租人可以要求承租人恢复原状或赔偿损失。

5. 无权。造成第二次漏水是甲自身的原因，乙无过错，因此损失应由甲自行承担。

6. 丙有权对乙主张自己基于原租赁合同对该别墅的承租使用权。因为承租人在房屋租赁期间死亡的，与其生前共同居住的人可以按照原租赁合同租赁该房屋。

7. 丙有权请求戊返还原物。因为丙是合法占有人，有权请求侵占人返还原物。

三、2010 年民法案例分析题

案情：甲公司委派业务员张某去乙公司采购大蒜，张某持盖章空白合同书以及采购大蒜授权委托书前往。

甲、乙公司于 2010 年 3 月 1 日签订大蒜买卖合同，约定由乙公司代办托运，货交承运人丙公司后即视为完成交付。大蒜总价款为 100 万元，货交丙公司后甲公司付 50 万元货款，货到甲公司后再付清余款 50 万元。双方还约定，甲公司向乙公司交付的 50 万元货款中包含定金 20 万元，如任何一方违约，需向守约方赔付违约金 30 万元。

张某发现乙公司尚有部分绿豆要出售，认为时值绿豆销售旺季，遂于 2010 年 3 月 1 日擅自决定与乙公司再签订一份绿豆买卖合同，总价款为 100 万元，仍由乙公司代办托运，货交丙公司后即视为完成交付。其他条款与大蒜买卖合同的约定相同。

2010 年 4 月 1 日，乙公司按照约定将大蒜和绿豆交给丙公司，甲公司将 50 万元大蒜货款和 50 万元绿豆货款汇付给乙公司。按照托运合同，丙公司应在十天内将大蒜和绿豆运至甲公司。

2010 年 4 月 5 日，甲、丁公司签订以 120 万元价格转卖大蒜的合同。4 月 7 日因大蒜价格大涨，甲公司又以 150 万元价格将大蒜卖给戊公司，并指示丙公司将大蒜运交戊公司。4 月 8 日，丙公司运送大蒜过程中，因山洪暴发大蒜全部毁损。戊公司因未收到货物拒不付款，甲公司因未收到戊公司货款拒绝支付乙公司大蒜尾款 50 万元。

后绿豆行情暴涨，丙公司以自己名义按 130 万元价格将绿豆转卖给不知情的己公司，并迅即交付，但尚未收取货款。甲公司得知后，拒绝追认丙公司行为，要求己公司返还绿豆。

问题：

1. 大蒜运至丙公司时，所有权归谁？为什么？

2. 甲公司与丁、戊公司签订的转卖大蒜的合同的效力如何？为什么？

3. 大蒜在运往戊公司途中毁损的风险由谁承担？为什么？

4. 甲公司能否以未收到戊公司的大蒜货款为由，拒绝向乙公司支付尾款？为什么？

5. 乙公司未收到甲公司的大蒜尾款，可否同时要求甲公司承担定金责任和违约金责任？为什么？

6. 甲公司与乙公司签订的绿豆买卖合同效力如何？为什么？

7. 丙公司将绿豆转卖给己公司的行为法律效力如何？为什么？

8. 甲公司是否有权要求己公司返还绿豆？为什么？

【参考答案】

1. 甲公司。因为大蒜是动产，除合同有特别约定外，以交付作为其所有权转移的标志。甲公司和乙公司约定，大蒜交给丙公司时视为完成交付，故此时甲公司是大蒜所有权人。

2. 有效。大蒜在交付之前，甲公司仍有所有权，享有处分权，出卖人就同一标的物订立的多重买卖合同，合同的效力相互之间是不排斥的。

3. 戊公司承担。在途货物的买卖，自买卖合同签订之日起，标的物意外毁损灭失的风险由买方承担。故大蒜毁损灭失的风险由买方戊公司承担。

4. 不能。因为合同具有相对性，甲乙公司是大蒜购销合同的当事人，甲公司不能因为第三人戊公司的原因拒付尾款。

5. 不能。因为甲公司和乙公司大蒜购销合同中既约定定金又约定违约金，乙公司只能选择适用违约金或者定金。

6. 有效。因为甲公司通过向乙公司支付50万元绿豆货款的行为，表示其已对张某无权代理行为进行了追认。

7. 有效。虽然转卖行为是无权处分，但是该买卖合同仍是有效合同，丙公司的转卖行为有效。

8. 无权。因为己公司构成善意取得。

四、2011年民法案例分析题

案情： 甲公司从某银行贷款1200万元，以自有房产设定抵押，并办理了抵押登记。经书面协议，乙公司以其价值200万元的现有的以及将有的生产设备、原材料、半成品、产品为甲公司的贷款设定抵押，没有办理抵押登记。后甲公司届期无力清偿贷款，某银行欲行使抵押权。法院拟拍卖甲公司的房产。甲公司为了留住房产，与丙公司达成备忘录，约定："由丙公司参与竞买，价款由甲公司支付，房产产权归甲公司。"丙公司依法参加竞买，以1000万元竞买成功。甲公司将从子公司筹得的1000万元交给丙公司，丙公司将这1000万元交了法院。法院依据竞拍结果制作民事裁定书，甲公司据此将房产过户给丙公司。

法院裁定书下达次日，甲公司、丙公司与丁公司签约："甲公司把房产出卖给丁公司，丁公司向甲公司支付1400万元。合同签订后10日内，丁公司应先付给甲公司400万元，尾款待房产过户到丁公司名下之后支付。甲公司如果在合同签订之日起半年之内不能将房产过户到丁公司名下，则丁公司有权解除合同，并请求甲公司支付违约金700万元，甲公司和丙公司对合同的履行承担连带责任。"

在甲公司、丙公司与丁公司签订房产买卖合同的次日，丙公司与戊公司签订了房产买卖合同。丙公司以1500万元的价格将该房产卖给戊公司，尚未办理过户手续。丁公司见状，拒绝履行支付400万元首付款的义务，并请求甲公司先办理房产过户手续，将房产过户到丁公司名下。甲公司则要求丁公司按约定支付400万元房产购置首付款。鉴于各方僵持不下，半年后，丙公司索性把房产过户给戊公司，并拒绝向丁公司承担连带责任。经查，在甲公司、丙公司和丁公司签订合同后，当地房地产市场价格变化不大。

问题：

1. 乙公司以其现有的及将有的生产设备等动产为甲公司的贷款设立的抵押是否成立？为什么？

2. 某银行是否必须先实现甲公司的房产的抵押权，后实现乙公司的现有的及将有的生产设备等动产的抵押权？为什么？

3. 甲公司与丙公司达成的备忘录效力如何？为什么？

4. 丙公司与戊公司签订房产买卖合同效力如何？为什么？

5. 丁公司是否有权拒绝履行支付400万元的义务？为什么？

6. 丁公司是否有权请求甲公司在自己未支付400万首付款的情况下先办理房产过户手续？为什么？

7. 丁公司能否解除房产买卖合同？为什么？

8. 丙公司能否以自己不是合同的真正当事人为由拒绝向丁公司承担连带责任？为什么？

9. 甲公司可否请求法院减少违约金数额？为什么？

【参考答案】

1. 成立。因为根据《民法典》规定，经当事人书面协议，乙公司可以现有的以及将有的生产设备、原材料、半成品、产品设定抵押，无须以登记为成立要件。

　　【考点】 动产浮动抵押

2. 不是。因为甲公司房产抵押与乙公司现有的及将有的生产设备等动产的抵押没有明确约定抵押份额，属于连带共同抵押。抵押权人（即银行）可以选择就任一财产实现抵押权。

　　【考点】 共同抵押

3. 具有法律效力。因为在法院依据竞买结果制作裁决书后，甲公司将房产过户给了丙公司，丙公司是房产所有人。当事人对房产权属作的特别约定，不具有物权效力。但是该备忘录没有违背法律的强制性规定，具有债权效力，丙公司对甲公司负有合同义务，即依约履行将房产过户给甲公司的义务。

　　【考点】 物权法定原则

4. 有效。因为丙公司是房产所有权人，有权对房产进行处分，且就同一房产签订多份买卖合同，合同效力既不会仅因为房产没有过户而受影响，也不会仅因为是一物多卖而受影响。

　　【考点】 一物数卖；区分原则

5. 有权。因为丁公司可以行使不安抗辩权。虽然在甲公司、丙公司与丁公司签订的房产买卖合同中约定，丁公司应先交首付，甲公司后办理房产过户。但是，房产产权人丙公司在签约次日就和戊公司签订房产买卖合同。该行为已经明确表明，甲公司有无法履行交房义务的可能。作为先交首付款义务的丁方，有权行使不安抗辩权。

　　【考点】 不安抗辩权

6. 无权。因为甲公司可以行使先履行抗辩权。甲公司办理房产过户手续的义务在后。丁公司享有不安抗辩权，可以拒绝履行自己的先给付义务，但是不能以不安抗辩权要求甲公司履行在后的义务。

　　【考点】 先履行抗辩权

7. 能。因为甲公司在合同订立半年内没有履行办理房产过户手续的义务，丁公司行使约定解除权的条件已经成就。

　　【考点】 约定解除权

8. 不能。因为甲公司、丙公司与丁公司签订房产买卖合同中约定丙公司和甲公司对合同的履行承担连带责任。该约定属于当事人真实意思表示，不违反法律、行政法规的强制性规定和社会公共利益，具有法律约束力。

　　【考点】 连带债务

9. 可以。因为根据《民法典》和相关司法解释，合同约定的违约金超过造成损失的30%，数额过分高于损失的，当事人可以请求法院予以适当减少。

　　【考点】 违约金

五、2012 年民法案例分析题

案情：信用卡在现代社会的运用越来越广泛。设甲为信用卡的持卡人，乙为发出信用卡的银行，丙为接受银行信用卡消费的百货公司。甲可以凭信用卡到丙处持卡消费，但应于下个月的 15 日前将其消费的款项支付给乙；丙应当接受甲的持卡消费，并于每月的 20 日请求乙支付甲消费的款项，丙不得请求甲支付其消费的款项。

2012 年 3 月，甲消费了 5 万元，无力向乙还款。甲与乙达成协议，约定 3 个月内还款，甲将其 1 间铺面房抵押给乙，并作了抵押登记。应乙的要求，甲为抵押的铺面房向丁保险公司投了火灾险，并将其对保险公司的保险赔偿请求权转让给了己。

2012 年 4 月，甲与张某签订借款意向书，约定甲以铺面房再作抵押向张某借款 5 万元，用于向乙还款。后因甲未办理抵押登记，张某拒绝提供借款。

2012 年 7 月，因甲与邻居戊有矛盾，戊放火烧毁了甲的铺面房。在保险公司理赔期间，己的债权人庚向法院申请冻结了保险赔偿请求权。

问题：

1. 2012 年 3 月之前，甲与乙之间存在什么法律关系？乙与丙之间存在什么法律关系？甲与丙之间存在什么法律关系？

2. 丙有权请求乙支付甲消费的款项但不得请求甲支付其消费的款项，其法律含义是什么？乙可否以甲不支付其消费的款项为理由，拒绝向丙付款？为什么？

3. 如甲不向乙支付其消费的款项，乙可以主张什么权利？如乙不向丙支付甲消费的款项，丙可以主张什么权利？

4. 如丙拒绝接受甲持卡消费，应由谁主张权利？可以主张什么权利？为什么？

5. 张某拒绝向甲提供借款是否构成违约？为什么？

6. 甲的抵押铺面房被烧毁之后，届期无力还款，乙可以主张什么权利？

7. 甲将保险赔偿请求权转让给己，己的债权人庚向法院申请冻结该保险赔偿请求权，对乙的抵押权有什么影响？为什么？

【参考答案】

1. ①甲持卡在丙处消费，由乙向丙付款，这是一种无名合同关系，参照委托合同的规定处理。甲应依其消费金额向乙还款，甲乙之间还形成借款合同法律关系（或形成还款关系）。②丙负有接受符合条件的持卡人的消费的义务，即丙受乙的委托向第三人（消费者）为给付，有与第三人订立合同的义务，这是一种类似于委托的关系（或无名合同关系）。乙在丙完成对第三人的给付之后，丙有要求乙付款的权利。③甲与丙之间构成买卖合同关系。

【考点】法律关系；合同分类

2. ①甲在丙处消费的付款义务，由乙承担。这是就将来可确定的债务，甲与乙订立债务承担协议。而且是经债权人同意的免责的债务承担，即免责的由乙承担，丙不得向甲主张权利。②乙不可以甲不付款为理由拒绝向丙支付价款。因为甲与乙、乙与丙之间的债的关系是独立的，而且债务承担具有无因性。

【考点】免责的债务承担

3. ①如果甲不向乙支付其消费的款项，乙可依甲乙之间的还款协议要求甲支付其所消费的款项及利息（违约责任）。②如果乙不向丙支付甲所消费的款项，丙可依乙丙之间的还款关系要求乙支付甲所消费的款项及利息（违约责任）。

【考点】合同的相对性

4. 如丙拒绝接受甲持卡消费，应由乙主张权利，乙可请求丙承担违约责任。因为免责债务承担合同（或者委托合同）成立于乙、丙间，根据违约责任的相对性，只能由乙对丙主张违约责任。

【考点】违约责任的相对性

5. 不构成违约。因为自然人间的借款合同属于实践合同，张某未向甲提供借款，借款合同尚未生效。

【考点】自然人间的借款合同

6. 乙可对房屋烧毁后的保险金行使抵押权。也可以回答：抵押权人乙可就甲对戊享有的损害赔偿金行使抵押权，优先受偿自己的债权。

【考点】抵押权的物上代位性

7. 无影响。因为在甲的铺面房设定抵押后，甲将保险赔偿请求权转让给己，基于抵押权的物权效力（或追及效力、或优先效力），不影响抵押权的效力。己的债权人庚向法院申请冻结该保险赔偿请求权，基于抵押权的优先性，不影响抵押权的效力。

【考点】物权优先于债权；物权的追及效力

六、2013年民法案例分析题

案情： 大学生李某要去A市某会计师事务所实习。此前，李某通过某租房网站租房，明确租房位置和有淋浴热水器两个条件。张某承租了王某一套二居室，租赁合同中有允许张某转租的条款。张某与李某联系，说明该房屋的位置及房屋里配有高端热水器。李某同意承租张某的房屋，并通过网上银行预付了租金。

李某入住后发现，房屋的位置不错，卫生间也较大，但热水器老旧不堪，不能正常使用，屋内也没有空调。另外，李某了解到张某已拖欠王某1个月的租金，王某已表示，依租赁合同的约定要解除与张某的租赁合同。

李某要求张某修理热水器，修了几次都无法使用。再找张某，张某避而不见。李某只能用冷水洗澡并因此感冒，花了一笔医疗费。无奈之下，李某去B公司购买了全新电热水器，B公司派其员工郝某去安装。在安装过程中，找不到登高用的梯子，李某将张某存放在储藏室的一只木箱搬进卫生间，供郝某安装时使用。安装后郝某因有急事未按要求试用便离开，走前向李某保证该热水器可以正常使用。李某仅将该木箱挪至墙边而未搬出卫生间。李某电话告知张某，热水器已买来装好，张某未置可否。

另外，因暑热难当，李某经张某同意，买了一部空调安装在卧室。

当晚，同学黄某来A市探访李某。黄某去卫生间洗澡，按新装的热水器上的提示刚打开热水器，该热水器的接口处迸裂，热水喷溅不止，黄某受到惊吓，摔倒在地受伤，经鉴定为一级伤残。另外，木箱内装的贵重衣物，也被热水器喷出的水流浸泡毁损。

问题：

1. 由于张某拖欠租金，王某要解除与张某的租赁合同，李某想继续租用该房屋，可以采取什么措施以抗辩王某的合同解除权？

2. 李某的医疗费应当由谁承担？为什么？

3. 李某是否可以更换热水器？李某更换热水器的费用应当由谁承担？为什么？

4. 李某购买空调的费用应当由谁承担？为什么？

5. 对于黄某的损失，李某、张某是否应当承担赔偿责任？为什么？

6. 对于黄某的损失，郝某、B公司是否应当承担赔偿责任？为什么？

7. 对于张某木箱内衣物浸泡受损，李某、B公司是否应当承担赔偿责任？为什么？

【参考答案】

1. 李某可以请求代张某支付其欠付王某的租金和违约金，以抗辩王某的合同解除权。

【考点】 合法转租；次承租人的代为清偿请求权

2. 由张某承担。因为张某作为出租人有提供热水（热水器）的义务，张某违反该义务，致李某损失，应由张某承担赔偿责任。

【考点】 出租人适租义务

3. 可以（是）。更换热水器的费用应由张某承担。因为张某（出租人）作为出租人应当按照约定将租赁物交付承租人，应当履行租赁物的维修义务，张某有保持租赁物符合约定用途的义务。

【考点】 出租人对租赁物的维修义务

4. 由李某承担。因为李某（承租人）经张某（出租人）同意装饰装修，但未就费用负担作特别约定，故承租人不得请求出租人补偿费用。

【考点】 房屋租赁合同装饰装修费用的处理

5. 否（李某或张某均不应当承担赔偿责任）。因为李某与黄某之间并无合同，李某不需承担违约损害赔偿责任。对于黄某的损失，李某亦无过错，不需承担侵权责任。故李某不应承担赔偿责任。张某与黄某之间并无合同，张某不需要承担违约损害赔偿责任；对于黄某的损失，张某并无过错，不需承担侵权责任。故张某不应承担赔偿责任。

【考点】 过错侵权；违约责任

6. 郝某不应当承担赔偿责任，B 公司应当承担赔偿责任。因为郝某是 B 公司的工作人员，执行 B 公司的工作任务，故不需承担侵权责任。又因热水器是缺陷产品，缺陷产品造成损害，被侵权人（黄某）既可向产品的生产者请求赔偿，也可向产品的销售者请求赔偿。故 B 公司需承担侵权责任。

【考点】 产品责任；用人单位责任

7. 李某不应承担赔偿责任，B 公司应承担赔偿责任。因为李某对衣物受损并无过错。缺陷产品的侵权责任，由生产者或销售者承担，故 B 公司应对张某衣物受损承担侵权责任。

【考点】 产品责任；过失的判断

七、2014 年民法案例分析题

案情： 2 月 5 日，甲与乙订立一份房屋买卖合同，约定乙购买甲的房屋一套（以下称 01 号房），价格 80 万元。并约定，合同签订后一周内乙先付 20 万元，交付房屋后付 30 万元，办理过户登记后付 30 万元。

2 月 8 日，丙得知甲欲将该房屋出卖，表示愿意购买。甲告知其已与乙签订合同的事实，丙说愿出 90 万元。于是，甲与丙签订了房屋买卖合同，约定合同签订后 3 日内丙付清全部房款，同时办理过户登记。2 月 11 日，丙付清了全部房款，并办理了过户登记。

2 月 12 日，当乙支付第一笔房款时，甲说：房屋已卖掉，但同小区还有一套房屋（以下称 02 号房），可作价 100 万元出卖。乙看后当即表示同意，但提出只能首付 20 万元，其余 80 万元向银行申请贷款。甲、乙在原合同文本上将房屋相关信息、价款和付款方式作了修改，其余条款未修改。

乙支付首付 20 万元后，恰逢国家出台房地产贷款调控政策，乙不再具备贷款资格。故乙表示仍然要买 01 号房，要求甲按原合同履行。甲表示 01 号房无法交付，并表示第二份合同已经生效，如乙不履行将要承担违约责任。乙认为甲违约在先。3 月中旬，乙诉请法院确认甲丙之间的房屋买卖合同无效，甲应履行 2 月 5 日双方签订的合同，交付 01 号房，并承担迟延交付的违约责任。甲则要求乙继续履行购买 02 号房的义务。

3 月 20 日，丙聘请不具备装修资质的 A 公司装修 01 号房。装修期间，A 公司装修工张某因操作失误将水管砸坏，漏水导致邻居丁的家具等物件损坏，损失约 5000 元。

5 月 20 日，丙花 3000 元从商场购买 B 公司生产的热水器，B 公司派员工李某上门安装。5 月 30 日，李某从 B 公司离职，但经常到 B 公司派驻丙所住小区的维修处门前承揽维修业务。7 月 24 日，丙因热水器故障到该维修处要求 B 公司维修，碰到李某。丙对李某说：热水器是你装的，出了问题你得去修。维修处负责人因人手不够，便对李某说：那你就去帮忙修一下吧。李某便随丙去维修。李某维修过程中操作失误致热水器毁损。

问题：

1. 01 号房屋的物权归属应当如何确定？为什么？

2. 甲、丙之间的房屋买卖合同效力如何？考查甲、丙之间合同效力时应当考虑本案中的哪些因素？

3. 2 月 12 日，甲、乙之间对原合同修改的行为的效力应当如何认定？为什么？

4. 乙的诉讼请求是否应当得到支持？为什么？

5. 针对甲要求乙履行购买 02 号房的义务，乙可主张什么权利？为什么？

6. 邻居丁所遭受的损失应当由谁赔偿？为什么？

7. 丙热水器的毁损，应由谁承担赔偿责任？为什么？

【参考答案】

1. 甲、丙基于合法有效的买卖合同于 2 月 11 日办理了过户登记手续，即完成了不动产物权的公示行为。不动产物权发生变动，即由原所有权人甲变更为丙。

【考点】 不动产物权变动的条件

2. 甲、丙之间于 2 月 8 日形成的房屋买卖合同，该合同为有效合同。尽管甲已就该房与乙签订了合同，但甲丙的行为不属于违背公序良俗的行为，也不违反法律、行政法规的强制性规定，不存在无效的因素。丙的行为仅为单纯的知情，甲、丙之间的合同不属于恶意串通行为，因其不以损害乙的权利为目的。

【考点】 合同无效的情形

3. 2 月 12 日，甲、乙之间修改合同的行为，该行为有效，其性质属于双方变更合同。双方受变更后的合同的约束。

【考点】 合同的变更

4. 乙与甲通过协商变更了合同，甲、丙之间的合同有效且已经办理了物权变动的手续，故乙关于确认甲、丙之间合同无效、由甲交付 01 号房的请求不能得到支持。但是，乙可以请求甲承担违约责任，乙同意变更合同不等于放弃追索甲在 01 号房屋买卖合同项下的违约责任。

【考点】 合同变更的法律效果

5. 乙可请求解除合同，甲应将收受的购房款本金及其利息返还给乙。因政策限购属于当事人无法预见的情形，且合同出现了履行不能的情形，乙有权解除合同，且无须承担责任。

【考点】 不可抗力导致合同单方解除

6. 应当由丙和 A 公司承担。张某是受雇人，其执行职务的行为，由 A 公司承担侵权赔偿责任。丙聘请没有装修资质的 A 公司进屋装修，具有过错，也应对丁的损失承担赔偿责任。

【考点】 用人单位侵权责任

7. B 公司承担。李某维修行为，构成表见代理，其行为后果由 B 公司承担（合同上的赔偿责任）。或者李某虽然离职，但经维修处负责人指派，仍为执行工作任务，应由 B 公司承担责任（侵权责任）。

八、2015 年民法案例分析题

案情： 甲欲出卖自家的房屋，但其房屋现已出租给张某，租赁期还剩余 1 年。甲将此事告知张某，张某明确表示，以目前的房价自己无力购买。

甲的同事乙听说后，提出购买。甲表示愿意但需再考虑细节。乙担心甲将房屋卖与他人，提出草签书面合同，保证甲将房屋卖与自己，甲同意。甲、乙一起到房屋登记机关验证房屋确实登记在甲的名下，且所有权人一栏中只有甲的名字，双方草签了房屋预购合同。

后双方签订正式房屋买卖合同约定：乙在合同签订后的 5 日内将购房款的三分之二通过银行转账给甲，但甲须提供保证人和他人房屋作为担保；双方还应就房屋买卖合同到登记机关办理预告登记。

甲找到丙作为保证人，并用丁的房屋抵押。丁与乙签订了抵押合同并办理了抵押登记，但并没有约定担保范围。甲乙双方办理了房屋买卖合同预告登记，但甲忘记告诉乙房屋出租情况。

此外，甲的房屋实际上为夫妻共同财产，甲自信妻子李某不会反对其将旧房出卖换大房，事先未将出卖房屋的事情告诉李某。李某知道后表示不同意。但甲还是瞒着李某与乙办理了房屋所有权转移登记。

2 年后，甲与李某离婚，李某认为当年甲擅自处分夫妻共有房屋造成了自己的损失，要求赔偿。甲抗辩说，赔偿请求权已过诉讼时效。

问题：

1. 在本案中，如甲不履行房屋预购合同，乙能否请求法院强制其履行？为什么？

2. 甲未告知乙有租赁的事实，应对乙承担什么责任？

3. 如甲不按合同交付房屋并转移房屋所有权，预告登记将对乙产生何种保护效果？

4. 如甲在预告登记后又与第三人签订房屋买卖合同，该合同是否有效？为什么？

5. 如甲不履行合同义务，在担保权的实现上乙可以行使什么样的权利？担保权实现后，甲、丙、丁的关系如何？

6. 甲擅自处分共有财产，其妻李某能否主张买卖合同无效？是否可以主张房屋过户登记为无效或者撤销登记？为什么？

7. 甲对其妻李某的请求所提出的时效抗辩是否成立？为什么？

【参考答案】

1. 不能。理由是预约虽是合同，其目的在于促进订立主合同。当事人签订认购书、备忘录等预约合同，约定将来订立买卖合同，一方不履行的，对方可请求其承担预约合同违约责任或者要求解除预约合同并主张损害赔偿。但是，法院不能强制当事人签订正式合同。乙可以请求赔偿，也可以请求解除合同并请求赔偿。

【考点】 预约的法律效力

2. 甲应对乙承担违约责任。甲应说明买卖标的物上有负担的事实而未说明，违反了法律规定的义务，在合同有效的情况下，应该纳入到违约责任中。

【考点】 违约责任的构成

3. 按照我国《民法典》第 221 条的规定，预告登记后，甲再处分房屋的，不产生物权效力。即乙对房屋的交付请求权具有物权性优先权，可以对抗所有的未登记的购买人。

【考点】 预告登记

4. 预告登记后，甲与第三人签订的房屋买卖合同有效，只是不发生物权变动的效力，如果甲不履行，将对第三人承担违约责任。

【考点】 合同的效力

5. 如果甲不履行合同义务，乙可以选择实现抵押权或者向保证人丙主张保证责任。无论丁还是丙履行担保责任后，都有权向甲追偿。

【考点】 混合担保

6. 李某不得主张无效。即使甲没有处分权，也不影响合同效力。李某不可以主张房屋登记过户为无效，因为乙已经善意取得了房屋的所有权。

【考点】 无权处分合同的效力；善意取得

7. 不成立。由于双方为夫妻共同财产制，夫妻关系存续是诉讼时效期间中止的法定事由。

【考点】 诉讼时效的中止

九、2016年民法案例分析题

案情： 自然人甲与乙订立借款合同，其中约定甲将自己的一辆汽车作为担保物让与给乙。借款合同订立后，甲向乙交付了汽车并办理了车辆的登记过户手续。乙向甲提供了约定的50万元借款。

一个月后，乙与丙公司签订买卖合同，将该汽车卖给对前述事实不知情的丙公司并实际交付给了丙公司，但未办理登记过户手续，丙公司仅支付了一半购车款。某天，丙公司将该汽车停放在停车场时，该车被丁盗走。丁很快就将汽车出租给不知该车来历的自然人戊，戊在使用过程中因汽车故障送到己公司修理。己公司以戊上次来修另一辆汽车时未付修理费为由扣留该汽车。汽车扣留期间，己公司的修理人员庚偷开上路，违章驾驶撞伤行人辛，辛为此花去医药费2000元。现丙公司不能清偿到期债务，法院已受理其破产申请。

问题：

1. 甲与乙关于将汽车让与给债权人乙作为债务履行担保的约定效力如何？为什么？乙对汽车享有什么权利？

2. 甲主张乙将汽车出卖给丙公司的合同无效，该主张是否成立？为什么？

3. 丙公司请求乙将汽车登记在自己名下是否具有法律依据？为什么？

4. 丁与戊的租赁合同是否有效？为什么？丁获得的租金属于什么性质？

5. 己公司是否有权扣留汽车并享有留置权？为什么？

6. 如不考虑交强险责任，辛的2000元损失有权向谁请求损害赔偿？为什么？

7. 丙公司与乙之间的财产诉讼管辖应如何确定？法院受理丙公司破产申请后，乙能否就其债权对丙公司另行起诉并按照民事诉讼程序申请执行？

【参考答案】

1. 有效。

根据《最高人民法院关于适用〈中华人民共和国民法典〉有关担保制度的解释（2021.1.1）》第68条的规定：债务人或者第三人与债权人约定将财产形式上转移至债权人名下，债务人不履行到期债务，债权人有权对财产折价或者以拍卖、变卖该财产所得价款偿还债务的，人民法院应当认定该约定有效。当事人已经完成财产权利变动的公示，债务人不履行到期债务，债权人请求参照《民法典》关于担保物权的有关规定就该财产优先受偿的，人民法院应予支持。

债务人或者第三人与债权人约定将财产形式上转移至债权人名下，债务人不履行到期债务，财产归债权人所有的，人民法院应当认定该约定无效，但是不影响当事人有关提供担保的意思表示的效力。当事人已经完成财产权利变动的公示，债务人不履行到期债务，债权人请求对该财产享有所有权的，人民法院不予支持；债权人请求参照《民法典》关于担保物权的规定对财产折价或者以拍卖、变卖该财产所得的价款优先受偿的，人民法院应予支持；债务人履行债务后请求返还财产，或者请求对财产折价或者以拍卖、变卖所得的价款清偿债务的，人民法院应予支持。

债务人与债权人约定将财产转移至债权人名下，在一定期间后再由债务人或者其指定的第三人以交易本金加上溢价款回购，债务人到期不履行回购义务，财产归债权人所有的，人民法院应当参照第2款规定处理。回购对象自始不存在的，人民法院应当依照《民法典》第146条第2款的规定，按照其实际构成的法律关系处理。因此，乙对汽车享有的不是所有权，而是以所有权人的名义享有担保权，是一种非典型担保方式。

【考点】债的担保方式

【答案解析】根据《民间借贷规定》第23条第1款，当事人以签订买卖合同作为民间借贷合同的担保，借款到期后借款人不能还款，出借人请求履行买卖合同的，人民法院应当按照民间借贷法律关系审理。当事人根据法庭审理情况变更诉讼请求的，人民法院应当准许。物权的种类和内容，由法律规定。让与担保违反物权法定原则，不属于新型的担保物权，但可以产生债权的效力。根据《民间借贷规定》第23条第2款，按照民间借贷法律关系审理作出的判决生效后，借款人不履行生效判决确定的金钱债务，出借人可以申请拍卖买卖合同标的物，以偿还债务。就拍卖所得的价款与应偿还借款本息之间的差额，借款人或者出借人有权主张返还或补偿。

2. 不能成立。因为虽然乙将汽车出卖给丙公司的行为属于无权处分，对甲也是违约行为，但无权处分不影响合同效力，法律并不要求出卖人在订立买卖合同时对标的物享有所有权或者处分权。

【考点】无效合同

【答案解析】根据《民法典》第215条："当事人之间订阅有关设立、变更、转让和消灭不动产物权的合同，除法律另有规定或者当事人另有约定外，自合同成立时生效；未办理物权登记的，不影响合同效力。"以及《民法典》第597条："因出卖人未取得处分权致使标的物所有权不能转移的，买受人可以解除合同并请求出卖人承担违约责任。"无权处分订立的买卖合同如果没有其他效力瑕疵，则有效。

3. 有法律依据。因根据《民法典·物权编》的规定，汽车属于特殊动产，交付即转移所有权，登记只是产生对外的效力，不登记不具有对抗第三人的效力。本案中因为汽车已经交付，丙公司已取得汽车所有权。

【考点】物权登记

【答案解析】根据《民法典》第311条，无处分权人将不动产或者动产转让给受让人的，所有权人有权追回；除法律另有规定外，符合下列情形的，受让人取得该不动产或者动产的所有权：（1）受让人受让该不动产或者动产时是善意的；（2）以合理的价格转让；（3）转让的不动产或者动产依照法律规定应当登记的已经登记，不需要登记的已经交付给受让人。受让人依照前款规定取得不动产或者动产的所有权的，原所有权人有权向无处分权人请求赔偿损失。当事人善意取得其他物权的，参照前两款规定。丙善意取得汽车的所有权，当然可以请求乙将汽车登记在自己名下。

4. 有效，因为尽管丁不享有所有权或处分权，但是并不影响租赁合同效力。其所得的租金属于不当得利。

【考点】租赁合同的效力

【答案解析】根据《民法典》第703条，租赁合同是出租人将租赁物交付承租人使用、收益，承租人支付租金的合同。尽管丁不享有所有权或处分权，但是并不影响租赁合同效力。因他人没有法律根据，取得不当利益，受损失的人有权请求其返还不当利益。丙受有损失，丁取得租金与丙受有损失有因果关系，并且没有合法根据，属于不当得利。

5. 己公司无权扣留汽车并享有留置权。债权人留置的动产与债权应该属于同一法律关系。而在本案中，债权与汽车无牵连关系。

【考点】留置权的成立要件

【答案解析】根据《民法典》第447～448条，债务人不履行到期债务，债权人可以留置已经合法占有的债务人的动产，并有权就该动产优先受偿。前款规定的债权人为留置权人，占有的动产为留置财产。债权人留置的动产，应当与债权属于同一法律关系，但企业之间留置的除外。本案不属于企业之间留置，己公司以戊上次来修另一辆汽车时未付修理费为由扣留该汽车，不属于同一法律关系，不享有留置权。

6. 辛有权向戊、己公司、庚请求赔偿，因为戊系承租人，系汽车的使用权人；庚是己公司的雇员，庚的行为属于职务行为，己应当承担雇佣人（或雇主）责任；庚系肇事人（或者答直接侵权行为人）。

【考点】机动车侵权

【答案解析】根据《民法典》第1209条："因租赁、借用等情形机动车所有人、管理人与使用人不是同一人时，发生交通事故造成损害，属于该机动车一方责任的，由机动车使用人承担赔偿责任；机动车所有人、管理人对损害的发生有过错的，承担相应的赔偿责任。"根据《民法典》第1215条，盗窃、抢劫或者抢夺的机动车发生交通事故造成损害的，由盗窃人、抢劫人或者抢夺人承担赔偿责任。保险公司在机动车强制保险责任限额范围内垫付抢救费用的，有权向交通事故责任人追偿。用人单位的工作人员因执行工作任务造成他人损害的，由用人单位承担侵权责任。

7. 丙公司与乙之间的财产诉讼应该由破产案件受理的人民法院管辖。法院受理丙公司破产申请后，乙应当申报债权，如果对于债权有争议，可以向受理破产申请的人民法院提起诉讼，但不能按照民事诉讼程序申请执行。

【考点】特殊管辖

【答案解析】根据《企业破产法》第21条，人民法院受理破产申请后，有关债务人的民事诉讼，只能向受理破产申请的人民法院提起。因此，丙公司与乙之间的财产诉讼应该由破产案件受理的人民法院管辖。根据《企业破产法》第19条，人民法院受理破产申请后，有关债务人财产的保全措施应当解除，执行程序应当中止。根据《最高人民法院关于适用〈中华人民共和国企业破产法〉若干问题的规定（二）》第5条，破产申请受理后，有关债务人财产的执行程序未依照《企业破产法》第19条的规定中止的，采取执行措施的相关单位应当依法予以纠正。依法执行回转的财产，人民法院应当认定为债务人财产。法院受理丙公司破产申请后，乙应当申报债权，如果对于债权有争议，可以向受理破产申请的人民法院提起诉讼，但不能按照民事诉讼程序申请执行。

十、2017年民法案例分析题

案情：2016年1月10日，自然人甲为创业需要，与自然人乙订立借款合同，约定甲向乙借款100万元，借款期限1年，借款当日交付。2016年1月12日，双方就甲自有的M商品房又订立了一份商品房买卖合同，其中约定：如甲按期偿还对乙的100万元借款，则本合同不履行；如甲到期未能偿还对乙的借款，则该借款变成购房款，甲应向乙转移该房屋所有权；合同订立后，该房屋仍由甲占有使用。

2016年1月15日，甲用该笔借款设立了S个人独资企业。为扩大经营规模，S企业向丙借款200万元，借款期限1年，丁为此提供保证担保，未约定保证方式；戊以一辆高级轿车为质押并交付，但后经戊要求，丙让戊取回使用，戊又私自将该车以市价卖给不知情的己，并办理了过户登记。

2016年2月10日，甲因资金需求，瞒着乙将M房屋出卖给了庚，并告知庚其已与乙订立房屋买卖合同一事。2016年3月10日，庚支付了全部房款并办理完变更登记，但因庚自3月12日出国访学，为期4个月，双方约定庚回国后交付房屋。

2016年3月15日，甲未经乙同意将M房屋出租给知悉其卖房给庚一事的辛，租期2个月，月租金5000元。2016年5月16日，甲从辛处收回房屋的当日，因雷电引发火灾，房屋严重毁损。根据甲卖房前与某保险公司订立的保险合同（甲为被保险人），某保险公司应支付房屋火灾保险金5万元。2016年7月13日，庚回国，甲将房屋交付给了庚。

2017年1月16日，甲未能按期偿还对乙的100万元借款，S企业也未能按期偿还对丙的200万元借款，现乙和丙均向甲催要。

问题：

1. 就甲对乙的100万元借款，如乙未起诉甲履行借款合同，而是起诉甲履行买卖合同，应如何处理？请给出理由。

2. 就S企业对丙的200万元借款，甲、丁、戊各应承担何种责任？为什么？

3. 甲、庚的房屋买卖合同是否有效？庚是否已取得房屋所有权？为什么？

4. 谁有权收取M房屋2个月的租金？为什么？

5. 谁应承担M房屋火灾损失？为什么？

6. 谁有权享有M房屋火灾损失的保险金请求权？为什么？

【参考答案】

1. 【考点】民间借贷合同；虚假民事法律行为的效力

【答案解析】本题考查民间借贷合同、虚假民事法律行为的效力。本题有两种解题思路，第一种思路：本题按照民间借贷法律关系作出认定和处理。理由：根据《民间借贷司法解释》第23条第1款，当事人以签订买卖合同作为民间借贷合同的担保，借款到期后借款人不能还款，出借人请求履行买卖合同的，人民法院应当按照民间借贷法律关系审理，当事人根据法庭审理情况变更诉讼请求的，人民法院应当准许。根据《民间借贷司法解释》第23条第2款，按照民间借贷法律关系审理作出的判决生效后，借款人不履行生效判决确定的金钱债务，出借人可以申请拍卖买卖合同标的物，以偿还债务；就拍卖所得的价款与应偿还借款本息之间的差额，借款人或者出借人有权主张返还或补偿。

第二种思路：本题应当按照抵押合同处理。理由：行为人与相对人以虚假的意思表示实施的民事法律行为无效，买卖合同为虚假的民事法律行为，应认定为无效。进而，以虚假的意思表示隐藏的民事法律行为的效力，按照有关法律规定处理，认定隐藏的行为为抵押合同，应当按照抵押合同处理。抵押权人在债务履行期届满前，不得与抵押人约定债务人不履行到期债务时抵押财产归债权人所有。此即所谓流押条款无效规则。据此，甲和乙约定如甲到期未能偿还对乙的借款，则甲应向乙转移该房屋所有权的约定应按无效处理。

2. 【考点】保证；质押

【答案解析】本题考查出资人责任、保证、质押。《个人独资企业法》第31条的规定："个人独资企业财产不足以清偿债务的，投资人应当以其个人的其他财产予以清偿。"因此，甲作为S企业的投资人，仅在S企业财产不足以清偿债务时以个人其他财产予以清偿。当事人对保证方式没有约定或者约定不明确的，按照一般保证承担保证责任。故丁的保证应认定为一般保证。对于戊的责任，有两种解题思路。第一种思路：《民法典》第435条："质权人可以放弃质权。债务人以自己的财产出质，质权人放弃该质权的，其他担保人在质权人丧失优先受偿权益的范围内免除担保责任，但是其他担保人承诺仍然提供担保的除外。"即质权人将质物返还于出质人后，质权失去效力，质权本身消灭，因此，戊无需向丙承担质押的担保责任。第二种思路：戊和丙之间的质押合同是有效的，因戊的行为导致丙无法追回质押物，丙可以向戊主张违约责任。（司法部答案：丙对戊的质权直接消灭，同时并未提及违约责任问题）

3. 【考点】物权变动

【答案解析】本题考查物权变动。合同有效，庚已取得房屋所有权。甲对该房屋享有所有权，出售给庚属于有权处分，庚虽然知情，但并没有恶意串通的情节，故甲与庚的买卖合同有效。房屋所有权的转移，以办理变更登记为标准，因该房屋已变更登记至庚的名下，庚已取得房屋所有权，至于是否交付，并不影响房屋所有权的转移。

4. 【考点】法定孳息

【答案解析】本题考查法定孳息。甲有权收取租金。甲和庚约定庚回国后交付房屋，因此，在庚回国前，甲为房屋的合法占有人，房屋租赁为对物的使用、收益范畴，不属于处分，故甲与辛的租赁合同有效。依据合同相对性规则，甲有权收取房屋的租金。需要注意的是，租金属于法定孳息。天然孳息，由所有权人取得；既有所有权人又有用益物权人的，由用益物权人取得。当事人另有约定的，按照约定。法定孳息，当事人有约定的，按照约定取得；没有约定或者约定不明确的，按照交易习惯取得。故应按照法定孳息的规定，回答为按照约定取得，即根据租赁合同，由出租人甲收取租金。

5. 【考点】标的物风险负担

【答案解析】本题考查标的物风险负担。房屋火灾损失，应由甲承担。标的物毁损、灭失的风险，在标的物交付之前由出卖人承担，交付之后由买受人承担，但法律另有规定或者当事人另有约定的除外。据此，除当事人另有约定外，标的物风险自交付时起转移。本题中，甲未将房屋交付于庚，风险应由甲承担。

6. 【考点】保险标的的权利义务归属

【答案解析】本题考查保险标的的权利义务归属。庚有权享有M房屋火灾损失的保险金请求权。《保险法》第49条第1款规定："保险标的转让的，保险标的的受让人承继被保险人的权利和义务。"甲卖房前即已与某保险公司订立的保险合同（甲为被保险人），因此，当甲将房屋出售给庚之后，由庚承继被保险人甲的权利和义务，因此M房屋火灾损失的保险金请求权，现应由庚主张。

十一、2019年法考主观题民法真题（回忆版）

案情：甲公司向乙公司借款8000万元，借款期限未届满，双方签订以物抵债协议，约定将甲公司的办公楼过户给乙公司，以抵偿债务，但未办理过户登记。

甲公司的债权人丙公司认为，办公楼价值1.2亿，该以物抵债协议价格过低，遂向法院提起诉讼要求撤销。乙公司认为，甲公司其他大量财产可以清偿丙公司债务，丙公司主张撤销的理由并不能成立。

随后，甲公司又向丁公司借款，此时公司财产已经全用于抵押或出质。无奈之下，甲公司股东A在未与妻子商量的情况下，向丁公司做了保证。

丁公司认为，A的保证不足以保障甲公司履行义务，甲公司于是又将一张以自己为收款人的汇票出质，背书"出质"字样后，交付给丁公司。但出票人在汇票上记载有"不得转让"的字样。

为进一步融资，甲公司又与戊公司签订生产车间租赁合同。在与戊公司签订租赁合同时，因某个车间尚有原材料、半成品没有清点，戊公司便使用了这些原材料和半成品。

甲公司的债权人罗马轮胎公司认为，虽然甲公司不能偿还到期债务，但是因在与戊公司的租赁合同履行中，财产没有清点清楚，存在财产混同，遂在向法院要求偿还债务的同时，主张甲公司与戊公司"人格混同"，要求戊公司承担连带清偿责任。

在案件审理过程中，法院根据罗马轮胎公司的请求对甲公司财产保全。另外，在甲公司与己公司的一份轮胎买卖合同中，己公司已经支付货款，但甲公司一直没有交付轮胎。

胜诉判决生效后，己公司认为，甲公司交付的轮胎质量大不如前，于是又向法院提出解除合同，返还货款并赔偿损失的诉讼。

此外，为了资金周转，甲公司利用其控股地位，向其全资子公司多次无偿调取资金，各个子公司之间如果资金短缺，甲公司就在其所有全资子公司之间统一调度资金使用，且关联公司之间账目不清。

甲公司某全资子公司的债权人庚公司、辛公司，因到期债权不能获得清偿，向法院申请对甲公司及其所有全资子公司进行合并重整。

问题：

1. 丙公司提起撤销以物抵债协议的诉讼，当事人的诉讼地位如何？

2. 以物抵债协议效力如何？为什么？

3. 债务人有大量财产可以清偿债务是否构成对于撤销权行使的障碍？为什么？

4. 甲公司股东 A 在未与其妻子商量的情况下，负担保证债务，该债务是否为夫妻共同债务？为什么？

【参考答案】

1. 债权人丙是原告，债务人甲是被告，受让人乙列为第三人。参照《合同法解释一》（已废止）第 24 条规定，"债权人依照《民法典》第 539 条的规定提起撤销权诉讼时只以债务人为被告，未将受益人或者受让人列为第三人的，人民法院可以追加该受益人或者受让人为第三人。"故债权人提起撤销权之诉，债权人为原告，债务人为被告，受让人为第三人。

2. "以物抵债协议"表示在外的买卖合同意思表示无效，隐藏在内的担保意思表示有效。根据《民法典》第 146 条规定可知，行为人与相对人以虚假的意思表示实施的民事法律行为无效。

本案中，甲乙双方签订的协议表示在外的是一份买卖合同，应认定该买卖意思表示无效，同时应认定隐藏的行为为抵押合同，该意思表示不存在无效等瑕疵事由，是有效的。

3. 会导致债权人撤销权不能行使。债权人撤销权规范的是诈害债权的行为，根据《民法典 合同编》第 538 条、第 539 条的规定，因债务人放弃其到期债权或者无偿转让财产，对债权人造成损害的，债权人可以请求人民法院撤销债务人的行为。债务人以明显不合理的低价转让财产，对债权人造成损害，并且受让人知道该情形的，债权人也可以请求人民法院撤销债务人的行为。根据这两个法条可知，债权人行使撤销权的前提是因为债务人的行为导致债权不足以获得清偿，而如果处分办公楼的行为不足以危害债权的实现，题目说甲公司尚有大量财产，足以清偿债务，因此甲公司处分办公楼的行为不属于债权人保全的范畴，不能行使撤销权。

4. 根据《民法典》第 1064 条可知，个人举债除非经过对方追认或家事代理的，或用于共同生产生活的以外，其他的均属于个人债务。根据案例股东 A 为公司负债，不具有上述的夫妻共同债务的情形，不能由配偶承担，因此不属于夫妻共同债务。

十二、2020 年法考主观题民法真题（回忆版）

案情： 甲公司向乙公司借款 8000 万元，借款期限未届满，双方签订以物抵债协议，约定将甲公司的办公楼过户给乙公司，以抵偿债务，但未办理过户登记。

甲公司的债权人丙公司认为，办公楼价值 1.2 亿，该以物抵债协议价格过低，遂向法院提起诉讼要求撤销。乙公司认为，甲公司其他大量财产可以清偿丙公司债务，丙公司主张撤销的理由并不能成立。

随后，甲公司又向丁公司借款，此时公司财产已经全用于抵押或出质。无奈之下，甲公司股东 A 在未与妻子商量的情况下，向丁公司做了保证。

丁公司认为，A 的保证不足以保障甲公司履行义务，甲公司于是又将一张以自己为收款人的汇票出质，背书"出质"字样后，交付给丁公司。但出票人在汇票上记载有"不得转让"的字样。

进一步融资，甲公司又与戊公司签订生产车间租赁合同。在与戊公司签订租赁合同时，因某个车间尚有原材料、半成品没有清点，戊公司便使用了这些原材料和半成品。

甲公司的债权人罗马轮胎公司认为，虽然甲公司不能偿还到期债务，但是因在与戊公司的租赁合同履行中，财产没有清点清楚，存在财产混同，遂在向法院要求偿还债务的同时，主张甲公司与戊公司"人格混同"，要求戊公司承担连带清偿责任。

在案件审理过程中，法院根据罗马轮胎公司的请求对甲公司财产保全。另外，在甲公司与己公司的一份轮胎买卖合同中，己公司已经支付货款，但甲公司一直没有交付轮胎。

胜诉判决生效后，己公司认为，甲公司交付的轮胎质量大不如前，于是又向法院提出解除合同，返还货款并赔偿损失的诉讼。

此外，为了资金周转，甲公司利用其控股地位，向其全资子公司多次无偿调取资金，各个子公司之间如果资金短缺，甲公司就在其所有全资子公司之间统一调度资金使用，且关联公司之间账目不清。

甲公司某全资子公司的债权人庚公司、辛公司，因到期债权不能获得清偿，向法院申请对甲公司及其所有全资子公司进行合并重整。

问题：

1. 丙公司提起撤销以物抵债协议的诉讼，当事人的诉讼地位如何？

2. 以物抵债协议效力如何？为什么？

3. 债务人有大量财产可以清偿债务是否构成对于撤销权行使的障碍？为什么？

4. 甲公司股东 A 在未与其妻子商量的情况下，负担保证债务，该债务是否为夫妻共同债务？为什么？

【参考答案】

1. 债权人丙是原告，债务人甲是被告，受让人乙列为第三人。根据法理及原《合同法解释一》（已失效）第 24 条规定："债权人依照合同法第七十四条的规定提起撤销权诉讼时只以债务人为被告，未将受益人或者受让人列为第三人的，人民法院可以追加该受益人或者受让人为第三人。"故债权人提起撤销权之诉，债权人为原告，债务人为被告，受让人为第三人。

2. "以物抵债协议"表示在外的买卖合同意思表示无效，隐藏在内的担保意思表示有效。根据《民法典》第 146 条规定可知，行为人与相对人以虚假的意思表示实施的民事法律行为无效。本案中，甲乙双方签订的协议表示在外的是一份买卖合同，应认定该买卖意思表示无效，但应认定隐藏的行为为抵押合同，该意思表示不存在无效等瑕疵事由，是有效的。

3. 会导致债权人撤销权不能行使。债权人撤销权规范的是诈害债权的行为，根据《民法典·合同编》第538条规定，因债务人放弃其到期放弃债权担保债权或者无偿转让财产，对债权人造成损害的，债权人可以请求人民法院撤销债务人的行为。债务人以明显不合理的低价转让财产，对债权人造成损害，并且受让人知道该情形的，债权人也可以请求人民法院撤销债务人的行为。根据本法条可知，债权人行使撤销权的前提是因为债务人的行为导致债权不足获得清偿，而如果处分办公楼的行为不足以危害债权的实现，题目说分析甲公司尚有大量财产，足以清偿债务，因此甲公司处分办公楼的行为不属于债权人保全的范畴，不能行使撤销权。

4. 根据《民法典》第1064条："夫妻双方共同签名或者夫妻一方事后追认等共同意思表示所负的债务，以及夫妻一方在婚姻关系存续期间以个人名义为家庭日常生活需要所负的债务，属于夫妻共同债务。夫妻一方在婚姻关系存续期间以个人名义超出家庭日常生活需要所负的债务，不属于夫妻共同债务；但是，债权人能够证明该债务用于夫妻共同生活、共同生产经营或者基于夫妻双方共同意思表示的除外。"根据案例股东A为公司负债，不具有上述的夫妻共同债务的情形，不能由配偶承担，因此不属于夫妻共同债务。

十三、2021年法考主观题民法真题（回忆版）

案情： 枫桥公司位于京州市Y区，通过抵债的方式收了债务人一栋20层的枫叶办公楼（市值10亿），枫叶办公楼位于京州市T区。枫桥公司准备19层和20层自用。其余层对外租赁，每层1000平方米，300元/平方米。

恒通公司是一家拥有多个金融牌照的集团公司，位于京州市C区。恒通公司由于业务需要，分别设立了甲融资租赁公司（全资子公司）、乙保理公司（控股子公司）、丙公司（参股子公司）。

甲、乙、丙三家公司与枫桥公司约定，分别承租枫叶写字楼的16层、17层、18层作为办公室。约定试租期1个月，房租每3个月一付，租赁合同1年，到期后如果没有问题自动延长2年。租赁合同自2020年1月15日生效。恒通公司为甲、乙、丙公司的租赁合同提供连带保证，并出具了《担保函》。合同中约定了办公区的"硬装"不能更改，可以对办公区能拆卸的部分"软装"进行更改。

甲公司承租的16层，空调设备出现问题，多次联系枫桥公司处理未果，甲公司只好垫资自己维修，花费60万，并明确表示会从下一季度的租金中扣除，枫桥公司表示拒绝。

2020年3月，甲公司向枫桥公司支付了30万元。枫桥公司诉至法院，要求甲公司支付第二季度租金90万元，恒通公司承担连带保证责任。甲公司向法院主张垫付的维修款60万元抵销租金，枫桥公司不认可。此外，枫桥公司主张2020年3月甲公司打给自己的30万元明确表示是清偿另一项债务，并非支付第二季度的租金。法院判决甲公司向枫桥公司支付租金90万元，恒通公司承担连带偿还责任，如恒通公司清偿债务，可以向甲公司追偿。

丁代表博达公司去跟乙公司签约，将车停放在枫叶写字楼的停车场车位上，停车场的一棵大树因为大风被刮倒，砸坏了丁的车，损失300万。事后查明，前几日已经有多名人员向大厦的管理方表明有树即将折断，由于工作人员未登记，交接班的时候彻底忘记此事。因此意外，丁与乙公司未签约损失5000万。

丙公司觉得大厦内部的风格与自己的经营理念不符，与枫桥公司协商，想要重新装修，遭到拒绝。心灰意冷的丙公司把第18层转租给了海涛公司，并决定1年到期后不再续租。

枫叶写字楼经营失败，多次遭到投诉，纠纷越来越多，枫桥公司于2021年1月2日将枫叶写字楼整体转让给私塾公司。甲公司要求就16层享受优先购买权，在此之前，枫桥公司已经将甲公司、丙公司诉至法院。

问题：

1. 丁就遭到的损害，可以向谁主张？为什么？

2. 乙公司就因此未能签订 5000 万元的合同所遭受的损失是否可以主张赔偿？为什么？

3. 丙公司是否可以把 18 层转租给另一个公司？为什么？

4. 枫桥公司把枫叶写字楼整体转让给私塾公司时，甲公司等的租赁合同是否当然解除？为什么？

5. 甲公司能否就 16 层行使优先购买权？如果能，为什么？如果不能，为什么？

6. 恒通公司是否应该为甲公司和丙公司承担连带保证责任？为什么？

【参考答案】

1. 涉及《民法典》第1257条，林木断折侵权责任，大厦管理者需要承担责任。根据《民法典》第1257条："因林木折断、倾倒或者果实坠落等造成他人损害，林木的所有人或者管理人不能证明自己没有过错的，应当承担侵权责任。"本案中，写字楼的停车场属于大厦管理义务的范畴，经有关人员反映，大厦管理者未采取措施，表明其有过错。

2. 考查侵权成立要件：单纯经济损失不属于赔偿范围。

根据《民法典》第1179条的规定：侵害他人造成人身损害的，应当赔偿医疗费、护理费、交通费、营养费、住院伙食补助费等为治疗和康复支出的合理费用，以及因误工减少的收入。造成残疾的，还应当赔偿辅助器具费和残疾赔偿金；造成死亡的，还应当赔偿丧葬费和死亡赔偿金。

3. 不能，承租人未征得出租人同意不能转租。

根据《民法典》第716条的规定："承租人经出租人同意，可以将租赁物转租给第三人。承租人转租的，承租人与出租人之间的租赁合同继续有效；第三人造成租赁物损失的，承租人应当赔偿损失。承租人未经出租人同意转租的，出租人可以解除合同。"

4. 合同不解除，房屋买卖不破租赁。

根据《民法典》第725条的规定："租赁物在承租人按照租赁合同占有期限内发生所有权变动的，不影响租赁合同的效力。"

5. 不能，同等条件才有优先购买权。

根据《民法典》第726条的规定："出租人出卖租赁房屋的，应当在出卖之前的合理期限内通知承租人，承租人享有以同等条件优先购买的权利；但是，房屋按份共有人行使优先购买权或者出租人将房屋出卖给近亲属的除外。出租人履行通知义务后，承租人在 15 日内未明确表示购买的，视为承租人放弃优先购买权。"

6. 应该为甲承担连带责任，因为甲是全资子公司；无需为丙承担连带责任，因为枫桥公司明知，明知即恶意。

根据《担保制度司法解释》第 7 条的规定，公司的法定代表人违反《公司法》关于公司对外担保决议程序的规定，超越权限代表公司与相对人订立担保合同，人民法院应当依照《民法典》第 61 条和第 504 条等规定处理：

（1）相对人善意的，担保合同对公司发生效力；相对人请求公司承担担保责任的，人民法院应予支持。

（2）相对人非善意的，担保合同对公司不发生效力；相对人请求公司承担赔偿责任的，参照适用本解释第 17 条的有关规定。

法定代表人超越权限提供担保造成公司损失，公司请求法定代表人承担赔偿责任的，人民法院应予支持。

第 1 款所称善意，是指相对人在订立担保合同时不知道且不应当知道法定代表人超越权限。相对人有证据证明已对公司决议进行了合理审查，人民法院应当认定其构成善意，但是公司有证据证明相对人知道或者应当知道决议系伪造、变造的除外。

以及该司法解释第8条的规定：有下列情形之一，公司以其未依照《公司法》关于公司对外担保的规定作出决议为由主张不承担担保责任的，人民法院不予支持：

（1）金融机构开立保函或者担保公司提供担保；

（2）公司为其全资子公司开展经营活动提供担保；

（3）担保合同系由单独或者共同持有公司2/3以上对担保事项有表决权的股东签字同意。

上市公司对外提供担保，不适用前款第2项、第3项的规定。